INSTRUCTOR'S EDITION

Entre nosotros

ANA C. JARVIS
Chandler-Gilbert Community College

RAQUEL LEBREDO
California Baptist University

HOUGHTON MIFFLIN COMPANY
Boston New York

MW01703619

Director, World Languages: New Media and Modern Language Publishing: Beth Kramer
Sponsoring Editor: Amy Baron
Development Editor: Rafael Burgos-Mirabal
Project Editor: Amy Johnson
Associate Production/Design Coordinator: Lisa Jelly
Manufacturing Manager: Florence Cadran
Marketing Manager: Tina Crowley Desprez

Cover Design: Rebecca Fagan
Cover Illustration: Andrew Powell

Photo Credits: Page 1, Beryl Goldberg. Page 20, Frerck/Odyssey/Chicago. Page 31, H. Huntley Hersch/DDB Stock Photo. Page 32 (t), Owen Franken/Stock Boston; (m), Ulrike Welsch; (b), Owen Franken/Stock Boston. Page 42, Peter Menzel/Stock Boston. Page 48, Buddy Mays/International Stock. Page 61, Ulrike Welsch. Page 69, Peter Menzel/Stock Boston. Page 78, Frerck/Odyssey/Chicago. Page 96, Beryl Goldberg. Page 100, Ulrike Welsch. Page 106, Amy Johnson. Page 112, Christie's Images, Ltd. Page 124, Ulrike Welsch. Page 145, George Bellerose/Stock Boston. Page 156, Eduardo Gill/Black Star/PictureQuest. Page 164, Ulrike Welsch. Page 172, Courtesy angelica-aragon.net. Page 184, Peter Menzel/Stock Boston. Page 189, Macduff Everton/The Image Works. Page 194, Beryl Goldberg. Page 198, Daniel Aubry/Odyssey/Chicago.

Text credits appear on page 257.

Copyright © 2001 by Houghton Mifflin Company. All rights reserved.

No part of this work may be reproduced or transmitted in any form or by any means, electronic or mechanical, including photocopying and recording, or by any information storage or retrieval system without the prior written permission of Houghton Mifflin Company unless such copying is expressly permitted by federal copyright law. Address inquiries to College Permissions, Houghton Mifflin Company, 222 Berkeley Street, Boston, MA 02116-3764.

Printed in the U.S.A.

Student Text ISBN: 0-395-92912-1

Instructor's Edition ISBN: 0-395-92913-X

Library of Congress Catalog Card Number: 00-103004

123456789-DOC-04 03 02 01 00

Instructor's Edition Contents

Introduction to the Instructor's Edition

Entre nosotros is a one-semester or quarter intermediate Spanish program for two- and four-year colleges and universities. It offers a flexible approach that fully integrates the development of students' speaking, listening, reading, and writing skills within a cultural context. This Instructor's Edition describes the program and its objectives, offers suggestions for implementing the program, provides sample syllabi, and includes an answer key to the textbook exercises.

Program Components

The complete *Entre nosotros* program includes the following components:

- Student's Edition
- Instructor's Edition
- Workbook/Laboratory Manual
- Audio Program (Audio CDs or Cassettes)
- Computer Study Modules (Windows® and Macintosh®)
- Computer Study Modules Laboratory Disk (Windows® and Macintosh®)
- Instructor's Resource Manual (Testing Program/Audioscript)

Features of the Program

Entre nosotros is ideally suited to challenge the emerging skills of intermediate students enrolled in a single-semester or quarter class. Its flexible, manageable approach has the following features:

- **Practical high-frequency vocabulary.** *Entre nosotros* expands the vocabulary base acquired by students in first-year Spanish. The emphasis is on practical vocabulary that takes students beyond basic survival skills and prepares them to discuss experiences, interests, opinions, and perceptions.
- **A selective review of grammar.** The text reviews the fundamental grammar structures known to be most challenging for students. It also introduces grammar structures not included in many introductory texts, such as the passive voice, the future perfect and conditional perfect tenses, and the present perfect and pluperfect subjunctive.

- **Ample communicative practice.** The program provides ongoing opportunities for oral practice in a variety of realistic contexts to strengthen students' communicative competency.
- **A rich presentation of Spanish-speaking cultures.** By broadening the students' knowledge of the geography of the Spanish-speaking world, increasing their familiarity with traditional and contemporary Hispanic cultures, and encouraging cross-cultural comparisons, coverage of the twenty-one Spanish-speaking countries develops students' cultural competencies.
- **Varied journalistic and literary reading.** Journalistic readings and literary selections by authors from the twenty-one Spanish-speaking countries help develop students' ability to read authentic texts and to articulate their observations, reactions, and opinions.
- **Development of listening skills.** Varied activities in the audio program expose students to natural language as spoken by native speakers to develop their listening comprehension.
- **Development of writing skills.** *Entre nosotros* helps improve students' writing skills through contextualized practice that reinforces the vocabulary and structures taught in the text.
- **Opportunities for student self-assessment.** *Compruebe cuánto sabe* self-tests, appearing after *Lección 3* and *Lección 7,* provide a cumulative review of grammatical structures and vocabulary.

Organization of the Textbook

Entre nosotros consists of seven lessons, two self-tests, and a reference section. To assist instructors in implementing the various features of the text, they are described in detail in this section.

Lesson Organization

- **Lesson opener.** This lesson feature provides an overview of the material to be covered in the lesson. It identifies each lesson's grammatical and thematic objectives and the countries and authors presented. A photo illustrating the lesson's theme serves as an advance organizer.
- **Pasos.** Each lesson contains three to four *pasos* that introduce the lesson's themes, vocabulary, and structures. The *paso* is organized in the following manner:

  Paso text: An interesting, realistic model of natural language relevant to the lesson's theme, such as a job application, a dialogue, a personal or business letter, a brochure, or a newspaper article, contextualizes the vocabulary and grammatical structure of each paso. Follow-up comprehension questions (*¿Cuánto recuerda?*) immediately reinforce content.

  Vocabulario: This section provides thematic lists, organized by parts of speech, of active vocabulary that is modeled in the *paso* text or related to its content.

A pair activity, such as a role-play or a discussion topic, follows each list to encourage creative use of the vocabulary.

Estructura: All grammar explanations are presented clearly and succinctly in English, with numerous examples of usage to facilitate independent study and reference. The *¡Atención!* heading signals areas of potential interference between Spanish and English or points out important exceptions to the primary grammar rules whenever necessary. Assigning each grammar point as out-of-class work allows the instructor to devote more class time to illustrating and practicing the grammar in context through the activities provided in the textbook.

Actividades: Each grammar structure introduced in the *pasos* is immediately followed by one or more activities that reinforce it. Numerous pair and small group activities are included to encourage oral communication, interpersonal interaction, and cooperative learning. Many of the grammar activities are easily adaptable to be done in writing at the instructor's discretion. The more open-ended activities may be assigned as homework if advance preparation is needed.

- **En general.** This section, which follows the last *paso,* reviews the material covered throughout the lesson's *pasos.* **En general** aims at developing oral proficiency and encourages students to synthesize what they have learned through vocabulary review activities, discussion topics that invite their individual perspectives on the lesson themes, and situational role-plays.
- **Lecturas periodísticas.** Authentic readings from magazines throughout the Spanish-speaking world expose students to contemporary journalistic writing. Chosen for their appeal and accessibility, the *lecturas periodísticas* expand students' cultural knowledge, reinforce the lesson themes, and familiarize students with a journalistic prose style. New cultural concepts and noncognate words and phrases are explained in marginal glosses. Follow-up activities *(Ahora . . .)* check comprehension and create a point of departure for further exploration of the reading topic.
- **Cruzando fronteras.** These cultural essays take students on a trip through the Spanish-speaking world. They highlight the geography, demographics, history, music, art, and indigenous cultures of the twenty-one Spanish-speaking countries. Followed by an activity (*¿Cuánto hemos aprendido?*) that checks comprehension and invites cross-cultural comparison, these essays provide numerous ideas for report topics for courses emphasizing culture.
- **Ventana al mundo literario.** This section features short stories, poetry, and essays by notable literary figures from each Spanish-speaking country. Students are guided through the process of reading and interpreting literature in Spanish by a pre-reading activity (*Preparación*); marginal glosses for unfamiliar vocabulary that cannot be deduced from context; and a post-reading sequence consisting of a comprehension check (*Díganos . . .*), a discussion topic (*Desde su mundo*), and writing assignment (*Para escribir*). The self-contained nature of each reading selection and its corresponding activities allows instructors considerable flexibility in emphasizing literature to the extent that meets the needs of their course.

Self-Tests

The *Compruebe cuánto sabe* self-tests, which follow lessons 3 and 7, contain exercises designed to review the vocabulary and structures introduced in the preceding lessons. Organized by lesson and by grammatical structure, they enable students to determine quickly what material they have mastered and which concepts they ought to review further. The answer key in *Apéndice C* allows students to check their own progress.

Appendices

The three appendixes at the end of the text contain the following material.

Apéndice A: This summary of rules related to Spanish syllabification, use of accent marks, and punctuation will help students to improve their writing skills.

Apéndice B: Conjugations of the highest-frequency regular, stem-changing, and irregular Spanish verbs are organized in a convenient, readily accessible format for quick reference and review.

Apéndice C: This answer key to the two *Compruebe cuánto sabe* self-tests enables students to check their own work to verify their understanding of the material presented in the text.

End Vocabularies

Spanish-English and English-Spanish vocabularies are provided for students' reference. The Spanish-English vocabulary contains both active and passive vocabulary found in the text. All active words and expressions are followed by the number of the lesson in which they are first presented. The English-Spanish vocabulary contains only active vocabulary presented in the *Vocabulario* and *Estructura* sections.

Supplementary Materials

Workbook/Laboratory Manual

Each lesson of the **Workbook/Laboratory Manual** is correlated to the corresponding lesson in the student text and is divided into two sections. The *Actividades para escribir* reinforce each grammar point and the lesson vocabulary through a variety of exercise formats, including question-and-answer exercises, sentence completion, sentence transformation, fill-in charts, and crossword puzzles. Each lesson also contains a review of the lesson's cultural content and a personalized, open-ended writing topic. The *Actividades para el laboratorio* feature structured grammar exercises, listening-and-speaking practice, contextualized vocabulary review, and a dictation. Answer keys for the workbook exercises and the laboratory dictations are provided to enable students to monitor their progress independently.

Audio Program

The Audio Program for *Entre nosotros* is available on audio CDs and cassettes for student purchase. The following recorded material is provided for each lesson:

Estructura: Three to seven structured exercises that reinforce the grammar concepts.

Diálogos: Realistic simulations of conversations, interviews, and other real-life situations related to each lesson's theme, followed by comprehension questions.

¿Lógico o ilógico?: A series of statements that checks students' comprehension of lesson vocabulary and structures.

Dictado: A dictation covering the target lesson vocabulary and structures.

Computer Study Modules (CSM)

Available for purchase in Windows® and Macintosh® versions, this text-specific software offers additional, computer-aided practice of the grammar structures and vocabulary introduced in *Entre nosotros.* Practice is organized by the *pasos* of each lesson. The program is designed to provide immediate feedback, thus enabling users to monitor their progress in Spanish. The package includes a User's Guide.

The CSM Lab Disk—designed for use with the CSM content disk—is available for purchase to instructors who wish to network the CSM in the computer or language lab, to create their own exercises or to customize the existing activities. This disk also allows instructors to monitor their students' progress.

Instructor's Resource Manual

The Testing Program and the Audioscript are published together in one easy-to-use volume. For maximum flexibility, the Testing Program provides separate quizzes for each lesson's grammatical, cultural, and literary content, respectively. A midterm examination, a final examination, a complete answer key for all test items, and a script for the listening comprehension portion of each quiz and test are also provided. The Audioscript contains a written transcript of the contents of the Audio Program.

Teaching with *Entre nosotros*

Entre nosotros is a flexible program, suitable for use in courses emphasizing grammar review, oral communication, culture, or reading and writing skills. The following suggestions offer instructors options for adapting the program to their specific curricular needs.

Grammar review emphasis: To meet the needs of brief intermediate courses, the grammatical component of *Entre nosotros* offers a focus on particularly challenging structures rather than a comprehensive review. However, the numerous examples of authentic language in the textbook offer ongoing opportunities for quick, in-class review of first-year structures. Many basic concepts, such as use of definite and indefinite articles, gender agreement, possessives and demonstratives, the present indicative, and conjugation of stem-changing verbs in various tenses can be reinforced by having students identify examples of their use in the *pasos* or in the journalistic, cultural, and literary readings.

If necessary, instructors may also provide their own brief explanations of basic structures at specific points in the *Entre nosotros* grammar sequence:

First-year topic	*Entre nosotros* grammar point
El presente de indicativo →	Refer students to *Apéndice B: Verbos*
	Lección 1
El presente progresivo →	Los verbos **ser** y **estar**
Los artículos →	Usos y omisiones de los artículos definidos e indefinidos
La **a** personal El complemento directo y el complemento indirecto Construcciones con **gustar** →	Pronombres de complemento directo e indirecto usados juntos
	Lección 2
Formación del pretérito →	El pretérito contrastado con el imperfecto
Usos del pretérito →	Verbos que cambian de significado en el pretérito
	Lección 3
Ir + a Formas del futuro y del condicional →	El futuro y el condicional
	Lección 4
Uso especial de **se** (situaciones imprevistas) →	El **se** pasivo y el **se** impersonal
Formas del futuro y del condicional →	El futuro perfecto y el condicional perfecto
	Lección 5
Expresiones afirmativas y negativas →	El subjuntivo para expresar lo indefinido y lo no existente
	Lección 6
Palabras interrogativas →	Los pronombres relativos
Uso del imperativo formal y familiar →	El imperativo de la primera persona del plural
	Lección 7
Concordancia de los tiempos verbales →	Los tiempos compuestos del subjuntivo

Oral communication emphasis: In addition to having students complete the numerous pair and small-group activities in the textbook, instructors may wish to assign personalized oral presentations throughout the semester or term. To maximize student interaction, students should be prepared to ask questions about their classmates' presentations and answer questions about their own. The lesson themes can serve as points of departure for oral presentation topics that focus on the students' own life experiences:

Lesson number	Lesson themes
1	work, professions
2	recreational activities, sports
3	travel
4	arts
5	family
6	media, communications
7	food, special celebrations

Cultural emphasis: As students progress through the *Cruzando fronteras* cultural readings in the text, instructors may want to make use of the numerous online resources currently available through the World Wide Web to create assignments that focus on each Spanish-speaking country in greater detail. Instructors and students may want to use any of the Spanish Site Web Resources on the Spanish home page of Houghton Mifflin's College Division web site, at *http://college.hmco.com.* As time permits, students might be assigned an independent research project based on a cultural topic related to a specific country or one of the lesson themes. This project may culminate in written reports or class presentations either throughout or at the end of the course.

Reading and writing skills emphasis: The abundance and variety of authentic reading material in ***Entre nosotros***—seven journalistic readings and twenty-five literary selections—allows instructors considerable leeway in tailoring the reading and writing component of the course to meet their students' specific needs. Many of the follow-up activities to the journalistic readings are also suitable as writing topics. The self-contained nature of each literary selection and its corresponding activities allows instructors to assign some or all of the selections in each chapter, as well as the pre- and post-reading activities that are most appropriate.

Planning a Syllabus

Entre nosotros was written with different course configurations in mind. As intermediate programs and teaching situations vary among institutions, the key elements to consider in planning a syllabus are the goals of the course and the total number of class periods available.

Instructors teaching *Entre nosotros* in one quarter may need to omit some of the material or assign more of the lesson for out-of-class work than those teaching it in one semester.

Sample Syllabi

One-semester course. This syllabus is designed for a course that meets three class periods per week for fourteen weeks. It includes a mid-term exam after *Lección 3,* seven quizzes (one after each lesson), three review sessions, and a final exam.

Week	Day 1	Day 2	Day 3
1	1	1	1
2	1	1	Prueba: Lección 1 2
3	2	2	2
4	2	2	Prueba: Lección 2 3
5	3	3	3
6	3	Prueba: Lección 3	Review
7	Exam	4	4
8	4	4	4
9	Prueba: Lección 4 5	5	5
10	5	5	5
11	Prueba: Lección 5 6	6	6
12	6	6	6
13	Prueba: Lección 6 7	7	7
14	7	Prueba: Lección 7 Review	Review

One-quarter course. This syllabus is designed for a course that meets three class periods per week for ten weeks. It includes a mid-term exam after Lección 3, seven quizzes (one after each lesson), three review sessions, and a final exam.

Week	Day 1	Day 2	Day 3
1	1	1	1
2	Prueba: Lección 1 2	2	2
3	2	Prueba: Lección 2 3	3
4	3	3	Prueba: Lección 3 Review
5	Exam	4	4
6	4	Prueba: Lección 4 5	5
7	5	5	Prueba: Lección 5 6
8	6	6	6
9	Prueba: Lección 6 7	7	7
10	7	Prueba: Lección 7 Review	Review

Answers to Text Exercises

Lección 1

PASO 1

¿Cuánto recuerda? *(p. 3)* 1. V 2. F 3. F 4. V 5. V 6. V 7. F 8. F

A. En la compañía de seguros *(p. 4)* 1. seguro contra terremotos 2. seguro contra incendios 3. seguro de automóviles 4. seguro de accidentes de trabajo 5. seguro de vida 6. seguro de salud

B. Entrevista *(p. 4)* *Answers will vary.*

Actividades

A. La planilla de María Inés *(p. 6)* 1. La persona que solicita el empleo es María Inés Vigo Acosta. 2. La compañía de seguros está en la avenida Nueve de Julio. 3. María Inés es uruguaya. Es soltera. 4. Ella es de Uruguay y ahora está en Buenos Aires. 5. Paola Cortesi es contadora. Esteban Allende es profesor. 6. Carlos Vigo es el hermano de María Inés. 7. Está dispuesta a viajar en el verano. 8. Está llenando una solicitud de empleo. Está escribiendo con letra de molde. 9. Sí, yo creo (creemos) que ella está un poco nerviosa.

B. ¿Y Ud.? *(p. 6)* *Answers will vary.*

C. Preferencias *(p. 6)* *Answers will vary.*

D. Un día de trabajo *(p. 7)* es / son / está / Está / es / es / está / es / es / es / es / está / está / está / estar / Está / está / Es / eres / es

PASO 2

¿Cuánto recuerda? *(p. 8)* 1. Sí, está contento de ver a María Inés. 2. Dice que le va bien. 3. Sí, bromean a veces. 4. Le pregunta qué puesto va a desempeñar en la compañía. 5. No, no está absolutamente segura. 6. No se atreve a hacerse ilusiones. 7. No, está en la universidad. 8. Le desea buena suerte.

Opiniones *(p. 9)* *Answers will vary.*

Actividades

A. La rutina familiar *(p. 9) Answers will vary. Verb forms:* 1. se despierta 2. bañarse y vestirse 3. nos afeitamos 4. me cepillo 5. prefiero encargarme 6. se pone 7. se duermen 8. nos acostamos

B. Preguntas personales *(p. 10) Answers will vary. Verb forms:* 1. Entre semana, yo me levanto a las... y me acuesto a las... 2. En la clase, me gusta sentarme... 3. A veces me atraso (nunca me atraso)... 4. El semestre próximo pienso matricularme en... 5. A veces yo me olvido de... 6. A veces me quejo de... 7. Yo me pongo... 8. Me gusta encargarme de... (No me gusta encargarme de...) 9. Yo me parezco a... 10. Mis padres se preocupan por... 11. Yo siempre me preocupo por... (Nunca me preocupo por...) 12. Yo no me atrevo a... 13. Yo no quiero hacerme ilusiones sobre... 14. Yo pienso jubilarme a los...

PASO 3

¿Cuánto recuerda? *(p. 11)* 1. F 2. F 3. V 4. F 5. V 6. F 7. F

A. En una oficina *(p. 12)* 1. una fotocopiadora (un sacacopias) 2. una máquina de escribir 3. un archivo 4. una grapadora (presilladora) 5. una tablilla de avisos 6. un cajón (una gaveta) 7. el programa para la composición de textos 8. un programa de hoja de cálculo 9. un sistema de telefonía (un sistema telefónico) 10. unas carpetas

B. Un empleado nuevo *(p. 12) Answers will vary.*

Actividades

A. Queremos saber *(p. 13) (Possibilities; answers may vary.)* 1. Puede pedírsela a... (Sí, se la puede pedir a...) 2. Se la entregan a... 3. Sí, te la presto. (Sí, puedo prestártela hoy.) (Tienes que devolvérmela...) 4.... puede escribírmela. 5. Sí, puedo prestársela. (Sí, me la tienen que devolver...) 6. Sí, yo te lo puedo decir. (... puedo decírtelo.) 7.... puede traérnoslo. 8. Se lo pregunto a... (Sí, puedes preguntármelo a mí.)

B. Para la oficina *(p. 14) Answers will vary.*

PASO 4

¿Cuánto recuerda? *(p. 15)* 1. Adriana es paraguaya. 2. Sí, María Inés consigue el puesto. 3. Sí, está contenta con el sueldo. 4. Comienza a trabajar la semana que viene. 5. Sí, va a tener un buen horario. 6. Dice que parece muy amable. 7. Sí, va a hacer traducciones. 8. Dice que el hijo de su jefe es muy simpático y que ella cree que no tiene novia. 9. Le duele un poco la cabeza. Se va a acostar media hora. 10. Sabemos que es pobre.

A. Cuatro cartas *(p. 15)* 1. Querido(a) / Tu amigo(a) (Un abrazo, Besos) 2. Distinguido (Muy señor mío) / Atentamente (Cordialmente) 3. Muy señor mío / Atentamente 3. Estimado / Cordialmente (Afectuosamente)

B. Prioridades *(p. 16) Answers will vary.*

Actividades

A. Minidiálogos *(p. 17)* 1. los / los / Los / las 2. — / el / la 3. las / los / las 4. — / — / — / — 5. El / el / El / el 6. — / un / — 7. los / los 8. la / los

B. Gustos y preferencias *(p. 18) Answers will vary.*

En general

A. Preguntas y respuestas *(p. 18)* 1. c 2. f 3. j 4. b 5. h 6. k 7. g 8. l 9. i 10. e 11. d 12. a

B. ¡Profesiones! *(p. 19)* 1. administrador(a) 2. bolsista 3. tenedor(a) de libros 4. contador(a) 5. agente de relaciones públicas 6. comprador(a) 7. vendedor(a) 8. oficinista 9. economista 10. cajero(a) 11. agente de seguros

C. Conversaciones *(p. 19) Answers will vary.*

Díganos... (Ventana al mundo literario)

Dulcinea del Toboso *(p. 25)* 1. Pierde la razón porque lee tantas novelas. 2. Se imagina joven y hermosa pero tiene cuarenta años y la cara picada de viruelas. 3. Le da el nombre de Don Quijote de la Mancha y dice que ha partido hacia remotos reinos en busca de aventuras y peligros. 4. Don Quijote va en busca de aventuras para hacer méritos y, a la vuelta, poder casarse con una dama de tanto copete como ella. 5. Alonso Quijano es un pobre diablo y se hace pasar por Don Quijote porque la ama. 6. Viste una vieja armadura, monta en su rocín y sale a los caminos para repetir las hazañas que Dulcinea atribuye a su galán. 7. Cuando vuelve al Toboso, se entera de que Dulcinea ha muerto.

Sensación de dolor *(p. 27)* 1. Le llega la fragancia de lilas. 2. Recuerda los claros atardeceres de su lejana infancia. La compara con el cauce de unas aguas tranquilas. 3. Usa el símbolo de un pañuelo temblando en la distancia. 4. No, en mi opinión, el autor no ha tenido una vida fácil. 5. Dice que el dolor remuerde y se afila. 6. Recuerda a las vírgenes que tenían tan dulces las pupilas.

Los bomberos *(p. 28)* 1. Olegario es un as del presentimiento y está muy orgulloso de su poder. 2. Sentían por él una admiración sin límites. 3. De pronto el aire matutino fue atravesado por el sonido y la furia de los bomberos. 4. Dijo que probablemente su casa se estaba quemando. 5. Llamaron un taxi y siguieron a los bomberos de cerca. 6. Se sentían muy nerviosos. 7. Comenzaron rápida y serenamente los preparativos de rigor. 8. Olegario recibió las felicitaciones y los abrazos de sus amigos porque su casa se estaba quemando.

Envío *(p. 30)* 1. Los llama "hermano". 2. Lo busca detrás de las esquinas, en la nube de los pájaros, en la mano de un mendigo, en la Inicial Dorada de un Libro de Oraciones, en la noche de los gnomos, en el aire de una caja de música y en los ojos de los niños. 3. Lo encuentra en los ojos de los niños.

Lección 2

PASO 1

¿Cuánto recuerda? *(p. 33)* 1. Jorge Andrade es periodista. 2. Está encargado de la página deportiva. 3. No, es boliviana. 4. Empezó el año pasado.

5. Sí, practica el ciclismo y la natación. 6. Nació en Perú. 7. No pudo jugar porque le dolía mucho la rodilla. 8. Es de Ecuador. Ella practica el vólibol. 9. Empezó a practicar vólibol a los dieciséis años. 10. Dice que es una buena jugadora.

Los aficionados *(p. 34) Answers will vary.*

Actividades

A. Lo que pasó ayer *(p. 35)* estuvieron / tenían / tenían / iba / se encontró / dijeron / necesitaban / Eran / llegó / fue / leyó / salió / eran / llovía

B. Elba, Luis y Amelia *(p. 35) Answers will vary.*

C. Personalidades actuales del deporte *(p. 35) Answers will vary.*

PASO 2

¿Cuánto recuerda? *(p. 36)* 1. V 2. V 3. F 4. F 5. V 6. F 7. V 8. F

Planes y más planes *(p. 37) Answers will vary.*

Actividad

Actividades al aire libre *(p. 38)* 1. costó / costó / pude / costaba 2. quería / supo 3. conocías / conocí 4. quiso 5. sabía / supe 6. pudo 7. podía

PASO 3

¿Cuánto recuerda? *(p. 39)* 1. F 2. V 3. F 4. F 5. V 6. F 7. F 8. V

A. En el campamento de verano *(p. 39) Answers will vary.*

B. Buenos y malos momentos *(p. 40) Answers will vary.*

Actividades

A. El diario de Elba *(p. 41)* por / por / por / por / Por / para / por / por / Por / por / para / por / para / para / por / para / por / por / para

B. Opiniones *(p. 42) Answers will vary.*

C. Un viaje *(p. 42) Answers will vary.*

PASO 4

¿Cuánto recuerda? *(p. 43)* 1. Escribe para *El Heraldo*. 2. Se hospedó en el Hotel del Lago. 3. Opina que es el mejor de la región. 4. Son grandes y cómodas. 5. Sí, se puede comer porque el hotel tiene tres restaurantes y una cafetería. 6. Se ofrecen varias actividades: esquí acuático, pesca y paseos en canoa y en botes de vela. 7. Sí, pueden ir a bailar porque en la ciudad hay dos discotecas. 8. Pueden ir a un casino y probar su suerte. 9. Pueden ir al hipódromo. 10. Recomienda visitar el Hotel del Lago.

Visitas... visitas *(p. 43)* 1. A Elisa la vamos a llevar al cine y al teatro. 2. A Marisa la vamos a llevar a un club nocturno y a una discoteca. 3. A Carlos lo vamos a llevar a la playa y al mar. 4. A Daniel lo vamos a llevar al hipódromo. 5. A Rosaura la vamos a llevar a pasear en coche por la ciudad.

Actividades

A. Isabel y Uds. *(p. 46) Answers will vary.*

B. Entre Uds. *(p. 46) Answers will vary.*

C. ¡Superlativos! *(p. 46)* 1. El monte Everest es altísimo. 2. París es hermosísima (bellísima). 3. El río Amazonas es larguísimo. 4. Texas es grandísimo. 5. Rhode Island es pequeñísimo. 6. Ricky Martin es guapísimo. 7. Oprah Winfrey es riquísima. 8. Albert Einstein era inteligentísimo. 9. Julia Roberts es bellísima (famosísima). 10. Danny DeVito es bajísimo (comiquísimo).

En general

A. Preguntas y respuestas *(p. 47)* 1. i 2. m 3. f 4. o 5. j 6. g 7. e 8. a 9. h 10. l 11. d 12. c 13. b 14. n 15. k

B. Conversaciones *(p. 47)* *Answers will vary.*

Díganos... (Ventana al mundo literario)

Lo fugaz *(p. 53)* 1. Se desprendió del tallo. 2. La arrastró sobre las aguas turbias del pantano. 3. Una onda fugitiva la deshizo en sus brazos. 4. Las compara con miembros mutilados. 5. Se tornaron negros. 6. Un leve olor de rosas vaga sobre el pantano.

El alacrán de fray Gómez *(p. 55)* 1. Decían: "Esto vale tanto como el alacrán de fray Gomez". 2. Era un anciano que vivía en un convento franciscano de Perú. 3. Había dos sillones de cuero, una vieja mesa rota y una cama sin sábanas. 4. Porque necesitaba quinientos pesos. 5. Vio un alacrán, lo tomó y se lo dio a Jeromo. 6. Era un broche en forma de alacrán; el cuerpo era una magnífica esmeralda y la cabeza un diamante con dos rubíes. 7. El usurero le ofreció dos mil pesos por la joya. 8. Jeromo aceptó sólo quinientos pesos. A los seis meses sacó la joya. 9. Se lo devolvió a fray Gómez y éste lo puso en la pared. 10. *Answers will vary.*

Los tres cuervos *(p. 58)* 1. El soldado vomitó tres cuervos vivos. 2. Va a comunicarlo al Ministerio. 3. Según Epaminondas el soldado vomitó dos cuervos. 4. Dejó a una novia que es muy bonita y muy simpática. 5. El muchacho se sentía muy triste. 6. Dice que el soldado vomitó un cuervo. 7. Dice que lo que vomitó el enfermo fue un ala de cuervo. 8. Según el sargento Esopo él dijo que el soldado había vomitado "negro como el ala del cuervo" y de ahí corrió la noticia.

Idilio *(p. 60)* 1. Sí, ella lo idolatraba y él la adoraba. 2. Se casó con otro. 3. Murió de un aborto. 4. Él se casó seis meses después. Ahora se siente muy feliz.

Lección 3

PASO 1

¿Cuánto recuerda? *(p. 62)* 1. Están hablando con uno de los agentes. 2. Van a ir de vacaciones a Puerto Rico. 3. Sí, porque hay vuelos a San Juan todos los días. 4. El precio de varias excursiones incluye los hoteles. 5. Piensan estar cinco noches. 6. No, no toman una decisión. 7. No.

La agencia está cerrada el domingo. 8. Les da unos folletos sobre Puerto Rico, que están escritos en español.

Preferencias *(p. 63) Answers will vary.*

Actividad

Preparativos *(p. 64)* 1. cerrada 2. incluido 3. hechas 4. reservados 5. confirmada 6. pagados 7. abierto 8. despiertas

PASO 2

¿Cuánto recuerda? *(p. 66)* 1. El folleto compara la isla de Puerto Rico con un paraíso tropical. 2. Tiene aguas cristalinas y verdes colinas. 3. El Viejo San Juan tiene calles empedradas, elegantes tiendas y cafés. Ahí está también la vieja fortaleza de El Morro y otros tesoros históricos. 4. Dice que El Yunque es un bosque tropical. La arena de la playa de Luquillo es blanca. 5. Le van a gustar el Condado e Isla Verde. 6. El precio de la excursión es $820. 7. No, porque la transportación al hotel está incluida en el paquete. 8. Se puede obtener un plan de seguro de viaje.

A. ¿Un cuarto o dos? *(p. 67) Answers will vary.*

B. Un viaje al extranjero *(p. 67) Answers will vary.*

Actividades

A. Últimamente... *(p. 68)* 1. ¿Has ido al cine últimamente? 2. ¿Has visto una buena película últimamente? 3. ¿Te has comprado ropa últimamente? 4. ¿Has tenido mucho trabajo últimamente? 5. ¿Has estado muy ocupado(a) últimamente? 6. ¿A quién le has escrito una carta últimamente? 7. ¿Has salido con alguien últimamente? 8. ¿Has hecho ejercicio últimamente?

B. Experiencias *(p. 68) Answers will vary.*

C. Inicio de semestre *(p. 68) Answers will vary.*

PASO 3

¿Cuánto recuerda? *(p. 69)* 1. V 2. F 3. V 4. V 5. F 6. F 7. V

Paso a paso *(p. 70) Answers will vary.*

Actividades

A. ¿Quién hará qué? *(p. 73) (Possibilities; answers may vary.)* 1. Yo buscaré información sobre diferentes países. 2. Tú traerás folletos de viaje. 3. Mi hermano averiguará el precio de los hoteles. 4. Nosotros haremos las reservaciones. 5. Uds. comprarán los pasajes. 6. Mis padres comprarán cheques de viajero. 7. Yo confirmaré las reservaciones. 8. Tú planearás todas las actividades. 9. Los chicos les dirán a sus padres dónde van a estar. 10. Mamá hará las maletas. 11. Nosotros pondremos los pasajes y los documentos en un lugar seguro. 12. Raquel llamará a varios amigos para ver quién le va a dar de comer al gato.

B. Cuando viajamos... *(p. 74) (Possibilities; answers may vary.)* 1. ¿Tú volarías durante el fin de semana o entre semana? 2. ¿Tu mamá llevaría mucho equipaje o una sola maleta? 3. Tú y tu familia, ¿viajarían en clase turista o en primera clase? 4. ¿Tus padres pagarían con tarjeta de crédito o con cheques de viajero? 5. ¿Tú te quedarías una semana o un mes? 6. ¿Uds. se hospedarían en un castillo antiguo o en un hotel de cinco estrellas? 7. ¿Tú elegirías un cuarto con vista al mar o un cuarto interior? 8. ¿Uds. comerían la comida típica del lugar o hamburguesas? 9. ¿Tus padres visitarían ciudades grandes o pueblos pequeños? 10. ¿Uds. irían a la playa o a la montaña?

PASO 4

¿Cuánto recuerda? *(p. 75)* 1. V 2. F 3. V 4. V 5. F 6. F 7. V 8. V

Instrucciones *(p. 76) Answers will vary.*

Actividades

A. ¡Adivinen! *(p. 76)* 1. ¿Qué hora será? 2. ¿A qué hora saldrá el avión? 3. ¿Dónde estará la azafata? 4. ¿Cómo se usará la máscara de oxígeno? 5. ¿Habrá una salida de emergencia cerca? 6. ¿Qué servirán de almuerzo? 7. ¿Las bebidas serán gratis? 8. ¿Cuándo empezarán a pasar la película? 9. ¿A qué hora llegará el avión a San Juan? 10. ¿Estarán mis amigos en el aeropuerto?

B. ¿Qué pasaría? *(p. 77)* 1. ¿Dónde pondría la azafata el bolso de mano? 2. ¿Adónde iría el otro pasajero? 3. ¿Qué querría el niño que estaba llorando? 4. ¿Qué pasaría con la película que habían anunciado? 5. ¿De qué hablarían las dos señoras que estaban hablando en ruso?

En general

A. Preguntas y respuestas *(p. 77)* 1. c 2. g 3. k 4. f 5. i 6. m 7. d 8. j 9. l 10. a 11. h 12. b 13. e

B. La industria del turismo *(p. 77) Answers will vary.*

C. Conversaciones *(p. 78) Answers will vary.*

Díganos... (Ventana al mundo literario)

Camino de imperfección *(p. 83)* 1. El autor murió a los setenta años. 2. Entre otros, la presunción, la mediocridad, la perfidia, la hipocresía y la calumnia le parecieron los peores defectos. 3. Admiraba a los que reconoció como superiores a él y atacó sólo a los fuertes. 4. Nunca dio consejos. 5. Puso la verdad y la belleza por encima de todo. 6. Se debía gobernar con inteligencia, con tolerancia y con justicia, sin privilegio de clase ni de personas. 7. Sobre el arte, creyó que siempre se podía y se debía ser original. 8. Su vivir fue ilógico y su pensar fue contradictorio. 9. Porque no le temió nunca a la verdad ni a sus consecuencias. 10. Se describió como un alma del siglo XVI y un hombre del siglo XX.

Bolívar *(p. 85)* 1. Lo describe, entre otras cosas, como un hombre de cuerpo pequeño que parecía como si estuviera siempre esperando la hora de montar a caballo. 2. Su país oprimido no lo dejaba vivir en paz. 3. Su mérito fue que no se cansó de pelear por la libertad de Venezuela, cuando parecía que Venezuela se cansaba. 4. Un negro generoso lo ayudó. 5. Libertó a Venezuela, a Colombia (Nueva Granada), a Ecuador y a Perú. 6. Peleaban a su lado con valor sobrenatural. 7. Lo que más defendió fue el derecho de América a ser libre. 8. Murió en la casa de un español en Santa Marta, en la pobreza.

Mon dice cosas *(p. 87)* 1. No debe ir al frente porque todos ganan la guerra menos él. 2. Los dos significados de **peso** son: lo que pesa algo o alguien y la moneda nacional de la República Dominicana. 3. El soldado defiende a todos, menos a sí mismo. 4. *Answer will vary.*

Día de reyes *(p. 89)* 1. Los niños buscan yerba, maíz y agua para los camellos. 2. Los Reyes Magos son Gaspar, Melchor y Baltasar. 3. Entrarán por las persianas. 4. La noche del cinco de enero la niña dormía con un ojo abierto y percibía el más leve crujir de la madera. 5. Ella saltaba de entre las sábanas y se lanzaba entre gritos a la caza de hermosos regalos. 6. Lo que más emocionaba a la niña era descubrir las huellas de los camellos en el camino. 7. Los juguetes yacían rotos en los rincones. 8. Volvían a jugar con los juguetes viejos. 9. Le reveló que los Reyes Magos no existían. 10. Les enseñan a ser madres, hermanas, amantes y esposas.

Lección 4

PASO 1

¿Cuánto recuerda? *(p. 97)* 1. Habrá terminado sus clases en el Instituto de Bellas Artes y habrá vuelto a Managua. 2. No, porque tenía una beca. 3. No, también pinta a la acuarela. 4. No, no las vendió porque prefirió conservarlas. 5. Trabaja en una galería de arte. 6. No le gusta la pintura abstracta. 7. Quiere llevar la carta al correo. Debe hacerlo ahora porque en media hora ya habrán cerrado el correo. 8. Le manda cariños a la familia de Álvaro y a él le manda un abrazo.

Una clase de arte *(p. 98)* *Answers will vary.*

Actividades

A. Compromisos *(p. 100)* *Answers will vary.*

B. ¿Y Uds.? *(p. 100)* *Answers will vary.*

PASO 2

¿Cuánto recuerda? *(p. 101)* 1. Nació en Panamá. 2. Es músico. 3. Es el viernes a las ocho de la noche en el Teatro Nacional. 4. Planeaba ir a cenar con Mónica. 5. Le dice que pueden llevar a Mónica con ellos. 6. Van a encontrarse en el restaurante San Remo. 7. Le gusta mucho la música clásica. 8. Va a alegrarse mucho. (Va a sentirse muy alegre.)

A. Programa musical *(p. 102)* *Answers will vary.*

B. Instrumentos musicales *(p. 102)* *Answers will vary.*

Actividades

A. Expresiones *(p. 105)* 1. está enseñando a / de ojos verdes 2. ayudar a conseguir / llevar a alguien 3. En qué estás pensando (En qué piensas) / En mi viaje / Voy a tratar de 4. encargarte de / contar conmigo 5. se comprometió con / no se casó con / Se enamoró de / se enteró de / en broma / en serio

B. Su vida *(p. 106)* *Answers will vary.*

PASO 3

¿Cuánto recuerda? *(p. 107)* 1. F 2. F 3. V 4. V 5. F 6. F 7. V

Una clase de literatura *(p. 107) Answers will vary.*

Actividad

Sobre literatura *(p. 108)* 1. La novela *Cien años de soledad* fue escrita por García Márquez. 2. La obra teatral *La casa de Bernarda Alba* fue publicada en 1936. 3. Las conferencias serán presentadas en enero. 4. La sección literaria del periódico es escrita por Susana del Valle. 5. Las autoras han sido entrevistadas por Mario Venegas. 6. Los poemas eran recitados por Marisol Araújo. 7. El profesor dijo que la asociación sería fundada el año próximo. 8. Los ensayos habrán sido terminados para marzo.

PASO 4

¿Cuánto recuerda? *(p. 109)* 1. F 2. V 3. F 4. F 5. V 6. V 7. V

Una exposición de escultura *(p. 110) Answers will vary.*

Actividad

El problema y la pregunta *(p. 111)* 1. ¿Qué día se abre la exposición de la escultora de El Salvador? 2. ¿Cómo se escribe el nombre de la escultora? 3. ¿A qué hora se cierra la exposición? 4. ¿Qué se usa para hacer los bustos? 5. ¿Dónde se venden estatuas? 6. ¿Dónde se compran las piezas exhibidas? 7. ¿Qué se va a servir el día de la apertura? 8. ¿Qué día se termina la exposición?

En general

A. El mundo del arte *(p. 111)* 1. b 2. a 3. b 4. a 5. c 6. b 7. c 8. c 9. c 10. b 11. a 12. c

B. Ésta es su vida *(p. 112) Answers will vary.*

C. Conversaciones *(p. 112) Answers will vary.*

Ahora... (Lecturas periodísticas)

Pintura latinoamericana *(p. 113)* 1. Un grupo de obras latinoamericanas obtuvieron precios más altos de lo previsto. Esto confirma el auge que viene experimentando la pintura de países latinoamericanos. 2. Se vendió *Cuchillo y fruta ante la ventana.* Se vendió por 2.2 millones. La obra es una naturaleza muerta en acuarela y carbón sobre papel. 3. Se vendió *La mañana verde.* Se vendió en $965.000. 4. En la obra de Lam se ven influencias cubistas y surrealistas. 5. *La mujer-gato* es de Leonora Carrington.

Díganos... (Ventana al mundo literario)

Introducción al estudio de las contradicciones *(p. 117)* 1. Puede morir de lucha en el combate, de tortura o de traición. 2. Nadie le hace un homenaje y su nombre es proscrito en los labios del pueblo. 3. Dice que abusa, que ejerce cargo diplomático y que jamás entendió el amor entre los hombres. 4. El gobierno decreta duelo nacional.

La presa *(p. 119)* 1. Hace pocos años era el centro de reunión de los muchachos de San José. 2. Aprendieron a nadar. 3. Había guayabos, naranjos y mangos. 4. Dice que era de pocas pulgas. 5. Se repartían en dos grupos, unos subían a los árboles y los otros recogían las frutas que les arrojaban desde los árboles. 6. Gritaban, corrían de aquí para allá, saltaban zanjas y se atropellaban los unos a los otros. 7. Dejó buena parte de su pellejo en un portillo. Su madre notó la herida que tenía sobre el hombro y lo interrogó. 8. Sintió tristeza (se entristeció). 9. Buscaba la felicidad de aquellos deliciosos días. 10. Significará el relicario donde guardarán los dulces recuerdos de su niñez.

Lo fatal *(p. 121)* 1. Porque no sienten. 2. El dolor de ser vivo es el dolor más grande y la vida consciente es la mayor pesadumbre. 3. El espanto seguro de estar mañana muerto. 4. Está hablando de las tentaciones que tenemos mientras estamos vivos. 5. No sabemos adónde vamos ni de dónde venimos.

La máscara al revés *(p. 122)* 1. Se encontró en medio de la lucha y estaba dispuesta a combatir. 2. Contra quién combatía. 3. Es el ángel de la justicia y el guardián de eternidades. 4. Soñó que liberaba presos atados en la cuerda. 5. Vio castillos. 6. Dice que el mundo está al revés. 7. Porque dice que es hazaña de Quijotes.

Lección 5

PASO 1

¿Cuánto recuerda? *(p. 125)* 1. V 2. V 3. V 4. F 5. F 6. F 7. V 8. F 9. F

En familia *(p. 126)* *Answers will vary.*

Actividad

Consejos *(p. 129)* (*Possibilities; answers may vary.*) 1. Es necesario que nosotros asistamos a clase. 2. Es necesario que yo llegue temprano a la universidad. 3. Es mejor que nosotros estemos en la universidad a las ocho. 4. Es importante que los estudiantes traigan el diccionario a clase. 5. Es necesario que nosotros seamos más puntuales. 6. Es importante que los estudiantes le den la tarea al profesor (a la profesora). 7. Es necesario que nosotros hagamos la tarea. 8. Es mejor que mi amiga vaya a la biblioteca. 9. Es necesario que nosotros vengamos a la universidad el sábado. 10. Es mejor que mi hermano conduzca más despacio. 11. Es importante que mi madre cierre la puerta del coche con llave. 12. Es necesario que yo vuelva a casa temprano. 13. Es mejor que los niños duerman ocho horas. 14. Es importante que los hijos se comuniquen con sus padres. 15. Es mejor que mi hermana se lleve bien con sus parientes políticos. 16. Es importante que los padres disciplinen a los niños.

Actividades

A. Opiniones sobre mi familia *(p. 131)* (*Possibilities; answers may vary.*) 1. Quiero que mi mamá me dé un beso. 2. Temo que mis hermanos se lleven mal. 3. Me alegro de que mis padres se lleven bien. 4. Espero que mis hijos sean unidos. 5. Le sugiero a mi hermano que le dé un abrazo a su hijo. 6. Les aconsejo a mis primos que no se enojen con sus padres. 7. Necesito que mis padres me apoyen. 8. Te recomiendo que mantengas a tus hijos. 9. Lamento que mi hermana se enoje conmigo. 10. Siento que ella regañe a sus hijos constantemente. 11. Me sorprende que mis tíos no se lleven bien con sus hijos. 12. Insisto en que mis hermanos disciplinen a sus hijos. 13. Ruego que mis hijos me quieran.

B. ¿Qué nos sugieren? *(p. 131) Answers will vary.*

C. Cosas de la vida *(p. 132) Answers will vary.*

PASO 2

¿Cuánto recuerda? *(p. 133)* 1. Celebran la semana de la cultura hispanoamericana. 2. Los países que están representados son Honduras, Guatemala y México. 3. Van a hablar de la relación que existe hoy en día entre la mujer y el hombre en los países latinoamericanos. 4. Sí, los jóvenes solteros pueden salir solos, pero generalmente salen en grupos. 5. No cree que tengan mucha libertad. 6. Las chicas hondureñas de hoy son mucho más independientes. 7. No cree que acepten de buena gana estos cambios en los papeles tradicionales del hombre y de la mujer. 8. Que los hombres tendrán que acostumbrarse a la idea de que la mujer tiene los mismos derechos que el hombre. 9. La razón principal se debe a factores económicos. 10. Que cada vez hay más igualdad, más respeto y más cooperación.

Sociales *(p. 134) Answers will vary.*

Actividades

A. ¿Qué cree usted? *(p. 136) Answers will vary.*

B. Mi compañero(a) y yo *(p. 136) (Possibilities; answers may vary.)* 1. Es verdad que yo soy (que nosotros(as) somos)... [No es verdad que yo sea (que nosotros(as) seamos)...] 2. Es cierto que yo me enojo (que nosotros(as) nos enojamos)... [No es cierto que yo me enoje (que nosotros(as) nos enojemos) ...] 3. Es verdad que yo respeto (que nosotros(as) respetamos)... [No es verdad que yo respete (que nosotros(as) respetemos)...] 4. Es verdad que yo siempre les doy (que nosotros(as) siempre les damos)... [No es verdad que yo siempre les dé (que nosotros(as) siempre les demos)...] 5. Es cierto que yo me meto (que nosotros(as) nos metemos)... [No es cierto que yo me meta (que nosotros(as) nos metamos)...] 6. Es verdad que yo no me llevo bien (que nosotros(as) no nos llevemos bien)... [No es verdad que yo no me lleve bien (que nosotros(as) no nos llevemos bien)...] 7. Es cierto que yo estoy (que nosotros(as) estamos)... [No es cierto que yo esté (que nosotros(as) estemos)...] 8. Es verdad que yo nunca salgo (que nosotros(as) nunca salimos)... [No es verdad que yo nunca salga (que nosotros(as) nunca salgamos)...] 9. Es cierto que yo tengo (que nosotros(as) tenemos)... [No es cierto que yo tenga (que nosotros(as) tengamos)...] 10. Es verdad que yo no ayudo (que nosotros(as) no ayudamos)... [No es verdad que yo no ayude (que nosotros(as) no ayudemos)...] 11. Es verdad que yo a veces regaño (que nosotros(as) a veces regañamos)...[No es verdad que yo a veces regañe (que nosotros(as) a veces regañemos)...] 12. Es verdad que yo tengo (que nosotros(as) tenemos)... [No es verdad que yo tenga (que nosotros(as) tengamos)...]

PASO 3

¿Cuánto recuerda? *(p. 138)* 1. V 2. V 3. F 4. V 5. F 6. V 7. F 8. V

Dos informes *(p. 138) Answers will vary.*

Actividades

A. Programas de ayuda *(p. 139) Answers will vary. Verb forms:* 1. existen… que les dan… (no existen… que les den…) 2. existen… que les enseñan… (no existen… que les enseñen…) 3. existen… que les hablan… (no existen… que les hablen…) 4. existen… que ayudan… (no existen… que ayuden…) 5. existen… que les buscan… (no existen… que les busquen…) 6. existen… que entrenan… (no existen… que entrenen…) 7. existen… que combaten… (no existen… que combatan …) 8. existen… que les dan… (no existen… que les den…) 9. existen… que rehabilitan… (no existen… que rehabiliten…) 10. existen … que ofrecen… (no existen… que ofrezcan…)

B. Opiniones *(p. 139) Answers will vary.*

PASO 4

¿Cuánto recuerda? *(p. 140)* 1. Un tema que les interesa es la educación en los países latinoamericanos. 2. Sí, se siente preparado. 3. Los exámenes de ingreso son muy rigurosos. 4. Pueden enviar a sus hijos a una universidad privada. 5. Toman los requisitos generales en la escuela secundaria. 6. Dice que debe cambiar el hecho de que en Guatemala muchos niños no asisten a la escuela secundaria y muchos ni siquiera a la primaria. 7. Dice que tienen que resolver primero los problemas de la economía. 8. Les interesa la política. 9. Alma tiene un examen mañana. 10. Tiene que ponerse a estudiar.

De la escuela elemental a la universidad *(p. 142) Answers will vary.*

Actividades

La vida universitaria *(p. 143) Answers will vary. Verbs should be in the indicative for responses to 6 and 10; all other responses should be in the subjunctive.*

B. Entrevista *(p. 144) Answers will vary.*

En general

A. ¿Qué piensa Ud.? *(p. 144)* 1. V 2. V 3. F 4. F 5. F 6. F 7. V 8. F 9. V 10. V 11. V 12. V 13. F 14. V 15. F 16. F

B. Opiniones y experiencias *(p. 144) Answers will vary.*

C. Conversaciones *(p. 145) Answers will vary.*

Díganos… (Ventana al mundo literario)

Como si fuera la madre *(p. 150)* 1. Alguien lo dejó en una canastilla, en su puerta. 2. No sale a la calle con él para no arriesgarse a que se lo quiten. 3. No quiere irse a vivir a otro lugar porque esa casa es lo único que tiene y, además, allí están todos sus recuerdos. 4. Siente la presencia de sus padres y de su hermana Julia. 5. Se le estremece el alma. 6. Piensa que el mundo actual está plagado por la prisa y que ya no hay lugar para los buenos sentimientos. 7. Piensa que es una mujer cruel porque le está negando el mundo a su chiquillo. 8. Sí, es inesperado, porque su "chiquillo" resulta ser un perro.

La honda de David *(p. 152)* 1. Sentían envidia y admiración. 2. Lo llamaban "un nuevo David" por su puntería y habilidad en el manejo de la honda. 3. Los disparaba contra latas vacías o pedazos de botella. 4. Descubrió que era más divertido disparar contra los pájaros. 5. Sus padres se alarmaron mucho y afearon su conducta en términos muy ásperos. 6. Reconoció su culpa, se arrepintió y empezó a disparar exclusivamente sobre los otros niños. 7. Fue ascendido a general por matar él solo a treinta y seis hombres. 8. Fue degradado y fusilado por dejar escapar viva una paloma mensajera del enemigo.

El alquiler de una casa *(p. 154)* 1. El propietario es un hombre gordo, de buen color, bajo y de carácter alegre. El inquilino es un hombre joven y flaco. 2. Dice que lo va a interrogar brevemente y cierra la puerta para que no entre nadie. 3. Quiere que se llame "de Saldaña" porque eso le da alguna distinción al apellido. 4. No quiere que su novia sea morena porque a él le revientan las morenas. 5. Debe prometer que todas sus amigas serán rubias. 6. No tiene ninguna profesión. 7. Le va a presentar a su abogado. 8. Vivirá en el campo tres meses al año. 9. El inquilino se levantará y se acostará a la misma hora que su propietario. 10. Tendrá que frotarse las manos, satisfecho, para acreditar el excelente servicio de la casa. 11. Quiere que el inquilino se haga masón porque su mujer quiere conocer los secretos de los masones. 12. Dejó su último domicilio porque arrojó por el balcón al propietario.

Lección 6

PASO 1

¿Cuánto recuerda? *(p. 157)* 1. F 2. V 3. F 4. V 5. V 6. F 7. F

Los televidentes opinan *(p. 158)* *Answers will vary.*

Actividades

A. En el estudio de televisión *(p. 160)* 1. Venga el lunes y traiga las copias de los anuncios. Déjelas en el escritorio del director. 2. Trate de llegar antes de las diez y déle todos los mensajes al director. 3. Prepare una lista de las personas que van a tomar parte en el programa de concursos y póngala en mi escritorio. 4. Vaya a la cafetería y compre sándwiches para el almuerzo. 5. Llame al Sr. Valdés y dígale que la reunión es esta tarde. 6. Escriba las cartas, pero no las envíe antes de que las lea el director. 7. No se olvide de encargar las flores para la Srta. Williams. 8. Esté en el estudio número 8 a las tres y acuérdese de llevar las fotografías del Sr. Lanza.

B. Dos aprendices *(p. 160)* 1. Vengan el lunes y traigan las copias de los anuncios. Déjenlas en el escritorio del director. 2. Traten de llegar antes de las diez y denle todos los mensajes al director. 3. Preparen una lista de las personas que van a tomar parte en el programa de concursos y pónganla en mi escritorio. 4. Vayan a la cafetería y compren sándwiches para el almuerzo. 5. Llamen al Sr. Valdés y díganle que la reunión es esta tarde. 6. Escriban las cartas pero no las envíen antes de que las lea el director. 7. No se olviden de encargar las flores para la Srta. Williams. 8. Estén en el estudio número 8 a las tres y acuérdense de llevar las fotografías del Sr. Lanza.

C. Órdenes *(p. 160) Answers will vary.*

PASO 2

¿Cuánto recuerda? *(p. 161)* 1. V 2. V 3. F 4. F 5. V 6. F 7. V

Selecciones *(p. 162) Answers will vary.*

Actividades

A. Mandatos *(p. 163)* 1. Entrevista a esos actores. 2. Lee la guía de televisión. 3. Graba el programa. 4. Encárgate de los anuncios comerciales. 5. Ven a verme. 6. Ve con ellos al estudio. 7. Hazme un favor. 8. Sal con tus amigos. 9. Diles a las chicas que vengan. 10. Pon el guión en mi escritorio.

B. ¡Hay mucho que hacer! *(p. 164) (The negative commands)* 1. No llames a Jorge por la mañana. 2. No vayas al mercado con Gloria. 3. No traigas manzanas del mercado. 4. No hagas una ensalada para la cena. 5. No le digas a Rosalía que traiga pollo. 6. No pongas las flores en el comedor. 7. No salgas con Alberto. 8. No le des la llave del apartamento a Olga. 9. No invites a Fernando a cenar. 10. No grabes el programa de las ocho.

PASO 3

¿Cuánto recuerda? *(p. 165)* 1. Trabajan en el Canal 7. Son presentadores. 2. Se ofrecen noticias locales, nacionales e internacionales. 3. El tema fue los problemas de la delincuencia juvenil. 4. Tiene numerosos incendios que consumen los bosques. 5. Hoy hubo un terremoto en California. 6. Sí, creo que llovió mucho porque hubo inundaciones en el norte del estado. 7. Están en huelga porque quieren aumento de salario y mejores beneficios. 8. Le pidió que lucharan juntos por sus derechos y que no se dieran por vencidos.

El telediario de las once *(p. 166) Answers will vary.*

Actividades

A. En el canal de televisión *(p. 167)* 1. Pidámosle una entrevista al gobernador. 2. Mandémosle un fax al secretario del gobernador con una lista de las preguntas. 3. Asistamos a la rueda de prensa del presidente, pero no vayamos con los fotógrafos. 4. Preparemos los titulares para esta noche y démoselos al director. 5. Mandemos a un reportero a entrevistar a los huelguistas. 6. Escribámosle una carta al Sr. Palacios y preguntémosle si podemos entrevistarlo. 7. Llamemos a la alcaldesa y digámosle que necesitamos hablar con ella. 8. Pidámosle una entrevista al Dr. Bustamante y preguntémosle si piensa postularse para senador en las próximas elecciones. 9. Busquemos información sobre las inundaciones en California. 10. Entreguémosle a los reporteros la información sobre el huracán Diana.

B. ¡Nos visitan! *(p. 168) Answers will vary.*

PASO 4

¿Cuánto recuerda? *(p. 168)* 1. Importa ropa hecha. 2. Habla con un agente de publicidad que tiene mucha experiencia en el campo de la publicidad. 3. La marca de la ropa es *Carolina.* 4. Porque hay muchos negocios que compiten con el de la Sra. Rojas. 5. Necesita hacer una buena campaña publicitaria. 6. Había pensado poner un anuncio en los periódicos locales o en una revista. 7. Los productos cuyos anuncios aparecen en la televisión son los que se venden mejor. 8. Va a tener listo un estimado de lo que costaría el anuncio y va a tenerlo listo para la semana que viene.

Los consumidores *(p. 169)* *Answers will vary.*

Actividad

En una compañía publicitaria *(p. 170)* que / que / quien / cuya / quienes / que

En general

A. Preguntas y respuestas *(p. 171)* 1. e 2. i 3. f 4. l 5. h 6. b 7. d 8. j 9. k 10. a 11. c 12. g

B. Frente al televisor *(p. 171)* *Answers will vary.*

C. Conversaciones *(p. 171)* *Answers will vary.*

Díganos... (Ventana al mundo literario)

Se fue por clavos *(p. 178)* 1. Roberto estaba martillando en el portal. Sentía una honda inquietud. 2. Había estado en la marina y había recorrido mucho mundo. Después no podía echar raíces en ninguna parte. 3. Volvió por la falta de fondos. 4. Era alegre y divertido. Vivía con Carmen y su esposo. 5. Dijo que iba al pueblo para traer clavos. 6. Quería salir de Tierra Amarilla, pero no tenía dinero para hacerlo. 7. El primero que le dio dinero fue Horacio y lo invitó a ir a Española. 8. Pensaba si se lanzaba con sólo diez. 9. Le dio setenta y tres dólares. 10. Porque le acababan de pagar el último plazo por el terreno de Las Nutrias que vendieron. 11. Roberto entró en la casa con el barullo de siempre. Bailó con Carmen, luchó con Eduardo y les dio besos y dulces a los niños. 12. Demoró cuatro años. Cuando alguien pregunta por él dicen "Se fue por clavos".

A Julia de Burgos *(p. 180)* 1. Murmuran que es su enemiga. 2. La "otra" es ropaje. 3. Según la autora ella desnuda el corazón en sus poemas. 4. La poetisa es la vida, la fuerza, la mujer. 5. La poetisa no pertenece a nadie o pertenece a todos. La "otra" pertenece a su marido. 6. La poetisa dice que ella es Rocinante corriendo desbocado y la "otra" es una dama casera, resignada y sumisa.

A pesar de todo *(p. 182)* 1. Dice que eran un pueblo pequeño, próspero, orgulloso y educado. 2. Se vivía con optimismo y se respiraba alegría. 3. Se sentían con un nudo en la garganta. 4. Llegaron al exilio con un nudo en el estómago. No tenían nada. 5. Tuvieron que buscar colegios, un medio de transporte, vivienda y sobre todo trabajo. 6. Los "mayores" tuvieron que aceptar comida del gobierno y aceptar trabajos muy por debajo de sus carreras o profesiones. 7. Recibían mantequilla de maní, queso, jamón enlatado y leche en polvo. 8. Compartían con otros lo poco que tenían. 9. Muchos norteamericanos rechazaron a los inmigrantes, otros les ofrecieron ayuda. 10. Los jóvenes aprendieron el valor de poseer una buena educación y a utilizar la cooperación y la unión de los que resultan afines.

Lección 7

PASO 1

¿Cuánto recuerda? *(p. 185)* 1. Dice que no esperaba que sus abuelos tuvieran tanta energía. 1. Vio una obra navideña en el teatro y cantó villancicos en la iglesia. 3. Comió varios platos típicos, nueces, castañas, avellanas y turrones. La abuela cocinó. 4. Va a cenar en casa de sus abuelos y después va a ir a una discoteca a bailar. 5. Son los Reyes Magos. 6. A Pablo le encanta España. 7. Va a volver para el diez de enero. 8. Si tiene bastante dinero va a volver en el verano.

Costumbres y tradiciones *(p. 186) Answers will vary.*

Actividades

A. Recomendaciones y consejos *(p. 188)* 1. Mi papá me sugirió que llegara temprano. 2. Nuestros padres querían que nosotros fuéramos más pacientes. 3. Tu consejero te recomendó que trajeras el diccionario. 4. Mi hermana me dijo que viniera solo(a). 5. Su amigo le pidió que no condujera su coche. 6. Mi mamá esperaba que yo fuera a la biblioteca. 7. El profesor les ordenó que tomaran cinco clases. 8. Mi novio(a) dudaba que yo le diera mi dirección. 9. Allí no había nadie que no dijera nada. 10. Ellos buscaban a alguien que pusiera el dinero en el banco.

B. Un viaje a España *(p. 189) Answers will vary.*

C. Consejos de nuestros padres *(p. 189) Answers will vary.*

PASO 2

¿Cuánto recuerda? *(p. 190)* 1. F 2. F 3. F 4. V 5. V 6. F 7. F 8. V

¡Buen provecho! *(p. 191) Answers will vary.*

Actividad

Opiniones *(p. 192) Answers will vary.*

A. ¿Qué pasó... ? *(p. 193) Answers will vary.*

B. Los abuelos de Pablo *(p. 193) Answers will vary.*

PASO 3

¿Cuánto recuerda? *(p. 195)* 1. V 2. F 3. V 4. V 5. F 6. F 7. V 8. F

Turistas en España *(p. 195) Answers will vary.*

Actividades

A. Expresiones *(p. 196)* 1. Al fin y al cabo... 2. Elena no tiene pelos en la lengua. 3. Parece mentira... 4. Maté dos pájaros de un tiro. 5.... hacerle muchas preguntas. 6.... estás entre la espada y la pared. 7. A la larga... 8.... le toman el pelo.

B. A ver... *(p. 197)* (*Possibilities; answers may vary.*) 1. No veo la hora de que lleguen las vacaciones. 2. Sí, es digno de verse. 3. No, no me he vuelto loco(a). 4. Al contrario, me divertiría mucho. 5. No, me he perdido muchas. 6. Sí, todo el mundo estaba allí. 7. Sí, te acompaño. 8. Sí, me caen muy bien. 9. Sí, me da rabia cuando mis amigos llegan tarde. 10. No, a veces cambio de idea.

En general

A. Verdadero o falso *(p. 197)* 1. V 2. F 3. F 4. V 5. F 6. V 7. V 8. V 9. F 10. V 11. F 12. F

B. Celebraciones *(p. 197)* *Answers will vary.*

C. Conversaciones *(p. 197)* *Answers will vary.*

Cruzando Fronteras...

A. *(p. 201) Answers will vary.*

B. *(p. 201)* Madrid / poco menos de 195.000 millas cuadradas / unos treinta millones / el número 11 / monarquía constitucional / español / catalán, vascuence y otras lenguas autóctonas / vino y aceite de oliva / a. 11%, b. 21%, c. 60% / Goya, Velázquez, Dalí, Picasso / Falla, Albéniz, Casals / Cervantes, Machado, García Lorca

Díganos... (Ventana al mundo literario)

El amante corto de vista *(p. 205)*

A. 1. Es muy corto de vista. 2. Necesitaba usar anteojos, pero no los usaba. 3. Se enamoró de Matilde de Laínez en un baile. 4. Averiguó la hora y el minuto en que Matilde saldría al balcón, pero se olvidó de reconocer bien a la mamá y a una hermana mayor de Matilde. 5. No le dijo que era corto de vista.

B. 1. Fue a la calle donde vivía Matilde. 2. No, no se dio cuenta de que se había equivocado de balcón.

C. 1. La vio en el teatro, en uno de los palcos. 2. Se acercó a la joven y habló con ella. 3. En el pañuelo había atado un mensaje en el que hablaba de su amor.

D. 1. La mamá escribió una respuesta muy terminante a la nota y la firmó con el nombre de Matilde.

E. 1. Decidió renunciar para siempre al amor, pero quince días después cambió de idea. 2. Matilde y un militar escucharon la conversación.

F. 1. Dijo: "Trae la luz que voy a leerla." 2. Pensó que era una infame que estaba haciéndole concebir esperanzas locas a Mauricio.

G. 1. Tomó dos pistolas, bajó rápidamente y abrió la puerta. 2. Al final Mauricio aclaró la confusión y el padre no se opuso al amor de los jóvenes.

3. Mirada de cerca Matilde no era tan bella. 4. Para olvidar los defectos de Matilde, Mauricio sólo tenía que quitarse los anteojos.

Anoche cuando dormía... *(p. 207)* 1. El agua representa un manantial de nueva vida. 2. Sueña que tiene una colmena en su corazón. 3. Fabrican blanca cera y dulce miel. 4. Dice que el sol daba calores de rojo hogar, alumbraba y hacía llorar. 5. Dice que tiene a Dios.

El niño al que se le murió el amigo *(p. 209)* 1. Fue a buscar al amigo al otro lado de la valla. 2. Le dijo que se había muerto. 3. Le aconsejó que no pensara más en él y que buscara a otros para jugar. 4. Se sentó en el quicio de la puerta y pensó que su amigo volvería. 5. El niño no quiso entrar a cenar. 6. Se levantó del quicio y se fue en busca de su amigo. 7. Tenían canicas, un camión, una pistola de hojalata y un reloj que no andaba. 8. Pasó toda la noche buscando a su amigo. 9. Cuando llegó el sol, el niño tenía sueño y sed. 10. Pensó que los juguetes eran tontos y pequeños y los tiró al pozo. 11. Dijo: "Cuánto ha crecido este niño". 12. Le compró un traje de hombre porque el que llevaba le venía muy corto.

Entre nosotros

ANA C. JARVIS
Chandler-Gilbert Community College

RAQUEL LEBREDO
California Baptist University

HOUGHTON MIFFLIN COMPANY
Boston New York

Director, World Languages: New Media and Modern Language Publishing: Beth Kramer
Sponsoring Editor: Amy Baron
Development Editor: Rafael Burgos-Mirabal
Project Editor: Amy Johnson
Associate Production/Design Coordinator: Lisa Jelly
Manufacturing Manager: Florence Cadran
Marketing Manager: Tina Crowley Desprez

Cover Design: Rebecca Fagan
Cover Illustration: Andrew Powell

Photo Credits: Page 1, Beryl Goldberg. Page 20, Frerck/Odyssey/Chicago. Page 31, H. Huntley Hersch/DDB Stock Photo. Page 32 (t), Owen Franken/Stock Boston; (m), Ulrike Welsch; (b), Owen Franken/Stock Boston. Page 42, Peter Menzel/Stock Boston. Page 48, Buddy Mays/International Stock. Page 61, Ulrike Welsch. Page 69, Peter Menzel/Stock Boston. Page 78, Frerck/Odyssey/Chicago. Page 96, Beryl Goldberg. Page 100, Ulrike Welsch. Page 106, Amy Johnson. Page 112, Christie's Images, Ltd. Page 124, Ulrike Welsch. Page 145, George Bellerose/Stock Boston. Page 156, Eduardo Gill/Black Star/PictureQuest. Page 164, Ulrike Welsch. Page 172, Courtesy angelica-aragon.net. Page 184, Peter Menzel/Stock Boston. Page 189, Macduff Everton/The Image Works. Page 194, Beryl Goldberg. Page 198, Daniel Aubry/Odyssey/Chicago.

Text credits appear on page 257.

Copyright © 2001 by Houghton Mifflin Company. All rights reserved.

No part of this work may be reproduced or transmitted in any form or by any means, electronic or mechanical, including photocopying and recording, or by any information storage or retrieval system without the prior written permission of Houghton Mifflin Company unless such copying is expressly permitted by federal copyright law. Address inquiries to College Permissions, Houghton Mifflin Company, 222 Berkeley Street, Boston, MA 02116-3764.

Printed in the U.S.A.

Student Text ISBN: 0-395-92912-1

Instructor's Edition ISBN: 0-395-92913-X

Library of Congress Catalog Card Number: 00-103004

123456789-DOC-04 03 02 01 00

Lengua de Cervantes,
semilla ayer y hoy árbol gigantesco
cuya sombra nos ampara y reúne,
hermanando continentes y océanos.

Gerardo Diego

Contents

Preface

Entre nosotros is an intermediate Spanish program for two- and four-year colleges and universities. Specifically designed to be completed in a single semester or quarter, *Entre nosotros* offers a flexible approach that fully integrates the development of students' speaking, listening, reading, and writing skills within a cultural context. The Student's Text and other components are described in detail below.

Features of the Program

Entre nosotros is ideally suited to develop the skills of intermediate students enrolled in a single-semester or quarter class. Its flexible, manageable approach has the following features:

- **Practical high-frequency vocabulary.** *Entre nosotros* expands the vocabulary base acquired by students in first-year Spanish. The emphasis is on practical vocabulary that takes students beyond basic survival skills and prepares them to discuss experiences, interests, opinions, and perceptions.
- **A selective review of grammar.** The text reviews the fundamental grammar structures known to be most challenging for students. It also introduces grammar structures not included in many introductory texts, such as the passive voice, the future perfect and conditional perfect tenses, and the present perfect and pluperfect subjunctive.
- **Ample communicative practice.** The program provides ongoing opportunities for oral practice in a variety of realistic contexts to strengthen students' communicative competency.
- **A rich presentation of Spanish-speaking cultures.** By broadening the students' knowledge of the geography of the Spanish-speaking world, increasing their familiarity with traditional and contemporary Hispanic cultures, and encouraging cross-cultural comparisons, coverage of the twenty-one Spanish-speaking countries develops students' cultural competencies.
- **Varied journalistic and literary reading.** Journalistic readings and literary selections by authors from the twenty-one Spanish-speaking countries help develop students' ability to read authentic texts and to articulate their observations, reactions, and opinions.

- **Development of listening skills.** Varied activities in the audio program expose students to natural language as spoken by native speakers to develop their listening comprehension.
- **Development of writing skills.** *Entre nosotros* helps improve students' writing skills through contextualized practice that reinforces the vocabulary and structures taught in the text to improve students' writing skills.
- **Opportunities for student self-assessment.** *Compruebe cuánto sabe* self-tests, appearing after *Lección 3* and *Lección 7*, provide a cumulative review of grammatical structures and vocabulary.

The Student's Text

Entre nosotros consists of seven lessons, two self-tests, and a reference section. These parts are described below.

Lesson Organization

Each of the text's seven lessons contains the following sections:

- **Lesson opener:** A list of grammatical and thematic objectives and of the countries and authors to be featured, accompanied by a photo that illustrates the lesson's theme.
- ***Pasos:*** Every lesson contains three or four *pasos*, each consisting of the following elements:

  Paso text: a job application, a dialogue, a personal or business letter, a brochure, or a newspaper article or other document that models vocabulary relevant to the lesson's theme and the grammar point presented in the *paso*. Follow-up questions (*¿Cuánto recuerda?*) provide immediate reinforcement.

  Vocabulario: A thematic listing of new words and expressions presented in the *paso*, as well as related terms to be learned for active use.

  Estructura and *Actividades:* Grammar explanations are presented clearly and succinctly in English, with numerous examples of usage to facilitate independent study and reference. The *¡Atención!* heading signals areas of potential interference between Spanish and English or points out important exceptions to the primary grammar rules. After each explanation, the *Actividades* offer immediate reinforcement of new concepts through a variety of structured and open-ended formats for pairs and small groups.
- ***En general:*** This section synthesizes the content of the *pasos* by reinforcing the newly acquired vocabulary, and by encouraging students to use language creatively through discussion topics and engaging role-play activities.
- ***Lecturas periodísticas:*** Chosen for their appeal and accessibility, these authentic readings from Spanish and Latin American magazines expand students' cultural knowledge while reinforcing the lesson themes. Follow-up activities *(Ahora...)* verify comprehension and set the stage for students to express their own opinions.

- ***Cruzando fronteras:*** These cultural essays take students on a trip through the Spanish-speaking world, highlighting the geography, demographics, history, music, art, and indigenous cultures of the twenty-one Spanish-speaking countries. Corresponding activities *(¿Cuánto hemos aprendido?)* reinforce the content of the essays and invite cross-cultural comparison.
- ***Ventana al mundo literario:*** This section features short stories, poetry, and essays by notable literary figures from each Spanish-speaking country. Students are guided through the process of reading and interpreting literature in Spanish by a pre-reading activity *(Preparación)*; marginal glosses for unfamiliar vocabulary that cannot be deduced from context; and a post-reading sequence consisting of a comprehension check *(Díganos...)*, a discussion topic *(Desde su mundo)*, and writing assignment *(Para escribir)*.

Self-Tests

The *Compruebe cuánto sabe* self-tests, which follow lessons 3 and 7, enable students to review the vocabulary and structures introduced in the preceding lessons. Organized by lesson and by grammatical structure, they enable students to determine quickly what material they have mastered and which concepts they ought to review further. The answer key in *Apéndice C* allows students to check their own progress.

Appendices

Apéndice A summarizes rules related to Spanish syllabification, use of accent marks, and punctuation. *Apéndice B* presents conjugations of high-frequency regular, stem-changing, and irregular Spanish verbs. *Apéndice C* provides answers for the *Compruebe cuánto sabe* self-tests.

Vocabularies

Spanish-English and English-Spanish glossaries list all active vocabulary introduced in the *Vocabulario* lists and in the *Estructura* sections. Active vocabulary is identified by the number of the lesson in which the word or phrase first appears. The Spanish-English vocabulary also lists passive vocabulary, which consists of those words glossed by an English equivalent in the text.

Supplementary Materials for the Student

Workbook/Laboratory Manual

Each lesson of the **Workbook/Laboratory Manual** is correlated to the corresponding lesson in the student text. The *Actividades para escribir* offer an array of writing activities including question-and-answer exercises, sentence completion, sentence transformation, and fill-in charts. Each lesson includes a crossword puzzle for vocabulary review, an activity that reviews the lesson's cultural content, and an open-ended writing activity. Coordinated with the *Entre nosotros Audio Program*, the *Actividades para el laboratorio* feature structured grammar exercises, listening-and-speaking practice, contextualized vocabulary review, and a dictation. Answer keys for the workbook exercises and the laboratory dictations are provided to enable students to monitor their progress independently.

Audio Program

The complete *Audio Program* to accompany the *Entre nosotros Workbook/Laboratory Manual* is available on audio CDs and cassettes for student purchase. Recorded by native speakers, the audio material develops speaking and listening comprehension skills through contextualized exercises that reinforce the themes and content of the textbook lessons. Each lesson contains structured grammar exercises; listening and speaking activities based on simulations of conversations; a comprehension check of key vocabulary; and a dictation. Answers to all exercises, except for the dictations, are provided on the audio CDs or cassettes.

Computer Study Modules (CSM)

Available for purchase in Windows® and Macintosh® versions, this text-specific software offers additional, computer-aided practice of the grammar structures and vocabulary introduced in *Entre nosotros*. Practice is organized by the *pasos* of each lesson. The program is designed to provide immediate feedback, thus enabling students to monitor their progress in Spanish. The package includes a User's Guide.

We would like to hear your comments on and reactions to *Entre nosotros*. Reports on your experiences using this program would be of great interest and value to us. Please write to us care of Houghton Mifflin Company, College Division, 222 Berkeley St., Boston, MA 02116-3764 or online at college_mod_lang@hmco.com.

Acknowledgments

We wish to express our sincere appreciation to the following colleagues for the many valuable suggestions they offered in their reviews of the manuscript for *Entre nosotros:*

Stephen J. Clark, Northern Arizona University
Carmen Coracides, Scottsdale Community College
James J. Davis, Howard University
Aida E. Diaz, Valencia Community College
John W. Griggs, Glendale Community College
Carolina Ibáñez-Murphy, Pima Community College
Susan Janssen, Mendocino College
Heather Kurano, University of Hawaii at Manoa
Jean Anne Lauer, Arizona State University
José Luis Montiel, Louisiana State University
Michael Morris, Northern Illinois University

Kay E. Raymond, Sam Houston State University
Barry L. Richins, Northland Pioneer College
Sandra B. Schreffler, University of Connecticut
Ruth E. Smith, Northeast Louisiana University
Vernon C. Smith, Rio Salado College
Jonita E. Stepp-Greany, Florida State University
Gayle Vierma, University of Southern California

We also extend our sincere appreciation to the World Languages staff at Houghton Mifflin Company, College Division: Beth Kramer, Director; Amy Baron, Sponsoring Editor; Rafael Burgos-Mirabal, Development Editor; and Amy Johnson, Project Editor.

Ana C. Jarvis
Raquel Lebredo

LECCIÓN 1

Buscando trabajo

OBJETIVOS

Estructura: Los verbos **ser** y **estar** • Construcciones reflexivas • Pronombres de complemento directo e indirecto usados juntos • Usos y omisiones de los artículos definidos e indefinidos

Temas para la comunicación: Solicitudes de empleo • Tipos de seguro • Profesiones y actividades relacionadas con los negocios • Inventarios de oficina • Terminología de correspondencia • Características de un empleado

Cruzando fronteras: Argentina • Chile • Uruguay • Paraguay

Ventana al mundo literario: Marco Denevi • Pablo Neruda • Mario Benedetti • Herib Campos Cervera

PASO 1 La señorita Vigo Acosta llena una planilla

SOLICITUD DE EMPLEO

Compañía de Seguros "La Rioja"
Ave. 9 de Julio 1950
Buenos Aires - Cap.

Escriba a máquina o use letra de molde.

DATOS PERSONALES

Fecha 20-9-01

Apellido Paterno	Apellido Materno	Nombre(s)	
Vigo	Acosta	María Inés	Estado Civil soltera

Lugar de Nacimiento	Fecha de Nacimiento	Edad	
Montevideo	13-8-82	19 años	Nacionalidad Uruguaya

Teléfono 352-4278

Domicilio
Piedras 914 - Buenos Aires

Sexo ⊗ Femenino O Masculino

REFERENCIAS PERSONALES (No incluya parientes.)

NOMBRE COMPLETO	OCUPACIÓN	DIRECCIÓN	TELÉFONO
Paola Cortesi	Contadora	Venezuela 324	332-4170
Esteban Allende	Profesor	Lima 982	341-2856

EXPERIENCIA DE TRABAJO (Empiece por el actual o último empleo.)

DURACIÓN DESDE	DURACIÓN HASTA	NOMBRE DE LA EMPRESA	DIRECCIÓN Y TEL.	SALARIO INICIAL	SALARIO FINAL	PUESTO DESEMPEÑADO
1999	2000	Sandoval e Hijos	Ave. de Mayo 143 472-2180	$5.000	$5.300	Recepcionista

ESCOLARIDAD

NOMBRE DE LA INSTITUCIÓN		NÚM. DE AÑOS ASISTIÓ	CERTIFICADO DIPLOMA O TÍTULO
Primaria			
Secundaria	Liceo San Martín	5 años	Bachiller
Universidad	Universidad de Buenos Aires	2 años	

Estudios de Post-Graduado/Otros Estudios de Computación

Idiomas que domina Inglés

Conocimientos de informática y programas que domina
Composición de textos, hoja de cálculo, uso de la Internet

DATOS GENERALES

Sírvase° indicar si tiene alguna experiencia en: O Administración O Economía O Producción O Rel. Industriales O Ventas O Tiendas O Contabilidad O Inv. de Mercado O Publicidad O Rel. Públicas O Compras

¿Está dispuesto a trabajar cualquier° turno?
O Sí ⊠ No (Razones) Clases

¿Está dispuesto a cambiar su lugar de residencia?
O Sí ⊠ No (Razones) Clases universitarias

¿Algún pariente suyo trabaja con nosotros?
⊠ Sí O No (Quién) Carlos Vigo (hermano)

¿Está Ud. dispuesto a viajar?
⊠ Sí verano O No (Razones)

¿Qué tipo de trabajo desea Ud. desempeñar?
Oficinista

¿Conoce Ud. alguna persona en nuestra compañía?
⊠ Sí O No (Quién) Carlos Vigo (hermano)

¿Qué sueldo mensual desea?
$6.000

¿Podemos solicitar informes de Ud.?
⊠ Sí O No (Razones)

¿En qué fecha podría empezar a trabajar?
Inmediatamente

Las declaraciones anteriores hechas por mí son absolutamente verdaderas

María Inés Vigo Acosta
Firma del solicitante

Sírvase... Please indicate if...
cualquier... any shift

¿Cuánto recuerda?

Indique si los siguientes enunciados (*statements*) sobre María Inés son verdaderos (V) o falsos (F).

1. El apellido de soltera de la mamá de María Inés es Acosta.
2. María Inés es argentina.
3. Paola Cortesi y Esteban Allende no tienen idea de quién es María Inés Vigo.
4. María Inés trabajó para la compañía Sandoval e Hijos por un año, más o menos.
5. María Inés es bachiller.
6. María Inés es bilingüe.
7. María Inés decidió no continuar estudiando en la universidad.
8. María Inés va a insistir en ganar más de diez mil pesos mensuales.

Vocabulario

La solicitud

Nombres

la composición de textos *word processing*
los conocimientos de informática *knowledge of computers*
el estado civil *marital status*
el (la) gerente(a) *manager*
la hoja de cálculo *spread sheet*
la letra de molde *printing*
la planilla *form*
el puesto desempeñado *position held*
la solicitud *application*
el sueldo, el salario *salary*

Verbos

desempeñar *to hold, to carry out*
dominar *to master*
estar dispuesto(a) a *to be willing to*
manejar *to operate*

Tipos de seguro

seguro contra incendios *fire insurance*
seguro contra inundaciones *flood insurance*
seguro contra terremotos *earthquake insurance*
seguro de accidentes de trabajo *worker's compensation insurance*
seguro de automóviles *car insurance*

seguro de la casa *home(owner's) insurance*
seguro de salud *health insurance*
seguro de vida *life insurance*

A. ***En la compañía de seguros.*** **En parejas, hagan el papel de agentes de seguro y decidan cuál es el seguro más importante para cada una de las siguientes personas.**

1. Elena Torres, que vive en California
2. Carlos Hurtado, que vive en un lugar donde hay muchos árboles (*trees*)
3. la familia Abad, que tiene cuatro coches
4. Rafael Cortés, que tiene un trabajo muy peligroso (*dangerous*)
5. la Sra. Paz, que es viuda y tiene cuatro hijos pequeños
6. Marcelo Rojas, que siempre está enfermo

B. ***Entrevista.*** **Empleadores de varias compañías van a venir a su universidad para entrevistar solicitantes (*applicants*). En parejas, practiquen para prepararse. Van a intercambiar información con respecto a lo siguiente: sus apellidos (materno y paterno), su estado civil, su ocupación, el tipo de puesto que desean desempeñar y el sueldo que quieren ganar. Hablen también de su experiencia.**

Estructura

Los verbos ser y estar

The verbs **ser** and **estar** (both meaning *to be*) are not interchangeable. The following lists summarize the most important uses.

ser	
1. Identifies people, places, or things.	
Ésta **es** la Srta. Peña.	*This is Miss Peña.*
2. Describes essential qualities, nationality, religion, and profession or trade.	
Sergio y Ana **son** uruguayos.	*Sergio and Ana are Uruguayan.*
Paola Cortesi **es** contadora.	*Paola Cortesi is an accountant.*
3. Indicates origin, possession, relationship, and the material that things are made of.	
Ellos **son** de Buenos Aires.	*They are from Buenos Aires.*
Analía **es** mi cuñada.	*Analía is my sister-in-law.*
El reloj **es** de oro.	*The watch is (made) of gold.*

4. Is used to express the time and the date.

Hoy **es** el cuatro de abril. **Es** la una.	*Today is April 4. It's one o'clock.*

5. Used with **para,** it indicates for whom or what something is destined.

La planilla **es** para el supervisor.	*The form is for the supervisor.*
La computadora **es** para mí oficina.	*The computer is for my office.*

6. Indicates where an event is taking place.

La reunión **es** en la universidad.	*The meeting is at the university.*

estar

1. Indicates location.

El gerente **está** en el hotel.	*The manager is at the hotel.*

2. Indicates a current condition or state.

Alicia **está** cansada.	*Alicia is tired.*

3. Used with the past participle, it indicates the result of a previous action.

Las puertas **están** cerradas.	*The doors are closed.*

4. Is used in the progressive tenses.

Eva **está llenando** la solicitud.	*Eva is filling out the application.*

5. Describes what is perceived through the senses—that is, how a person looks or feels, or how a thing looks or tastes.

Teresa **está** muy elegante hoy.	*Teresa looks very elegant today.*
¡Mmm! Este pollo **está** muy sabroso.	*Mmm! This chicken tastes very good.*

6. Is also used in the following idiomatic expressions.

- **estar de acuerdo** *to agree*
  María Inés no siempre **está de acuerdo** con Carlos.
- **estar de buen (mal) humor** *to be in a good (bad) mood*
  Hoy **estoy de mal humor** porque tengo muchísimo trabajo.
- **estar de vacaciones** *to be on vacation*
  Ellos no viven aquí; **están de vacaciones.**
- **estar acostumbrado(a) a** *to be used to*
  Yo no **estoy acostumbrado a** estar lejos de mi familia.
- **estar de vuelta** *to be back*
  Los chicos van a **estar de vuelta** a las cinco.

*Adjetivos con **ser** o **estar***

Some adjectives change meaning, depending on whether they are used with **ser** or **estar.**

El profesor **es aburrido.**	*The professor is boring.*
Los estudiantes **están aburridos.**	*The students are bored.*
Roberto **es listo.**	*Roberto is smart.*
Roberto **está listo.**	*Roberto is ready.*
Ella **es mala.**	*She's bad (mean).*
Ella **está mala.**	*She's sick.*
La manzana **es verde.**	*The apple is green (color).*
La manzana **está verde.**	*The apple is green (unripe).*

Actividades

A. *La planilla de María Inés.* **En parejas, fíjense en los datos que aparecen en la planilla y contesten las siguientes preguntas.**

1. ¿Quién es la persona que solicita el empleo?
2. ¿En qué calle está[1] la compañía de seguros?
3. ¿Cuál es la nacionalidad de María Inés? ¿Cuál es su estado civil?
4. ¿De dónde es ella y dónde está ahora?
5. ¿Cuál es la profesión de Paola Cortesi? ¿Y la de Esteban Allende?
6. ¿Quién es Carlos Vigo?
7. ¿En qué época del año está dispuesta a viajar María Inés?
8. ¿Qué está haciendo María Inés en este momento? ¿Está escribiendo con letra de molde o con letra cursiva?
9. María Inés va a tener la entrevista el día 23. ¿Creen Uds. que ella está un poco nerviosa?

B. *¿Y Ud?* **Ahora, en lo posible, comparen las circunstancias de Uds. con las de María Inés.**

C. *Preferencias.* **Complete lo siguiente, de acuerdo con sus propias circunstancias. Luego compare sus respuestas con las de un(a) compañero(a). Háganse preguntas para aclarar cualquier duda.**

1. Hoy estoy (no estoy) aburrido(a) porque...
2. Yo generalmente (casi siempre, nunca) estoy de acuerdo con...
3. Hoy voy a estar de vuelta en mi casa...
4. Cuando tengo que salir, puedo estar listo(a) en...
5. Cuando estoy malo(a), yo generalmente...
6. Cuando yo estoy de buen humor, me gusta...
7. Cuando yo estoy de vacaciones, (siempre, a veces, nunca)...

[1] **Quedar** is also used to indicate location: ¿En qué calle **queda** tu casa?

D. ***Un día de trabajo.*** **En parejas, completen lo siguiente, teniendo en cuenta los usos de ser y estar.**

Hoy ______ viernes; ______ las ocho de la mañana y Ángel ______ en su apartamento. ______ preparándose para ir a la oficina. Tiene que hablar con el Sr. Mercado, que ______ su nuevo jefe. El Sr. Mercado ______ muy simpático, pero Ángel ______ un poco nervioso porque no lo conoce muy bien. Sabe que ______ chileno y que su familia ______ de Valparaíso, pero eso no ______ mucho. A las cuatro todos los empleados tienen una reunión (*meeting*). La reunión ______ en el salón de conferencias.

Antes de la reunión

Ángel — ¿Con quién ______ hablando el Sr. Mercado?
Nora — No sé, pero creo que ______ de mal humor. Dicen que su esposa ______ de vacaciones y él tiene que trabajar.
Ángel — ¿Y cuándo va a ______ de vuelta ella?
Nora — No sé... Oye, ¿quieres limonada? ______ muy sabrosa.
Ángel — Sí, gracias. ¡Ah! Allí ______ Alfonso. ¿Vamos a hablar con él?
Nora — ¡Ay, no! ¡______ muy aburrido!
Ángel — ¡Qué mala ______! ¡Pobre Alfonso! Oye, creo que el Sr. Mercado ______ su tío...
Nora — ¿En serio? Vamos a hablar con él ahora mismo.

PASO 2 María Inés habla con Sergio, un amigo chileno

Sergio — ¡Hola, María Inés! ¡Me alegro de verte! ¿Cómo te va?
M. Inés — Bien. Acabo de solicitar un empleo en una compañía de seguros. (*Bromeando*°) Ahora puedo venderte un seguro de salud...
Sergio — (*Bromeando también*) ¡Perfecto! Entonces puedo enfermarme inmediatamente. ¿Y qué puesto vas a desempeñar en la compañía?
M. Inés — Si lo consigo, el de oficinista. Pero no me atrevo a hacerme ilusiones... ¿Y tú? ¿Adónde vas?
Sergio — Voy a la universidad para matricularme. Chau. Nos vemos más tarde. ¡Buena suerte!
M. Inés — Gracias. Hasta luego.

°Kidding

¿Cuánto recuerda?

Conteste lo siguiente con respecto al diálogo entre Sergio y María Inés.

1. ¿Sergio está contento de ver a María Inés?
2. ¿María Inés dice que le va bien o que le va mal?
3. ¿María Inés y Sergio bromean a veces?
4. ¿Qué le pregunta Sergio a María Inés?
5. ¿María Inés está absolutamente segura de que va a conseguir el puesto?
6. ¿Qué no se atreve a hacer la muchacha?
7. ¿Sergio está en la escuela secundaria?
8. ¿Qué le desea Sergio a María Inés?

Vocabulario

Algunos verbos reflexivos útiles

acordarse (de) (o:ue) *to remember*
alegrarse (de) *to be glad*
atrasarse *to get behind*
atreverse (a) *to dare (to)*
encargarse *to be in charge, to take charge*
enfermarse *to get sick*
enterarse (de) *to find out*
especializarse (en) *to specialize, to major (in)*
hacerse ilusiones *to dream*
jubilarse, retirarse *to retire*
matricularse *to register*
olvidarse (de) *to forget*
quejarse *to complain*

Profesiones relacionadas con los negocios

el (la) administrador(a) *administrator*
el (la) agente de relaciones públicas *public relations agent*
el (la) agente de seguros *insurance agent*
el (la) bolsista *stockbroker*
el (la) cajero(a) *cashier*
el (la) comprador(a) *buyer*
el (la) contador(a) *accountant*
el (la) economista *economist*
el (la) oficinista *office clerk*
el (la) tenedor(a) de libros *bookkeeper*
el (la) vendedor(a) *salesperson*

Opiniones. **En grupos de dos o tres, hablen del sueldo mínimo y máximo que Uds. creen que ganan las siguientes personas.**

1. el (la) administrador(a) de un hotel de lujo
2. un(a) cajero(a) en un supermercado
3. un(a) oficinista en una universidad
4. un(a) vendedor(a) de automóviles usados
5. el (la) contador(a) de una empresa pequeña
6. un(a) agente de relaciones públicas de una universidad privada
7. el (la) tenedor(a) de libros de una tienda pequeña
8. un(a) bolsista que trabaja para Paine Webber

Estructura

Construcciones reflexivas

A verb is reflexive when the subject performs and receives the action of the verb. In Spanish, most transitive verbs may be used as reflexive verbs. The use of the reflexive construction is much more common in Spanish than in English.

The following chart outlines the reflexive forms of **considerarse** (*to consider oneself*).

Yo **me considero** feliz.	*I consider myself happy.*
Tú **te consideras** feliz.	*You consider yourself happy.*
Ud. **se considera** feliz.	*You consider yourself happy.*
Él **se considera** feliz.	*He considers himself happy.*
Ella **se considera** feliz.	*She considers herself happy.*
Nosotros **nos consideramos** felices.	*We consider ourselves happy.*
Vosotros **os consideráis** felices.	*You consider yourselves happy.*
Uds. **se consideran** felices.	*You consider yourselves happy.*
Ellos **se consideran** felices.	*They consider themselves happy.*
Ellas **se consideran** felices.	*They consider themselves happy.*

- When a reflexive pronoun is used with a direct object pronoun, the reflexive pronoun always precedes the direct object pronoun.

Yo **me** lavo las manos. Yo **me las** lavo.

Actividades

A. *La rutina familiar.* **En parejas, comparen lo que hace Andrés con lo que hace el resto de su familia. Usen la imaginación.**

1. Yo me despierto muy temprano. Mi hermana...
2. Generalmente, me baño y me visto antes de desayunar. Mi mamá prefiere...

3. Mi papá se afeita todos los días. Mi hermano y yo...
4. Mi mamá siempre se cepilla los dientes después de cada comida. Yo...
5. Mi hermana prefiere encargarse de preparar la comida. Yo...
6. Cuando hace frío, yo me pongo una chaqueta. Mi hermana...
7. Mi papá a veces se duerme mirando televisión. Mis hermanos...
8. Mis padres se acuestan temprano. Mis hermanos y yo...

B. *Preguntas personales.* **En parejas, hablen de lo siguiente, tratando de dar y obtener la mayor cantidad de información posible.**

1. la hora en que se levantan y se acuestan los días entre semana y los fines de semana
2. dónde les gusta sentarse en la clase y por qué
3. si se atrasan en sus clases o en su trabajo a veces y por qué
4. las clases en las que piensan matricularse el semestre próximo
5. las cosas de las cuales Uds. se olvidan a veces
6. las cosas de las cuales Uds. se quejan a veces y por qué
7. la ropa que se ponen en distintas ocasiones
8. de lo que les gusta encargarse cuando dan fiestas y de lo que no les gusta encargarse
9. a qué miembros de su familia se parecen Uds.
10. las cosas por las cuales se preocupan sus padres
11. las cosas por las cuales Uds. siempre (o nunca) se preocupan
12. las cosas que Uds. no se atreven a hacer y por qué
13. sobre qué no quieren hacerse ilusiones y por qué
14. la edad en que piensan jubilarse y por qué

PASO 3 La entrevista

M. Inés —Buenos días. ¿Se encuentra[1] el Sr. Arriola en su oficina?

Secretaria —Sí, señorita. La está esperando. Pase, por favor.

María Inés entra en la oficina del gerente y lo saluda°. — greets

Gerente —Aquí tengo su solicitud. Acaban de entregármela. Veo por su resumé que tiene experiencia en trabajos de oficina...

[1]**Se encuentra** is often used as an equivalent of **está.**

M. Inés —Sí, señor. Si necesita más información, puede pedírsela a la secretaria del Sr. Sandoval, y ella puede enviársela mañana mismo°.

Gerente —Bien. También necesitamos la carta de la Srta. Cortesi. ¿Ud. cree que puede enviárnosla esta tarde?

M. Inés —Creo que sí, pero puede llamarla por teléfono y preguntárselo.

Gerente —Muy bien. Mi secretaria se va a poner en contacto con Ud. la semana próxima.

mañana... no later than tomorrow

¿Cuánto recuerda?

Indique si los siguientes enunciados sobre lo que pasa en la oficina del Sr. Arriola son verdaderos (V) o falsos (F).

1. Cuando María Inés llega a la oficina del Sr. Arriola, él no está allí.
2. El gerente recibió la solicitud de María Inés ayer.
3. El Sr. Arriola dice que María Inés parece tener la experiencia necesaria para trabajar en una oficina.
4. La secretaria del Sr. Sandoval no puede hacer nada por María Inés.
5. El Sr. Arriola todavía no tiene la carta de Paola Cortesi.
6. La Srta. Cortesi no tiene teléfono.
7. La secretaria del Sr. Arriola va a llamar a Inés ese mismo día.

Vocabulario

La entrevista

Nombres

los antecedentes académicos *academic records*
el aspecto personal *personal (physical) appearance*
el (la) jefe(a) anterior *former boss (employer)*
el profesionalismo *professionalism*
el puesto *position, job*
la puntualidad *punctuality*
el título *degree*

Verbos

recomendar (e:ie) *to recommend*
solicitar *to apply*

Otras Palabras y Expresiones

medio tiempo, medio día *part-time*
tiempo completo *full time*

La oficina

el archivo *file cabinet*
el cajón, la gaveta *drawer*
la carpeta *folder*
la fotocopiadora, el sacacopias *photocopy machine*
la grapadora, la presilladora *stapler*
la máquina de escribir *typewriter*
el programa de hoja de cálculo *spreadsheet program*
el programa para la composición de textos *word-processing program*
el sistema de telefonía, el sistema telefónico *telephone (telecommunication) system*
la tablilla de avisos *bulletin board*

A. *En una oficina.* **En parejas, hablen de lo que necesitan para hacer lo siguiente.**

1. para hacer copias
2. para escribir a máquina
3. para guardar carpetas
4. para presillar papeles
5. para poner anuncios
6. para guardar lápices, bolígrafos, papel, etc.
7. para componer textos en la computadora
8. para calcular los gastos (*expenses*) del mes
9. para llevar a cabo (*carry out*) teleconferencias
10. para guardar cartas, documentos, etc.

B. *Un empleado nuevo.* **En grupos de dos o tres, imaginen que Uds. están encargados de entrevistar a un nuevo empleado. Preparen una lista de las preguntas que quieren hacerle. Luego, entre todos en la clase, preparen la lista "oficial" que le van a presentar al departamento de recursos humanos para entrevistar a futuros empleados.**

Estructura

Pronombres de complemento directo e indirecto usados juntos

When a direct and an indirect pronoun are used together, the indirect object pronoun always precedes the direct object pronoun, and they are never separated.

> Cuando yo necesito la máquina de escribir, ella **me la** presta.
> *When I need the typewriter, she lends* **it to me.**

- The indirect object pronouns **le** and **les** change to **se** when used with the direct object pronouns **lo, la, los,** and **las.**

Le envío la información al gerente. — *I send the information to the manager.*
~~Le~~ la envío.
Se la envío. — *I send it to him.*

• In the preceding examples, the meaning of **se** may be ambiguous, since it may refer to **Ud., él, ella, Uds., ellos,** or **ellas.** The following prepositional phrases may be added for clarification.

Se la envío {
a Ud.
a él.
a ella.
a Uds.
a ellos.
a ellas.
al gerente.
a los supervisores.
}

• Both object pronouns are placed either *before* the conjugated verb or *after* the infinitive or the present participle. In the latter case, they are always attached to the infinitive or the present participle and a written accent mark must be added on the stressed syllable.

Se la voy a enviar hoy.
Voy a enviár**sela** hoy.

Me las está pidiendo.
Está pidiéndo**melas.**

• With the verbs **decir, pedir, preguntar,** and **prometer,** the direct object pronoun **lo** is used with the indirect object pronoun to complete the idea of the sentence when a direct object noun is not present. In the example that follows, note how this information is implied rather than stated in English.

Puedo llamarla por teléfono y preguntárse**lo.** — *I can call her on the phone and ask her (about that).*

Actividades

A. ***Queremos saber.*** **Ud. y un(a) compañero(a) van a entrevistarse. Háganse las siguientes preguntas y usen siempre los pronombres de complemento directo en sus respuestas.**

1. Si alguien necesita información sobre ti, ¿a quién puede pedírsela? ¿Se la puede pedir a alguna otra persona? ¿A quién?
2. Si hay una carta para ti y tú no estás en tu casa, ¿a quién se la entregan?
3. Si yo necesito tu grapadora, ¿me la prestas? ¿Puedes prestármela hoy? ¿Cuándo tengo que devolvértela?
4. Si tú necesitas una carta de recomendación, ¿quién puede escribírtela?
5. Si mi amigo y yo necesitamos usar tu computadora, ¿tú puedes prestárnosla? ¿Te la tenemos que devolver mañana mismo?
6. Si yo quiero saber cómo funciona un programa de hoja de cálculo, ¿tú me lo puedes decir? ¿Qué otra persona puede decírmelo?

7. Si tú y tus compañeros necesitan un archivo para la oficina, ¿quién puede traérselo?
8. Si tú quieres saber dónde queda la oficina de correos, por ejemplo, ¿a quién se lo preguntas? Y si yo necesito saber dónde hay un banco, ¿puedo preguntártelo a ti?

B. *Para la oficina.* **En parejas, van a decidir cuál de los (las) dos se va a encargar de traerles, prestarles, darles, comprarles o entregarles las diferentes cosas a las siguientes personas. Digan cuándo lo van a hacer.**

1. El Sr. Arriola necesita cien carpetas para la oficina.
2. Yo necesito una máquina de escribir.
3. La secretaria del Sr. Arriola necesita un archivo.
4. Carlos y yo necesitamos planillas.
5. Yo necesito usar un programa para la composición de textos.

PASO 4 María Inés le escribe a una amiga paraguaya

30 de septiembre del 2001

Querida Adriana:

¡Buenas noticias°! ¡Acabo de enterarme de que el puesto en la compañía La Rioja es mío! Voy a trabajar de oficinista y el sueldo es bastante° bueno. Empiezo a trabajar la semana que viene. El trabajo es de medio tiempo° porque, como sabes, tengo que estudiar. Tengo los viernes libres° y los demás° días termino a la una.

news / quite / *medio*... part time / off / other

El Sr. Arriola, que va a ser mi jefe, parece° muy amable. Me va a pagar extra por traducir cartas del inglés al español. ¡Ah! Tiene un hijo que también trabaja para la compañía; es contador y es muy simpático. Creo que no tiene novia...

seems

Bueno, te dejo porque me duele un poco la cabeza y voy a acostarme media hora°.

media... (for) half an hour

Un abrazo,

María Inés

P.D. En cuanto° a tu novio, no importa° si es pobre, porque el amor es más importante que el dinero. ¡No sólo de pan vive el hombre!

En... As for / *no*... it doesn't matter

¿Cuánto recuerda?

Conteste lo siguiente con respecto a la carta de María Inés.

1. ¿Cuál es la nacionalidad de Adriana?
2. ¿Consigue María Inés el puesto?
3. ¿Está contenta con el sueldo?
4. ¿Cuándo comienza a trabajar?
5. ¿Va a tener un buen horario María Inés?
6. ¿Qué opinión tiene María Inés de su futuro jefe?
7. ¿Va a hacer María Inés algún trabajo extra? ¿Cuál?
8. ¿Qué noticia le da María Inés a su amiga, que puede tener influencia en su vida social?
9. ¿Qué problema tiene María Inés y qué va a hacer para tratar de resolverlo?
10. ¿Qué sabemos sobre la situación económica del novio de Adriana?

Vocabulario

Frases para empezar y terminar una carta

Distinguido(a) *Distinguished*
Estimado(a) *Dear (*cordial, but not affectionate*)*
Muy señor(a) mío(a) *Dear Sir (Madam)*
Querido(a) *Dear (*affectionate*)*
Afectuosamente *Affectionately*
Atentamente *Respectfully*
Besos *Kisses*
Un abrazo *A hug*
Cordialmente *Cordially*
Tu amigo(a) *Your friend*

Características del empleado ideal

amable *polite, kind*
amigable *friendly*
comprensivo(a) *understanding*
cortés *courteous*
eficiente *efficient*
honesto(a) *honest*
organizado(a) *organized*
profesional *professional*
puntual *punctual*
respetuoso(a) *respectful*
responsable *responsible*
trabajador(a) *hard-working*

A. *Cuatro cartas.* **Ud. y un(a) compañero(a) tienen que escribirles a las siguientes personas. Digan qué frases van a usar para empezar y para terminar cada una de las cartas.**

1. a su mejor amigo(a)
2. a un profesor de la universidad
3. al administrador de una compañía en la que van a solicitar empleo
4. a un(a) conocido(a) (*acquaintance*)

B. ***Prioridades.*** En grupos de dos o tres, fíjense en las doce características del empleado ideal y pónganlas en orden de importancia. Expliquen sus razones.

Estructura

Usos y omisiones de los artículos definidos e indefinidos

A. Usos y omisiones del artículo definido

The definite article is used more often in Spanish than it is in English.

The definite article *is used:*	The definite article *is not used:*
1. With abstract nouns. **El amor** es muy importante.	
2. With nouns used in a general sense. No sólo de pan vive **el hombre.**	
3. With parts of the body and articles of clothing instead of the possessive adjective. Me duele **la cabeza.** Me pongo **los zapatos.**	When possession is emphasized to avoid ambiguity, the possessive adjective is used instead. **Sus ojos** son verdes. **Tus zapatos** son muy elegantes.
4. With the adjectives **pasado** and **próximo.** Empiezo **la** semana **próxima.**	
5. With titles such as **señor, doctora,** etc., when talking about a third person. **El señor** Arriola es mi jefe.	In direct address. Buenos días, **señor** Arriola.
6. With names of languages. Traduzco **del inglés al español.**	Directly after the verb **hablar** and the prepositions **en** and **de.** **Hablo inglés.** Escribo **en español.**
7. With seasons of the year, days of the week, dates of the month, and time of day. Tengo **los viernes** libres.	With the days of the week, after the verb **ser** in the expressions **hoy es, mañana es,** etc. **Hoy es** lunes; **mañana es** martes.

8. To avoid repeating a noun. Las carpetas de Ana y **las** de Nora están aquí.	
9. With the words **iglesia** (*church*), **escuela,** and **cárcel** (*jail*). Mi esposo está en **la iglesia** y mis hijos están en **la escuela.**	

B. Usos y omisiones del artículo indefinido

The indefinite article is used less frequently in Spanish than it is in English.

The indefinite article *is not used:*	The indefinite article *is used:*
1. Before unmodified nouns of profession, religion, nationality, or political party. Su hijo **es contador.** Él **es republicano** y ella **es demócrata.**	When the noun is modified by an adjective. Su hijo es **un buen contador.** Ella es **una demócrata fanática.**
2. With nouns in general, when the idea of quantity is not emphasized. No tiene novia. Ella nunca usa sombrero.	When the idea of quantity or a particular object is emphasized. Yo tengo **un** sombrero azul.
3. With the adjectives **cien(to), mil, otro, medio, tal,** and **cierto.** Voy a acostarme **media** hora. Necesitamos **otro** coche.	
4. After the words **de** and **como,** when they mean *as.* Voy a trabajar **de (como)** recepcionista.	

Actividades

A. ***Minidiálogos.*** **Complete los siguientes minidiálogos, agregando el artículo sólo cuando haga falta. Después, actúe (*enact*) los diálogos con un(a) compañero(a).**

1. — ¿Tú trabajas ______ sábados?
   — Sí, pero tengo ______ domingos libres. ______ demás días, trabajo hasta ______ seis.

2. — Buenos días, ______ Srta. Cortesi. ¿Sabe Ud. dónde se encuentra ______ Sr. Villalba?
— No está aquí. Está de vacaciones. Regresa ______ semana próxima.
3. — Yo creo que ______ mujeres somos más eficientes y más organizadas que ______ hombres.
— Eso es lo que creen ______ mujeres...
4. — ¿Tu jefe es ______ paraguayo? ¿Habla ______ guaraní?
— Sí, y además habla ______ inglés y ______ francés.
5. — ¿Qué es más importante para ti? ¿______ amor o ______ dinero?
— ______ amor, naturalmente, pero ______ dinero ayuda...
6. — ¿Qué profesión tiene Claudio? ¿Es ______ médico?
— Sí, es ______ médico excelente.
— Gana mucho dinero, ¿verdad?
— ______ mil dólares al día, más o menos...
7. — ¿Te duelen ______ pies?
— Sí, me voy a quitar ______ zapatos.
8. — ¿Mauricio está en ______ cárcel?
— Sí, nosotros lo visitamos todos ______ domingos.

B. *Gustos y preferencias.* **En parejas, hagan comentarios sobre lo siguiente.**

1. el tipo de comida que les gusta comer (italiana, mexicana, china, etc.)
2. las frutas y las verduras que les gustan
3. lo que hacen cuando les duele la cabeza
4. lo que piensan hacer la semana próxima
5. lo que hacen los viernes por la noche, generalmente (¿y los sábados?)
6. su estación del año favorita y por qué les gusta esa estación
7. si tienen coche o no y qué tipo de coche prefieren

En general

A. *Preguntas y respuestas.* **En parejas, busquen en la column B las respuestas a las preguntas que aparecen en la columna A.**

A	B
______ 1. ¿Cómo te va?	a. Sí, se jubila este año.
______ 2. ¿Sabes que hoy tengo una entrevista?	b. La voy a llamar por teléfono.
______ 3. ¿Vas a hablar con Adriana hoy?	c. Muy bien, ¿y a ti?
______ 4. ¿Cómo te vas a poner en contacto con ella?	d. No, él no trabaja hoy.
______ 5. ¿A qué hora llega ella a la oficina?	e. Muy amable.
	f. ¿Sí? ¡Me alegro! ¡Buena suerte!
	g. No, pero no importa. Me gusta trabajar.
	h. Bastante tarde.

A	B
______ 6. Entonces, ¿no es puntual?	i. La computadora y el fax.
______ 7. ¿Tú tienes el día libre hoy?	j. Sí, quiero saludarla.
______ 8. ¿Tú trabajas tiempo completo?	k. No, ella siempre llega tarde.
______ 9. ¿Qué máquinas sabes manejar tú?	l. No, medio día.
______10. ¿Cómo es tu jefe?	
______11. ¿Se encuentra él aquí ahora?	
______12. Él ya tiene sesenta y cinco años, ¿verdad?	

Para continuar: El profesor seleccionará a diferentes estudiantes. Éstos(as) le harán una de las preguntas a un(a) compañero(a), quien deberá dar la respuesta correspondiente.

B. *¡Profesiones!* **En parejas, lean las siguientes descripciones de las actividades que desempeñan las siguientes personas y digan cuál es la profesión de cada una. Hablen sobre algunas de las características que se asocian con esas profesiones. ¿Cuáles les interesan y cuáles no? ¿Por qué?**

1. persona que administra o dirige una empresa o un negocio (*business*)
2. persona que interviene en las negociaciones de acciones y bonos (*stocks and bonds*)
3. persona que lleva los libros de contabilidad
4. persona que está encargada de la contabilidad de un negocio
5. profesional que, con el empleo de las técnicas de difusión y comunicación, informa sobre personas, empresas o instituciones
6. persona encargada de comprar mercancía (*merchandise*) para un negocio
7. persona que vende cualquier tipo de artículo
8. persona que trabaja en una oficina
9. profesional que se especializa en asuntos (*affairs*) económicos
10. persona encargada de la entrada y salida del dinero en un negocio
11. persona que vende seguros

C. *Conversaciones.* **Estas personas se encuentran en las siguientes situaciones. ¿Qué dicen? Ud. y un(a) compañero(a), decidan.**

1. La Srta. Fuentes entrevista a Pablo Casas, que viene a solicitar un puesto de secretario. Pablo obtiene el puesto.
2. La Sra. Carreras y el Sr. Godoy están hablando del empleado (de la empleada) ideal para presentarle las recomendaciones a la directora de recursos humanos.
3. El Sr. Ulloa y el Sr. Dávalos van a abrir una oficina y están hablando de todo lo que necesitan, para presentarles a los inversionistas (*investors*) una lista de las necesidades básicas.
4. El Sr. Díaz es agente de seguros y está tratando de venderle todo tipo de seguros a la Sra. Alcalá. La Sra. Alcalá le compra dos pólizas.

LECTURAS PERIODÍSTICAS

Camino corto hacia el éxito

DIEZ CONSEJOS PARA SOBRESALIR EN TU TRABAJO

¿Qué es el éxito laboral[1]? Sin lugar a dudas, ser el mejor en el camino elegido. Pero como en estos tiempos la cosa no está tan fácil por la cantidad de gente que ambiciona el mismo puesto que tú, aquí te damos algunos consejos para ayudarte a superar la competencia.

1. Primero, LO MÁS IMPORTANTE
   Parece simple, pero pocas personas lo hacen. Si uno realiza la parte más importante del trabajo al inicio del día, la efectividad crece[2] porque la mente se encuentra descansada y lista para trabajar en las tareas más complicadas.
2. Reuniones MÁS CORTAS.
   Debes reducir el tiempo de las juntas[3] de trabajo. Si el tiempo se fija desde un principio[4], no se discuten temas poco importantes y se le da prioridad al tema principal. Cuando la gente se concentra, los resultados son mejores.
3. NO TE QUEDES en la oficina hasta tarde.
   Lo único que importa es el resultado y no las horas que trabajas o dónde trabajas. Si te falta algo por hacer, puedes hacerlo en tu casa, para no sentir que "vives" en la oficina.
4. Memos DE UNA SOLA PÁGINA.
   La regla[5] "de una sola página" lleva a la gente a pensar más en qué es lo que quiere comunicar y erradica la información innecesaria.
5. HAZ MÁS de lo que te pagan por hacer.
   Si trabajas más de lo que tu empleo te exige[6], probablemente vas a ser de las seleccionadas para ascender de puesto.
6. DATE TIEMPO para pensar.
   Como decía Henry Ford: "Pensar es el trabajo más difícil; quizá por eso casi nadie lo hace". Date tiempo para pensar antes de comenzar a trabajar físicamente.
7. Expresa siempre TU OPINIÓN.
   Los buenos jefes detestan el "sí" a todo. Ellos quieren líderes capaces de expresar sus ideas.
8. Toma DECISIONES.
   Muchas personas emplean demasiado tiempo para tomar una decisión y cambian de idea constantemente. La gente exitosa hace exactamente lo contrario. Estudian los pros y los contras de una situación y deciden rápidamente.
9. DELEGA lo más posible.
   Mucha gente pierde tiempo en hacer tareas sin importancia. Delega todo lo posible, y el tiempo que ahorres puedes aprovecharlo para progresar en tu carrera y en tu vida personal.
10. Piensa EN GRANDE.
    La principal diferencia entre las personas que tienen éxito y las que se conforman[7] es que las primeras tienen grandes sueños y luchan por alcanzarlos. Bill Gates, por ejemplo, soñó con una computadora en cada escritorio del mundo y su sueño se está convirtiendo en realidad.

Adaptado de la revista
Elle en español

[1]*éxito...* career success [2]grows [3]meetings [4]beginning [5]rule [6]demands [7]*se...* are satisfied

Ahora...

En grupos de tres o cuatro, hablen de lo siguiente: los consejos que les parecen más útiles; lo que Uds. ya hacen ahora y lo que van a hacer para mejorar en su trabajo; otras sugerencias que Uds. consideren importantes y que no aparecen en el artículo.

Cruzando fronteras

De los Andes a los Pirineos... Emprendemos hoy un largo viaje, que comienza en Argentina, atraviesa toda América del Sur y Centroamérica, pasa por México y parte de los Estados Unidos y termina en España, la cuna° del idioma español. — cradle

Nuestros nuevos amigos —María Inés de Uruguay, Sergio de Chile y Adriana de Paraguay— quieren que conozcamos algo de sus países y de Argentina, la nación que les ha brindado° hospitalidad a los tres. — offered

Argentina

Estamos en Argentina, un país que, con un área un poco menor de la cuarta parte de los Estados Unidos, ocupa el octavo lugar en el mundo por su extensión territorial. Argentina es, en su mayor parte, una inmensa llanura° (la pampa) que se extiende desde el océano Atlántico hasta los Andes, en la frontera con Chile. Allí se encuentra el Aconcagua, el pico más alto del mundo occidental. Su clima es de una variedad extraordinaria, desde el norte, subtropical, hasta el extremo sur, con las temperaturas extremadamente frías de la Tierra del Fuego y de la Antártida. Su variado paisaje° incluye las maravillosas cataratas° de Iguazú (mucho más altas que las del Niágara) en el norte, y el Glaciar Perito Moreno en el sur.

plain
landscape
falls

Argentina es uno de los países más desarrollados° del mundo occidental. Poco a poco, a la tradicional economía basada en la exportación de carne y de cereales, se han superpuesto la industria y el sector de servicios que hoy dan trabajo a la mayor parte de la población. Sin embargo, a pesar de que la agricultura sigue siendo una de las bases de su economía, Argentina es uno de los países menos densamente poblados de América, y uno de los más urbanizados del mundo. En su capital, Buenos Aires, la segunda ciudad más grande del mundo hispano, se concentran la tercera parte de su población y dos terceras partes de su producción industrial. Aunque Argentina es un país de habla hispana, el 40 por ciento de sus habitantes son descendientes de italianos y sólo el 32 por ciento, de españoles. La influencia italiana se nota en su español hablado, en sus comidas y en algunos otros aspectos de su vida diaria.

developed

Para muchos extranjeros, Argentina es la tierra del tango, del gaucho y de "Evita". Sin embargo, su música popular incluye muchos otros ritmos folclóricos, entre ellos la *zamba* y la *chacarera*. En cuanto a los gauchos, aunque todavía algunos de los habitantes de las zonas rurales más aisladas del país se identifican como tales°, lo cierto es que sus vidas, costumbres y carácter se parecen muy poco a las de los famosos vaqueros° que dieron fama al nombre. Lo más probable es que el viajero no encuentre en Argentina otros gauchos que los de los espectáculos para turistas.

such
cowboys

Chile

Separado de Argentina por la cordillera° de los Andes, se encuentra Chile, un país largo y estrecho° con variadas zonas climáticas —desiertos en el norte y glaciares en el sur—. Algunos llaman a este país "la Suiza de América del Sur" por su espléndida belleza natural. La base de su economía está en la explotación de sus productos minerales y en la exportación de sus productos agrícolas. Exporta tanta° fruta a los países industriales del norte, que se le considera "la frutería del mundo." Chile es también uno de los más importantes productores de cobre del mundo.

mountain range
narrow
so much

En cuanto a la educación, este país está muy adelantado°, pues casi el 95 por ciento de los chilenos saben leer y escribir. Su capital, Santiago, tiene ocho universidades, y está hoy día en un constante estado de expansión y de desarrollo°.

advanced
development

Las hermosas playas de Chile —como la de Viña del Mar, un centro turístico internacional— son visitadas anualmente por miles de turistas, que quedan encantados con esta tierra del vino y de la chicha, dos de sus bebidas más populares, y de la cueca, su danza nacional. El territorio de Chile incluye también varias islas en el océano Pacífico, entre ellas, la Isla de Pascua y Juan Fernández. En total, su superficie es un poco mayor que la de Texas.

Uruguay

Llegamos a Uruguay, el país de habla hispana° más pequeño de la América del Sur. Su superficie total es casi igual a la del estado de Washington. El país está prácticamente rodeado° de agua, y sus aguas y su tierra son sus mejores recursos naturales. En los ríos se han construido numerosas plantas hidroeléctricas. El estuario del Río de la Plata, junto a la capital, Montevideo, es el centro estratégico de un intercambio comercial creciente. Sus playas, en el Atlántico, dan motivo a grandes centros turísticos, entre los que sobresale° la ciudad balneario de Punta del Este.

de... Spanish speaking
surrounded
stands out

Más del 80 por ciento de la tierra se usa para la agricultura y la ganadería°. Sin embargo, en las últimas décadas Uruguay ha dejado de depender casi totalmente de la ganadería y la agricultura. El país exporta todavía lana y cueros, pero casi la mitad de su fuerza laboral° trabaja en la industria de servicios, y poco más de su tercera parte en la industria manufacturera. El país se ha industrializado rápidamente gracias a la electricidad a bajo costo que producen sus plantas hidroeléctricas.

cattle raising
fuerza... workforce

En Montevideo, la capital, se concentra casi la mitad de la población, así como la mayor parte de las actividades culturales, económicas y administrativas del país. Allí están la Universidad de Montevideo, fundada en 1849, y la Universidad Católica, que gozan de excelente reputación por toda Sudamérica.

Paraguay

Aterrizamos° ahora en el aeropuerto de Asunción, la capital del legendario Paraguay. La palabra "paraguay" viene de la lengua guaraní, y quiere decir "lugar con un gran río". Y eso es Paraguay, un territorio un poco menor que California, dividido por el gran río Paraguay en dos regiones bastante distintas: Paraguay y el Gran Chaco.

We land

Paraguay es un país agrícola. Sus principales recursos naturales son la fertilidad de sus tierras y sus grandes bosques° maderables. Sin embargo, desde la construcción de la mayor planta hidroeléctrica del mundo en su frontera con Brasil y Argentina, el país ha comenzado a industrializarse rápidamente.

forests

Una característica que distingue a Paraguay de otros países es la presencia de la cultura guaraní, mezclada° con la española. El idioma oficial es el español, pero los paraguayos hablan también el guaraní, que también se enseña en las escuelas. Su cultura es una pintoresca mezcla de las culturas española y guaraní, con otras influencias europeas. En su música popular, por ejemplo, se mezclan la guitarra y el arpa, introducidas por los europeos, con instrumentos de percusión y flautas, que proceden de la cultura guaraní. Asimismo, el ñandutí[1], un fino tejido artesanal confeccionado por las mujeres del pequeño pueblo de Itaguá, emplea hoy, a veces, hilos y diseños de la cultura occidental.

mixed

En Paraguay se encuentran, en su frontera con Argentina y Brasil, las famosas cataratas de Iguazú, nombre que en guaraní significa "agua grande." Debido° a su espléndida belleza°, Paraguay fue escogido como escenario° de la película *La misión,* filmada en las ruinas jesuíticas que datan del siglo° XVII.

Due
beauty / setting
century

[1]**ñandutí:** tipo de encaje que se hace en Paraguay

¿Cuánto hemos aprendido...?

A. La clase se dividirá en cuatro grupos. Cada grupo preparará unas diez preguntas sobre uno de los países visitados para hacérselas al resto de la clase.

B. En parejas, hagan comentarios sobre cada país, comenzando con frases como las siguientes.

1. Lo que más me gusta de...
2. Una cosa que me encanta...
3. Nunca voy a olvidar...
4. Lo más interesante de...
5. Algo que me llama la atención...
6. Algo que acabo de aprender...
7. Una cosa que me sorprende...
8. Quiero ir a... porque...

Ventana al mundo literario

No podemos seguir nuestro viaje hacia otras tierras sin antes detenernos° brevemente para hojear° un libro que contenga algún cuento o algún poema escrito por autores oriundos° de estos países pues, como alguien ha dicho muy acertadamente°, "La literatura es el alma° de los pueblos".

stop
leaf through
native / appropriately
soul

MARCO DENEVI *(Argentina: 1922–1998)*

*Marco Denevi está considerado como uno de los mejores cuentistas hispanoamericanos. Algunos de sus cuentos son casi novelas, y otros —los microcuentos— son muy breves. Denevi escribe también novelas, una de las cuales —*Rosaura a las diez*— ganó el premio Kraft en 1955. En 1960, su novela* Ceremonia secreta *ganó el primer premio del concurso organizado por la revista* Life en español.

Preparación

El título de este cuento es "Dulcinea del Toboso". Tenga en cuenta° que Dulcinea es un personaje de la novela de Cervantes *Don Quijote de la Mancha.* En esta novela, Don Quijote (cuyo verdadero nombre es Alonso Quijano) enloquece° después de leer muchas novelas de caballería° y sale en busca de aventuras.

Tenga... Keep in mind
goes mad / chivalry

En este cuento, el autor hace una parodia de la vida de dos de los personajes del *Quijote*: Alonso Quijano y Aldonza Lorenzo e invierte los hechos° que Cervantes presenta en su obra, ya que quien enloquece en el *Quijote* es Alonso Quijano y es él quien crea a Dulcinea.

facts

Dulcinea del Toboso *(Adaptado)*

Lee tantas novelas que termina perdiendo la razón°. Se hace llamar Dulcinea del Toboso (en realidad se llama Aldonza Lorenzo), se cree princesa (es hija de aldeanos°), se imagina joven y hermosa (tiene cuarenta años y la cara picada de viruelas°). Finalmente se inventa un enamorado al que da el nombre de Don Quijote de La Mancha[1]. Dice que Don Quijote ha partido° hacia remotos reinos° en busca de aventuras y peligros, para hacer méritos° y, a la vuelta, poder casarse con una dama de tanto copete° como ella. Se pasa todo el tiempo asomada a la ventana, esperando el regreso del inexistente caballero. Alonso Quijano, un pobre diablo° que la ama, idea hacerse pasar por Don Quijote. Viste una vieja armadura°, monta en su rocín° y sale a los caminos a repetir las hazañas° que Dulcinea atribuye a su galán°. Cuando, seguro del éxito° de su estratagema°, vuelve al Toboso, Dulcinea ha muerto.

la... her mind
villagers
la... her face scarred by smallpox / *ha...* has left / kingdoms
worthy deeds
high social standing
devil
armor
old horse / exploits
suitor / success / trick

Díganos...

1. ¿Qué le pasa a Aldonza Lorenzo y por qué?
2. ¿Cómo se imagina ella que es, y cómo es realmente?
3. ¿Qué nombre le da al enamorado que inventa y qué dice de él?
4. Según ella, ¿para qué va Don Quijote en busca de aventuras?
5. ¿Quién es Alonso Quijano y por qué se hace pasar por Don Quijote?
6. ¿Qué hace Alonso Quijano y para qué?
7. ¿Qué pasa cuando vuelve al Toboso?

Desde su mundo

Dulcinea piensa que ella es una persona "de mucho copete" y quiere casarse con un hombre "de mucho copete". En los países hispanos, aún hoy se le da mucha importancia a la diferencia de clases en las relaciones interpersonales, especialmente al escoger un esposo o una esposa. En grupos de tres o cuatro, hablen de las cosas que son importantes en los Estados Unidos al considerar una relación amistosa o romántica.

[1]The region of central Spain where Don Quijote lived

Para escribir...

Escriba uno o dos párrafos sobre uno de los siguientes temas.

1. "Yo a veces imagino..."
2. ¿Cómo es el esposo (la esposa) ideal?

PABLO NERUDA *(Chile: 1904–1973)*

Pablo Neruda está considerado como uno de los más grandes poetas del siglo XX. Su obra ha sido traducida a numerosos idiomas y ha tenido una gran influencia en la poesía moderna. Entre sus libros más conocidos están Crepusculario *(1923), su primer libro;* Veinte poemas de amor y una canción desesperada *(1924);* España en el corazón *(1937), y* Canto General *(1950). La temática de su poesía evoluciona de la preocupación por el amor a los temas políticos pero, al final de su vida, retorna al lirismo personal. En 1971, Neruda obtuvo el Premio Nobel de Literatura.*

Preparación

Lea Ud. las dos primeras estrofas (*stanzas*). ¿De qué siente nostalgia el poeta? Compare estos versos con el título del poema. ¿Cómo cree Ud. que se siente el poeta ahora?

Sensación de dolor

Fragancia
de lilas...
Claros atardeceres° de mi lejana infancia°
que fluyó° como el cauce° de unas aguas tranquilas.
Y después un pañuelo° temblando en la distancia.
Bajo el cielo de seda° la estrella° que titila.
Nada más. Pies cansados en las largas errancias°
y un dolor, un dolor que remuerde° y se afila°.
... Y a lo lejos campanas°, canciones, penas, ansias°,
vírgenes que tenían tan dulces las pupilas.
Fragancia
de lilas...

Crepusculario (1923)

sunsets / *lejana...* distant childhood
flowed / river bed
handkerchief
silk / star
wanderings
fills with remorse / *se...* sharpens
bells / longings

Díganos...

1. ¿Qué aroma le llega al poeta en sus recuerdos?
2. ¿Qué recuerda el poeta? ¿Con qué la compara?
3. ¿Qué símbolo usa el autor para dar la idea de una despedida (*good-bye*)?
4. En su opinión, ¿ha tenido el autor una vida fácil?
5. ¿Qué dice el poeta del dolor?
6. ¿Qué recuerda el poeta hoy?

Desde su mundo

Ud. y un(a) compañero(a), hablen de las personas, los hechos, los lugares, los objetos, etc., relacionados con su infancia, que Uds. recuerdan más vívidamente.

Para escribir...

Escriba uno o dos párrafos sobre uno de los siguientes temas.

1. Recuerdos de mi infancia
2. ¿Qué cosas me ponen triste y qué cosas me traen felicidad?

MARIO BENEDETTI *(Uruguay: 1920–)*

Este famoso escritor uruguayo es conocido internacionalmente a través de° sus novelas, cuentos, poemas y crónicas periodísticas°. En su primer libro de cuentos, titulado Esta mañana *(1949) ya presenta el tema que aparecerá en toda su obra literaria: el de los conflictos sociales de su país y de otros países de Latinoamérica. Un libro de este autor que ha tenido mucho éxito ha sido* El país de la cola de paja.

a... through
journalistic

Preparación

Lea Ud. el primer párrafo del cuento "Los bomberos°" y trate de determinar cuál es la personalidad de Olegario y lo que sienten° sus amigos hacia él. Tenga esto en cuenta al leer el final de la narración para apreciar la ironía del desenlace°.

firefighters
feel
ending

Los bomberos *(Adaptado)*

Olegario no sólo fue un as° del presentimiento° sino que además siempre estuvo muy orgulloso° de su poder°. A veces se quedaba absorto por un instante y luego decía: "Mañana va a llover". Y llovía. Otras veces anunciaba: "El martes saldrá el 57 a la cabeza."[1] Y el martes salía el 57 a la cabeza. Entre sus amigos gozaba° de una admiración sin límites.

Algunos de ellos recuerdan el más famoso de sus aciertos°. Caminaban con él frente a la Universidad, cuando de pronto el aire matutino° fue atravesado por el sonido y la furia de los bomberos. Olegario sonrió de modo casi imperceptible, y dijo: "Es posible que mi casa se esté quemando°."

Llamaron un taxi y encargaron al chofer que siguiera de cerca a los bomberos. Estos tomaron por Rivera°, y Olegario dijo: "Es casi seguro que mi casa se está quemando." Los amigos guardaron un respetuoso y afable silencio; tanto lo admiraban.

Los bomberos siguieron por Pereyra y la nerviosidad llegó a su colmo°. Cuando doblaron por la calle en que vivía Olegario, los amigos se pusieron tiesos° de expectativa. Por fin, frente mismo a la llameante° casa de Olegario, el carro de bomberos se detuvo y los bomberos comenzaron rápida y serenamente los preparativos de rigor. De vez en cuando°, desde las ventanas de la planta alta, alguna astilla° volaba por los aires.

Con toda parsimonia°, Olegario bajó del taxi. Se acomodó° el nudo de la corbata, y luego, con un aire de humilde vencedor°, se aprestó° a recibir las felicitaciones y los abrazos de sus buenos amigos.

(1950)

ace / hunch
proud / power
he enjoyed
guesses
morning
burning
Rivera St.
utmost
stiff
flaming
De... Once in a while / splinter
calmness / *Se...* He fixed / winner / *se...* got ready

Díganos...

1. ¿Qué sabe Ud. de la personalidad de Olegario?
2. ¿Qué pensaban sus amigos de él?
3. ¿Qué pasó un día, cuando Olegario y sus amigos caminaban frente a la Universidad?
4. ¿Qué dijo Olegario?
5. ¿Qué hicieron Olegario y sus amigos?
6. ¿Cómo se sentían Olegario y sus amigos mientras iban a la casa de Olegario?
7. ¿Qué hicieron los bomberos al llegar a la casa de Olegario?
8. ¿Qué pasó al final?

Desde su mundo

En grupos de dos o tres, hagan una lista de las cosas que Uds. deben y no deben hacer en caso de incendio.

[1]This refers to a type of lottery played in Uruguay.

Para escribir...

Escriba uno o dos párrafos sobre uno de los siguientes temas.

1. Los presentimientos que tengo a veces
2. ¿Cuáles son mis temores?

HERIB CAMPOS CERVERA *(Paraguay: 1908–1953)*

Herib Campos Cervera es una de las figuras literarias más importantes de su país. No es muy conocido fuera de Paraguay y su obra no es muy extensa, pero es de indudable calidad. Su poesía es intimista y personal y también social. Un tema que aparece mucho en su poesía es el amor y la nostalgia por su patria. Dejó sólo dos libros: Ceniza redimida *(1950) y* Hombre secreto *(1966).*

Preparación

Lea Ud. la primera palabra del poema y la última frase de cada estrofa. ¿Cuál es el tema del poema?

Envío

Hermano:
te buscaré detrás de° las esquinas.
Y no estarás.

Te buscaré en la nube° de los pájaros°.
Y no estarás.

Te buscaré en la mano de un mendigo°.
Y no estarás.

Te buscaré también
en la Inicial Dorada° de un Libro de Oraciones°.
Y no estarás.

Te buscaré en la noche de los gnomos.
Y no estarás.

Te buscaré en el aire de una caja° de música.
Y no estarás.

(Te buscaré en los ojos de los Niños.
Y allí estarás.)

detrás... behind

cloud / birds

beggar

Gold / Prayers

box

Díganos...

1. ¿Cómo llama el poeta a sus semejantes (*fellow men*)?
2. ¿Puede nombrar algunos de los lugares donde el poeta busca a su hermano?
3. ¿Dónde lo encuentra?

Desde su mundo

¿Soy yo el protector de mi hermano? (*Am I my brother's keeper?*) En grupos de tres o cuatro, hablen del papel que el gobierno y las instituciones privadas del país tienen en el cuidado y la protección de los incapacitados (*the disabled*), los ancianos (*the elderly*), los desposeídos (*the indigent*) y, en especial, de los niños.

Para escribir...

Escriba uno o dos párrafos sobre uno de los siguientes temas.

1. ¿Somos todos hermanos? ¿Por qué?
2. ¿Qué importancia tienen los niños en mi vida?

LECCIÓN 2

Para divertirse

OBJETIVOS

Estructura: El pretérito contrastado con el imperfecto • Verbos que cambian de significado en el pretérito • Usos de las preposiciones **por** y **para** • Comparativos de igualdad y de desigualdad

Temas para la comunicación: Los deportes • Las actividades al aire libre • Las diversiones • La vida en la ciudad

Cruzando fronteras: Bolivia • Perú • Ecuador • Colombia

Ventana al mundo literario: Ricardo Jaimes Freyre • Ricardo Palma • José Antonio Campos • José Asunción Silva

PASO 1 Entrevistas

Hoy Jorge Andrade, que escribe para la página deportiva de un periódico universitario colombiano, entrevista° a tres estudiantes extranjeros°: Elba Araújo, de Bolivia; Luis Valmaseda, de Perú, y Amelia Quintero, de Ecuador.

interviews / foreign

Jorge — ¿Tú naciste° en La Paz?
Elba — No, nací en Sucre, pero cuando tenía quince años mi familia y yo vinimos a vivir a Bogotá.
Jorge — ¿Y hace mucho que juegas al tenis?
Elba — No, empecé a jugar el año pasado.
Jorge — ¿Practicas algún otro deporte?
Elba — Sí, el ciclismo y la natación. Cuando yo vivía en Sucre mis hermanos y yo siempre íbamos a todas partes° en bicicleta.
Jorge — Pues, buena suerte en el partido del sábado.

Elba Araújo (Bolivia)

were born

a... everywhere

Jorge — Ayer te vi cuando ibas al estadio para practicar. ¡Ibas rodeado de° admiradoras!
Luis — (*se ríe*) No, esas chicas eran mis amigas. Son aficionadas al básquetbol.
Jorge — Tú no jugaste el sábado pasado. ¿Por qué?
Luis — Porque me dolía mucho la rodilla. Me la lastimé° durante el último partido.
Jorge — Me dijeron que te gustaba el alpinismo.
Luis — Sí, el mes pasado fui a escalar una montaña con unos amigos.
Jorge — La próxima vez voy con Uds.

Luis Valmaseda (Perú)

rodeado... surrounded by

Me... I hurt it

Jorge — Anoche no pude quedarme hasta el final° del partido y por eso no tuve la oportunidad de hablar contigo.
Amelia — No me sorprende. Eran las diez de la noche cuando terminamos de jugar.
Jorge — ¿Cuántos años tenías cuando empezaste a jugar al vólibol?
Amelia — Tenía dieciséis años. Cuando vivía en Quito pertenecía° al mejor equipo de la ciudad.
Jorge — Con razón° eres tan buena jugadora.

Amelia Quintero (Ecuador)

end

I belonged

Con... No wonder

¿Cuánto recuerda?

Conteste lo siguiente con respecto a las entrevistas.

1. ¿Cuál es la profesión de Jorge Andrade?
2. ¿De qué sección está encargado?
3. ¿Elba Araújo es colombiana?
4. ¿Cuánto tiempo hace que ella empezó a jugar al tenis?
5. ¿Practica ella otros deportes? ¿Cuáles?
6. ¿En que país nació Luis Valmaseda?
7. ¿Qué le pasó el sábado pasado y por qué?
8. ¿De dónde es Amelia Quintero y qué deporte practica?
9. ¿A qué edad empezó a practicarlo?
10. ¿Qué dice Jorge Andrade de Amelia?

Vocabulario

Para hablar de deportes

Nombres

el (la) aficionado(a) *fan*
el alpinismo *mountain climbing*
el (la) árbitro *referee*
el (la) atleta *athlete*
el básquetbol, el baloncesto *basketball*
el béisbol *baseball*
el boxeo *boxing*
el campeón, la campeona *champion*
el campeonato *championship*
el ciclismo *cycling*
el deporte *sport*
el (la) entrenador(a) *coach, trainer*
el equipo *team*
el estadio *stadium*
el fútbol *soccer*
el fútbol americano *football*
la gimnasia *gymnastics*
el (la) jugador(a) *player*
la lucha libre *wrestling*
la natación *swimming*
la página deportiva *sports page*
el partido, el juego *match, game*
el vólibol *volleyball*

Verbos

boxear *to box*
empatar *to tie (a score)*
escalar *to climb*
ganar *to win*
jugar (u:ue) (a) *to play*
marcar un gol *to score a goal*
nadar *to swim*
practicar *to practice*
— deportes *to practice (play) sports*
perder (e:ie) *to lose*

Los aficionados. **Formen grupos de tres o cuatro estudiantes y:**

1. hablen de los deportes que son más populares en los Estados Unidos.
2. hablen de los mejores atletas y de los mejores equipos.
3. hagan comentarios sobre lo que ocurrió la semana pasada en el mundo de los deportes: ¿Qué equipos ganaron? ¿Cuáles empataron y cuáles perdieron? Den detalles.

Estructura

El pretérito contrastado con el imperfecto

Spanish has two past tenses: the preterit and the imperfect. The following table summarizes some of the most important uses of both tenses.

Preterit	Imperfect
1. Reports past actions or events that the speaker views as finished and completed, regardless of how long they lasted. **Empecé** a jugar el año pasado.	1. Describes past actions in the process of happening, with no reference to their beginning or end. Ayer te vi cuando **ibas** al estadio.
2. Sums up a condition or a physical or mental state, viewed as completed. Me **dolió** la rodilla todo el día.	2. Describes a physical, mental, or emotional condition or characteristic in the past. No jugué porque me **dolía** mucho la rodilla.
	3. Refers to repeated or habitual actions in the past. Siempre **íbamos** en bicicleta.

	4. Describes or sets the stage in the past. **Hacía** frío y **llovía.** 5. Expresses time in the past. **Eran** las diez cuando terminamos. 6. Is used in indirect discourse. Me dijeron que te **gustaba** el alpinismo. 7. Describes age in the past. **Tenía** dieciséis años.

Actividades

A. ***Lo que pasó ayer.*** **Complete la siguiente narración usando los verbos dados en el pretérito o en el imperfecto, según corresponda.**

Ayer Elba, Luis y Amelia ______ (estar) en la universidad toda la tarde porque ______ (tener) que hablar con Jorge Andrade y también ______ (tener) que ver a su consejero. Cuando Luis ______ (ir) para el estadio ______ (encontrarse) con unos amigos que le ______ (decir) que ______ (necesitar) hablar con él. ______ (ser) las cuatro cuando Luis ______ (llegar) al estadio. Amelia ______ (ir) a la biblioteca y ______ (leer) hasta muy tarde. Cuando ella ______ (salir) de allí ______ (ser) las ocho de la noche y ______ (llover) a cántaros (*cats and dogs*).

B. ***Elba, Luis y Amelia.*** **Vuelvan a leer las tres entrevistas y luego, en parejas, háganse preguntas sobre la vida de los tres estudiantes. Usen el pretérito y el imperfecto.**

C. ***Personalidades actuales del deporte.*** **En parejas, escojan una figura del deporte y preparen unas diez preguntas para entrevistarlo(la). Usen el pretérito y el imperfecto en sus preguntas.**

PASO 2 Después de la fiesta

Elba — ¿Por qué no fue Luis a la fiesta anoche?
Amelia — No pudo ir porque tuvo que estudiar para un examen.
Elba — ¿No pudo o no quiso… ? Ah, ¿conociste al nuevo entrenador de básquetbol?

Amelia — Yo ya lo conocía. Es muy simpático.
Elba — Oye, ¿vas a acampar con nosotras este fin de semana? Tenemos dos tiendas de campaña.
Amelia — Yo no tengo bolsa de dormir.
Elba — ¿No se la pediste prestada° a Laura?
Amelia — No, porque no sabía que íbamos a ir a acampar.
Elba — ¿Por qué no te compras una? La mía no me costó mucho.
Amelia — Porque no tengo un centavo°.

pediste... borrowed

cent

¿Cuánto recuerda?

Indique si los siguientes enunciados sobre el diálogo entre Elba y Amelia, son verdaderos (V) o falsos (F).

1. Luis es estudiante.
2. Amelia es amiga del nuevo entrenador de básquetbol.
3. El nuevo entrenador es muy antipático.
4. Elba tiene que comprar una tienda de campaña porque no tiene ninguna.
5. Amelia necesita una bolsa de dormir.
6. Amelia va a comprarle una bolsa de dormir a Laura.
7. La bolsa de dormir de Elba es barata.
8. Amelia tiene mucho dinero.

Vocabulario

Las actividades al aire libre (*Outdoor activities*)

Nombres

la bicicleta *bicycle*
la bolsa de dormir, el saco de dormir *sleeping bag*
la canoa *canoe*
la caña de pescar *fishing rod*
la equitación *horsemanship, equitation*
el esquí acuático *water skiing*
el (la) excursionista *hiker*
la mochila *backpack*
la tabla de mar *surfboard*
la tienda de campaña *tent*

Verbos

acampar *to camp*
bucear *to scuba dive*
cazar *to hunt*
correr *to run*
hacer una caminata *to hike*
hacer una fogata *to light a bonfire*
montar a caballo *to ride a horse*
montar en bicicleta *to ride a bicycle*
pescar *to fish, to catch (a fish)*
remar *to row*

Planes y más planes. **En parejas conversen sobre lo siguiente.**

1. Uds. van a llevar a un grupo de estudiantes extranjeros a la playa. Por la mañana, piensan acampar, pescar y hacer una caminata, y por la tarde, montar en bicicleta y hacer surfing. No se olviden de hacer una lista de las cosas que Uds. necesitan tener para poder hacer todo esto.
2. El próximo fin de semana piensan ir a la montaña y acampar cerca de un lago (*lake*). Hagan planes sobre lo que van a hacer y decidan qué es lo que van a necesitar para hacerlo.

Estructura

Verbos que cambian de significado en el pretérito

Certain Spanish verbs have special English equivalents when used in the preterit tense. Contrast the English equivalents of **conocer, costar, poder, querer,** and **saber** when these verbs are used in the imperfect and preterit tenses.

Imperfect	Preterit
yo **conocía** *I knew*	yo **conocí** *I met*
Yo ya **conocía** al entrenador.	¿**Conociste** al entrenador ayer?
costaba *it was priced at, it cost*	me **costó** *I paid*
No lo compré porque **costaba** mucho.	La bolsa de dormir me **costó** mucho.
yo **podía** *I was able (capable)*	yo **pude** *I managed, succeeded*
Al principio él no **podía** entenderlo.	Él no **pudo** ir a la fiesta.
yo **no quería** *I didn't want to*	yo **no quise** *I refused*
Él **no quería** ir, pero fue.	Él **no quiso** ir. Se quedó en casa.
yo **sabía** *I knew*	yo **supe** *I found out, learned*
Ella **sabía** que yo iba.	Anoche **supe** que él venía hoy.

Actividad

Actividades al aire libre. **Complete los siguientes minidiálogos usando el pretérito o el imperfecto de los verbos estudiados. Luego actúelos con un(a) compañero(a).**

1. —¿Cuánto te ______ la tienda de campaña que compraste, Anita?
   —Me ______ setenta dólares. No ______ comprar la que me gustaba porque ______ cien dólares.
2. —¿Fue Ernesto a acampar con Uds.?
   —Sí, él no ______ ir, pero cuando ______ que Maribel iba a estar con nosotros, decidió ir.
3. —¿Tú ______ al entrenador?
   —No, lo ______ ayer.
4. —¿Le pediste prestada la bolsa de dormir a Gustavo?
   —Sí, pero no ______ prestármela. ¡Es un antipático!
5. —¿Tú ______ que Raúl llegaba esta mañana?
   —No, lo ______ ayer cuando me llamó por teléfono.
6. —Lo llevamos a pescar, pero el pobre no ______ pescar nada en todo el día.
   —¡Pobre chico!
7. —Cuando John vino a Bogotá, ¿ya ______ entender español?
   —No, no entendía nada, pero aprendió muy pronto.

PASO 3 La carta de Amelia

30 de noviembre del 2001

Queridos padres:

Les escribo para contarles de mi viaje a Medellín, que fue magnífico. Fuimos por avión y estuvimos allí por cuatro días; por desgracia° no pudimos quedarnos por más tiempo. No ganamos el campeonato, pero quedamos en segundo lugar°. Tuvimos un día libre y lo pasamos muy bien. Por la mañana fuimos a bucear, por la tarde fuimos a ver lucha libre y por la noche fuimos a una fiesta que dieron los atletas. Compré algunos regalos para Uds. y un guante de pelota para Jorgito. Por suerte°, Hugo va para Quito la semana próxima y puede llevárselos.

El 20 de diciembre salgo para Ecuador y pienso estar allí por lo menos° por dos semanas.

Besos°,

Amelia

por... unfortunately
quedamos... we finished in second place
Por... Luckily
por... at least
Kisses

¿Cuánto recuerda?

Indique si los siguientes enunciados sobre la carta de Amelia son verdaderos (V) o falsos (F).

1. Amelia nació en Medellín.
2. Amelia viajó en avión.
3. Amelia jugó en un campeonato y quedó en primer lugar.
4. Amelia y sus amigas no se divirtieron nada.
5. Amelia y sus amigas fueron a la playa.
6. Amelia no compró nada en Medellín.
7. Hugo va a Medellín la semana próxima.
8. Amelia va a pasar la Navidad en Ecuador.

Vocabulario

Para jugar

Nombres

el bate *bat*
la canasta *basket*
el casco *helmet*
el guante de pelota *baseball glove*
el palo de golf *golf club*
la pelota, el balón *ball*
—de playa *beach ball*
la raqueta *racket*
la red *net*

Cómo lo pasamos

Verbos

aburrirse *to be bored, to become bored*
cansarse *to get tired*
disfrutar (de) *to enjoy*
divertirse (e:ie), pasarlo bien *to have a good time*
pasarlo mal *not to have a good time*

A. *En el campamento de verano.* **Este fin de semana, Ud. y un(a) compañero(a) están encargados(as) de entretener a un grupo de niños, y para eso van a tener las siguientes actividades:**

1. jugar al básquetbol
2. jugar al béisbol

3. montar en bicicleta
4. jugar a la pelota en la playa
5. jugar al tenis
6. jugar al golf

Túrnense (*Take turns*) para decirse las cosas que necesitan llevar. Empiecen diciendo: "Trae (*Bring*)...", "No te olvides de (*Don't forget*)...", "Pon (*Put*)... en el coche", "Necesitamos..."

B. ***Buenos y malos momentos.*** **En grupos de tres o cuatro hablen de lo siguiente.**

1. los lugares en donde se divierten y los lugares en donde se aburren
2. las actividades de las que disfrutan y las actividades que los cansan
3. con quién (quiénes) lo pasan bien y con quién (quiénes) lo pasan mal

Estructura

Usos de las preposiciones por y para

1. The prepositions **por** and **para** are used to express the following.

POR	PARA
• Period of time during which an action takes place (*during, in, for*) Estuvimos allí **por** cuatro días.	• Destination Mañana salgo **para** Bogotá.
• Means, manner, and unit of measure (*by, for, per*) Fuimos **por** avión.	• Direction in time, often meaning *by* or for certain time or date Necesito el dinero **para** hoy.
• Cause or motive of an action (*because of, on account of, on behalf of*) Llegué tarde **por** el tráfico.	• Whom or what something is for La raqueta es **para** Carmen.
• *In search of, for,* or *to get* Vengo **por** ti a las cinco.	• *In order to* Fueron al club **para** divertirse.
• *In exchange for* Pagué $100 **por** el casco.	• Comparison (*by the standard of, considering*) Es muy alta **para** su edad.

• Motion or approximate location (*through, around, along, by*) Caminamos **por** el parque. • With an infinitive, to refer to an unfinished state (*yet*) Tu trabajo está **por** hacer. • The passive voice (*by*) La novela fue escrita **por** Cervantes.	• Objective or goal Estudia **para** ingeniera.

2. **Por** and **para** are also used in these common idiomatic expressions.

POR	PARA
por aquí *around here* **por completo** *completely* **por desgracia** *unfortunately* **por eso** *for that reason, that's why* **por lo menos** *at least* **por suerte** *luckily, fortunately* **por supuesto** *of course*	**no ser para tanto** *not to be that important* **para eso** *for that (used sarcastically or contemptuously)* **¿para qué?** *what for?* **para siempre** *forever*

Actividades

A. *El diario de Elba.* **El año pasado Elba fue de vacaciones a California. Esto es lo que ella escribió en su diario. Complételo usando *por* o *para*.**

Salí de Los Ángeles el 24 de junio ______ la mañana. Cuando llegué llamé ______ teléfono a unos amigos; ellos vinieron ______ mí y me llevaron a su casa. Al día siguiente me llevaron a Beverly Hills y caminamos ______ Rodeo Drive. ______ desgracia no pude comprar nada allí ______ mis amigos porque todo costaba muchísimo.

Ese sábado ______ fin íbamos a ir a la playa, pero no pudimos ir ______ la lluvia. ______ suerte dejó de llover ______ la tarde y fuimos a un centro comercial ______ comprar un vestido ______ mí. Pagué solamente cincuenta dólares ______ el vestido porque estaba en liquidación (*on sale*). Un amigo de Rosaura, mi amiga, llamó ______ invitarme a salir. Me llevó a ver un partido de béisbol, ¡y ______ eso me puse el vestido nuevo! Bueno ______ lo menos su equipo ganó. Al día siguiente me llamó ______ invitarme a ver un campeonato de lucha libre y ______ supuesto le dije que no. Estuve en California ______ dos semanas y lo pasé muy bien, pero volví a Bogotá porque tenía que estar de vuelta ______ el 10 de agosto.

B. ***Opiniones.*** **En parejas, y usando las expresiones idiomáticas estudiadas, contesten estas preguntas que hace Elba.**

1. ¿Tú crees que a mi hermanito le va a gustar el guante de pelota que le compré?
2. ¿Cuánto dinero voy a necesitar para comprar un buen bate?
3. Yo sé que tú tienes que estudiar, pero ¿puedes ir a bucear conmigo mañana?
4. ¿Sabes que nuestro entrenador estaba furioso porque empatamos el partido?
5. ¿Tú sabes si los atletas de la universidad viven cerca?
6. ¿Te olvidaste de que tenías que llevar a tu hermana a la clase de gimnasia?

C. ***Un viaje.*** **En grupos de tres planeen un viaje. Decidan qué van a hacer con respecto a lo siguiente. Usen *por* o *para* según sea necesario.**

1. lugar que van a visitar
2. medio de transporte
3. razones del viaje
4. tiempo que van a estar allí
5. lo que Uds. van a pagar
6. fecha en que Uds. tienen que estar de vuelta

PASO 4 De la sección de viajes de El Heraldo

El fabuloso Hotel del Lago

Por Roberto Llanes

El mes pasado tuve la oportunidad de hospedarme° en el Hotel del Lago que, en mi opinión, es el mejor de la región y no es tan caro como otros del mismo° tipo. Las habitaciones son grandes y cómodas° y el hotel tiene tres restaurantes excelentes y una cafetería. La comida de la cafetería es más barata que la de los restaurantes, y es buena.

Cientos de excursionistas visitan el hotel cada año y disfrutan de todas las actividades que ofrece el lugar: esquí acuático, pesca y paseos en canoa y en botes de vela.

No hay tanta vida nocturna como en las ciudades más grandes, pero hay dos discotecas y un casino donde las personas mayores de 21 años pueden probar su suerte. Muy cerca del hotel hay un buen hipódromo para los amantes de las carreras de caballos.

Por todo esto, creo que deben visitar el Hotel del Lago en sus próximas vacaciones.

stay
same
comfortable

¿Cuánto recuerda?

Conteste lo siguiente con respecto a la información que aparece en la sección de viajes.

1. ¿Para qué periódico escribe Roberto Llanes?
2. ¿Dónde se hospedó Roberto Llanes el mes pasado?
3. ¿Qué opina él del hotel?
4. ¿Cómo son las habitaciones del hotel?
5. ¿Se puede comer en el hotel? ¿Por qué?
6. ¿Qué actividades se ofrecen en el hotel?
7. ¿Los que visitan el hotel pueden ir a bailar? ¿Por qué?
8. ¿Qué pueden hacer en la ciudad las personas mayores de veintiún años?
9. ¿Adónde pueden ir los amantes de las carreras de caballos?
10. ¿Qué recomienda hacer Roberto Llanes?

Vocabulario

Para divertirse

Nombres

el bote de vela, el velero *sailboat*
la carrera de caballos *horse race*
el cine *movie theater*
el club nocturno *night club*
el concierto *concert*
la discoteca *discotheque*
el hipódromo *race track*
la obra teatral *play*
el paseo en coche *ride*
la película *movie*
el teatro *theater*
la vida nocturna *night life*

Verbos

escuchar música *to listen to music*
navegar *to sail*
patinar *to skate*

Visitas... visitas. **Ud. y un(a) compañero(a) tienen visitas que vienen de otro estado. Según las preferencias de sus amigos digan adónde los van a llevar.**

1. A Elisa le gusta ver una buena película o una obra teatral.
2. A Marisa le gusta bailar y escuchar música.
3. A Carlos le encanta navegar.
4. A Daniel le gustan mucho las carreras de caballo.
5. Rosaura quiere conocer la ciudad.

Estructura

Comparativos de igualdad y de desigualdad

A. Comparativos de igualdad

• Comparisons of equality of nouns, adjectives, adverbs, and verbs in Spanish use the adjectives **tanto(-a, -os, -as)** or the adverbs **tan, tanto + como.**

When comparing nouns	When comparing adjectives or adverbs	When comparing verbs
tanto (dinero) tanta (plata) (*as much*) tantos (libros) tantas (plumas) (*as many*) } + como	tan (*as*) bonita / tarde } + como	bebo tanto (*as much*) } + como

La cafetería no es **tan cara como** el restaurante.
The cafeteria is not as expensive as the restaurant.

Aquí no hay **tanta vida** nocturna **como** en las ciudades grandes.
There is not as much night life here as in the big cities.

B. Comparativos de desigualdad

• In Spanish, comparisons of inequality of most adjectives, adverbs, and nouns are formed by placing **más** or **menos** before the adjective, adverb, or noun. *Than* is expressed by **que.** Use the following formula.

más (*more*)		adjetivo		
o	+	adverbio	+	**que** (*than*)
menos (*less*)		nombre		

La comida de la cafetería es **más barata que** la de los restaurantes.
Cafeteria food is cheaper than that of restaurants.

• When a comparison of inequality includes a numerical expression the preposition **de** is used as the equivalent of *than.*

El cuarto cuesta **más de cien** dólares por noche.
The room costs more than a hundred dollars per night.

¡ATENCIÓN! **Más que** (*only*) is used in negative sentences when referring to an exact or maximum amount.

No tengo **más que una semana** de vacaciones.

I have only one week of vacation.

C. El superlativo

• The superlative of adjectives is formed by placing the definite article before the person or thing being compared.

el	+	**más** (*most*)	+	adjetivo (de)
la		o		
los		**menos** (*least*)		
las				

El restaurante El Cid es **el más caro de** la ciudad.
El Cid Restaurant is the most expensive in the city.

¡ATENCIÓN! In the example above, note that the Spanish equivalent of *in* is **de.**

• The Spanish absolute superlative is equivalent to *extremely* or *very* before an adjective in English. This superlative may be expressed by modifying the adjective with an adverb (**muy, sumamente, extremadamente**) or by adding the suffix **-ísimo**(**-a, -os, -as**) to the adjective. If the word ends in a vowel, the vowel is dropped before adding the suffix **-ísimo**(**a**).

muy caro	car**ísimo**
sumamente grande	grand**ísima**
extremadamente rico[1]	riqu**ísimo**

D. Formas irregulares para el comparativo y el superlativo

• The following adjectives and adverbs have irregular comparative and superlative forms in Spanish.

Adjectives	Adverbs	Comparative	Superlative
bueno	bien	**mejor**	**el (la) mejor**
malo	mal	**peor**	**el (la) peor**
grande		**mayor**	**el (la) mayor**
pequeño		**menor**	**el (la) menor**

[1]Words ending in **-ca** or **-co** change **c** to **qu** before adding the suffix **-ísimo**(**a**) to maintain the hard **c** sound.

- When the adjectives **grande** and **pequeño** refer to size, the regular forms are generally used.

> El Hotel del Lago es **más grande que** el Hotel Miramar.
> *Hotel del Lago is bigger than Hotel Miramar.*

However, when these adjectives refer to age, the irregular forms are used.

> Elba es **mayor** que yo; yo soy tres años **menor** que ella.
> *Elba is older than I; I'm three years younger than she is.*

Actividades

A. ***Isabel y Uds.*** **Amelia tiene una amiga ecuatoriana que se llama Isabel. Éstas son algunas de las cosas que sabemos de ella. En parejas hagan comparaciones entre Uds. e Isabel.**

Isabel...

1. mide cinco pies seis pulgadas.
2. tiene diecinueve años.
3. es sumamente inteligente.
4. vive en una ciudad que tiene casi dos millones de habitantes.
5. habla muy bien el español.
6. trabaja veinte horas por semana.
7. gana unos mil dólares al mes.
8. baila muy bien.
9. bebe por lo menos cuatro tazas de café al día.
10. visita a sus abuelos dos o tres veces por semana.

B. ***Entre Uds.*** **En parejas, hablen de otros estudiantes de la clase y establezcan comparaciones entre ellos y Uds.**

C. ***¡Superlativos!*** **En parejas, usen superlativos absolutos para describir a las personas o los lugares que se mencionan a continuación.**

1. El monte Everest
2. París
3. El río Amazonas
4. Texas
5. Rhode Island
6. Ricky Martin
7. Oprah Winfrey
8. Albert Einstein
9. Julia Roberts
10. Danny DeVito

En general

A. ***Preguntas y respuestas.*** **En parejas, busquen en la columna B las respuestas a las preguntas que aparecen en la columna A.**

A	B
______ 1. ¿Qué estás leyendo?	a. Fabio Cáceres.
______ 2. ¿Qué deportes practicas?	b. Sí, se divirtió muchísimo.
______ 3. ¿Vas a jugar al tenis?	c. Sí, me encantó.
______ 4. ¿Viste las carreras de caballos?	d. Para ir a acampar.
______ 5. ¿Te gusta la lucha libre?	e. No, empató.
______ 6. ¿Escalas montañas todos los veranos?	f. No, no tengo raqueta.
______ 7. ¿Tu equipo ganó el partido?	g. Sí, me encanta el alpinismo.
______ 8. ¿Quién marcó el gol?	h. No, voy a pescar.
______ 9. ¿Vas a ir a cazar este fin de semana?	i. La página deportiva.
______ 10. ¿Van a montar a caballo?	j. Sí, pero prefiero el boxeo.
______ 11. ¿Para qué necesitas la tienda de campaña?	k. Sí, pero no bailaron.
______ 12. ¿Disfrutaste del paseo ayer?	l. No, en bicicleta.
______ 13. Y Ana, ¿lo pasó bien?	m. El baloncesto y la natación.
______ 14. Y los chicos, ¿se aburrieron en el cine?	n. Sí, la película era malísima.
______ 15. ¿Tus hermanos fueron al club nocturno?	o. No, no pude ir al hipódromo.

Para continuar: El profesor seleccionará a diferentes estudiantes. Éstos(as) le harán una de las preguntas a un(a) compañero(a), quien deberá dar la respuesta correspondiente.

B. ***Conversaciones.*** **En parejas, hablen de lo siguiente.**

1. Sus deportes favoritos. En cuáles les gusta participar y en cuáles les gusta ser espectadores. ¿Por qué? Las cosas que tienen para practicar deportes y las que necesitan comprar. Los programas deportivos que miran en la televisión. ¿Cuándo?
2. Las actividades al aire libre que prefieren y por qué. La frecuencia con que participan en esas actividades. Los lugares que, según Uds., son los más apropiados para estas actividades.
3. La forma como Uds. se divierten en la ciudad. Si prefieren ir al cine, al teatro o a un concierto. El tipo de música que les gusta escuchar. Otros tipos de actividades que les interesan.
4. Las vacaciones de sus sueños.

LECTURAS PERIODÍSTICAS

Esquiar en la inmensidad de los Andes

POR MANENA FABRES (ADAPTADO)

Casi en la cima[1], inmensos murallones[2] de nieve a ambos costados del camino dan la bienvenida. A 2.890 metros de altura, majestuosa, sorprende la cordillera de Los Andes. En este lugar está situado el centro de esquí Portillo, el más tradicional de Chile y, hasta hace pocos años, el único complejo[3] internacional del continente. Su ubicación incomparable junto a la laguna[4] del Inca, sus excelentes canchas[5] y gran parte de la temporada con sol, atraen a los mejores esquiadores del mundo y a cientos de aficionados que también buscan un lugar entretenido y acogedor[6]. Porque en Portillo se puede combinar el deporte, la vida social y la belleza escénica de un modo simple, familiar, con todas las comodidades y, además, con la temporada asegurada, ya que es el único centro de Sudamérica que puede fabricar[7] nieve en sus canchas.

La vista desde la laguna es espectacular. A uno y otro lado, los deportistas suben y bajan las montañas. El primer alto del día coincide con el aperitivo. La terraza del hotel es el punto de encuentro para descansar y disfrutar de la espléndida vista. Luego un buen almuerzo o una parrillada[8] en Tío Bob's, en la cumbre[9] del Plateau. A este restaurante sólo se puede llegar en esquíes o en helicóptero. Cada esquiador escoge sus pistas[10] favoritas. Por la mañana, Juncalillo, larga y silenciosa, lo hace sentirse dueño de la inmensidad de los Andes; la Roca Jack, para quienes buscan el verdadero desafío[11], es un salto al abismo... ya que es una de las canchas con más pendiente del mundo. Y el Plateau, a toda hora, es la más concurrida[12]. Pero el deporte no sólo es nieve: se extiende a la espléndida piscina del hotel, a las multicanchas o a los ejercicios en la recién[13] inaugurada sala de acondicionamiento físico. Y como complemento está el sauna.

Los niños también son muy bien recibidos en Portillo. Actividades en las "escuelas de esquí" durante el día, y caminatas con antorchas en la tarde, son la fascinación. Películas, juegos y una animada guardería infantil, les aseguran el entretenimiento, especialmente en los días que nieva.

Por la tarde comienza nuevamente el ajetreo[14] en el hotel. El bar es lo más concurrido y, luego, en el restaurante, los huéspedes[15] disfrutan de un delicioso surtido[16] de mariscos[17] y exquisitos panqueques.

Esta variada rutina se repite al estilo relajado y familiar que buscan los que van a Portillo. Por algo el 80% de los turistas vuelve a este lugar año tras año. Desde lo alto, una vuelta[18] en helicóptero permite grabar para siempre en la retina esta inolvidable experiencia en la cima de los Andes.

De la revista *Ladeco AMÉRICA* (Chile)

[1]top [2]walls [3]resort [4]lake [5]ski slopes [6]inviting [7]make [8]barbecued steak and sausage [9]summit [10]trails [11]challenge [12]*la...* the busiest [13]recently [14]busy/hectic time [15]guests [16]selection [17]seafood [18]ride

Ahora...

En grupos de tres o cuatro, imaginen que Uds. van a pasar un par de días en Portillo. Planeen todas las actividades que van a tener desde la mañana hasta la noche. ¿Están todos de acuerdo? Den las razones generales por las que acordaron este plan de actividades.

Cruzando fronteras

Elba, Luis y Amelia nos invitan a conocer algo de sus respectivos países: Bolivia, Perú y Ecuador. También quieren darnos a conocer el país que los tres consideran su segunda patria: Colombia.

Bolivia

Hasta la llegada de los españoles, el territorio de lo que es hoy Bolivia fue parte del imperio inca. Pronto los españoles descubrieron la gran riqueza mineral que ha sido hasta hoy su mayor fuente de ingresos°. En pocos años su mayor centro minero, Potosí, llegó a ser posiblemente la mayor ciudad del hemisferio occidental. Al terminar la época colonial, el nuevo país tomó el nombre de Bolivia, en honor al Libertador Simón Bolívar[1]. Se ha dicho que Bolivia es un país de superlativos. Tiene el lago navegable más alto del mundo: el Titicaca; el aeropuerto más alto; la capital más alta; una de las ruinas más antiguas, y la mayor concentración de rayos cósmicos que existe en la Tierra°. Aunque Bolivia está considerada como una nación andina° casi las dos terceras partes del país están situadas en las tierras bajas° tropicales. Una característica que diferencia a Bolivia de otros países es el hecho° de tener dos capitales: La Paz, que es la capital administrativa, y Sucre, que es la capital política. Aunque el país tiene muchas riquezas° naturales, es difícil explotarlas debido° a la dificultad en las comunicaciones, y al hecho de que no tiene salida al mar°.

fuente... source of income
Earth
Andean
tierras... lowlands
fact
riquezas... resources
due
no... is land-locked

Aproximadamente el 50 por ciento de los bolivianos son descendientes de los indios *quechua* y *aymará,* por lo que en el país, además del español, se hablan las lenguas quechua y aymará.

Aun después de perder partes de su territorio en guerras° con sus vecinos, la superficie actual de Bolivia es tan grande como California y Texas unidos.

wars

La música boliviana es una muestra del carácter desigual° de las tres grandes regiones del país: los ritmos rápidos caracterizan la música del este y del noroeste; los lentos y melancólicos marcan la región andina, y los alegres° ritmos de los valles centrales marcan la vida de esta región. Un instrumento muy popular en toda Bolivia es el *charango,* una especie de° guitarra de 12 cuerdas°, hecha del caparazón° de un armadillo.

different
happy
una... a type of / strings / shell

Perú

Perú es una tierra° de contrastes: junto° a las altas montañas y a las espesas° junglas se encuentran áridos desiertos. Es el tercer país más grande de Suramérica; su territorio es casi tan extenso como el de Alaska. La capital de Perú es Lima, que es la ciudad más grande del país, y su centro urbano más importante. Allí se encuentra la Universidad Nacional de San Marcos, la más antigua de la América del Sur.

land / next
dense

Además del español, en el país se hablan el quechua, el aymará y otras lenguas indígenas.

En la cordillera° de los Andes, que atraviesa° Perú, vivían ya civilizaciones muy avanzadas antes de la llegada de los españoles. En muchos museos del mundo se exhiben textiles, objetos de alfarería° y otros artefactos de estas culturas precolombinas.

mountain range / goes through
pottery

Dos grandes atracciones turísticas de Perú son Cuzco, capital del imperio inca, y las ruinas de Machu Picchu, descubiertas en 1911. En realidad, la civilización inca todavía marca, en cierto grado, la cultura peruana actual. La arquitectura colonial, de la que quedan magníficas construcciones, es una fusión de formas españolas e in-

[1]Simón Bolívar was the principal leader in the struggle for South American independence from Spain.

dígenas, a la que se le ha dado el nombre de *estilo criollo*. La escuela de pintura indigenista, la más sobresaliente del Perú actual, interpreta el país desde un punto de vista indígena.

Las riquezas naturales de Perú incluyen el cobre°, la plata°, el oro, el petróleo, la industria maderera° y la industria pesquera°, que es una de las más importantes del mundo, aunque en la últimas décadas se ha visto muy afectada por "el Niño".

copper / silver
timber / fishing

Ecuador

Ecuador, un país un poco más pequeño que el estado de Nevada, está dividido en cuatro regiones geográficas: la costa, donde se encuentra la mayor riqueza agrícola del país; la sierra, con altas montañas cubiertas de nieve; el oriente, donde están los bosques tropicales°, y las islas Galápagos que están a unas 600 millas de las costas del Ecuador continental. Estas islas deben° su nombre a las enormes tortugas que allí viven, y están consideradas, por su fauna y flora —únicas en el mundo— como un centro ecológico de primer orden°. Charles Darwin hizo la mayor parte de sus estudios sobre la evolución de las especies en estas islas. En total, en el país hay más de 20.000 especies de plantas y unas 1.500 de pájaros, mientras que en toda la América del Norte, las especies de plantas son unas 17.000, y las de pájaros unas 8.000.

bosques... rain forests
owe
de... first class

A pesar de encontrarse justamente en el ecuador, el clima del país varía con la altura de cada región. En la costa el clima es caliente y húmedo, pero en la sierra la temperatura varía de los 45 a los 70°F. Como en otros países cuyo territorio formó parte del imperio inca, en Ecuador se habla, además del español, el quechua, lengua original de los incas. La influencia de esta cultura se nota además en las costumbres y tradiciones populares, y especialmente en las prácticas religiosas. En realidad, los indígenas del este del país practican todavía sus antiguas religiones. Más interesante aún es el hecho de que en el país se hayan descubierto restos° arquitectónicos de una civilización anterior a la de los incas, que parece tener relación con la cultura maya de América Central.

remains

Quito, la capital del país, es una de las ciudades más antiguas del hemisferio occidental. Está situada a más de una milla sobre el nivel del mar°, y casi directamente en la línea del ecuador. La ciudad más grande y más activa del país es Guayaquil, conocida como la "Perla del Pacífico".

nivel... sea level

Colombia

La única nación nombrada en honor de Cristóbal Colón es el cuarto país suramericano en tamaño°, el único que tiene costas en el Pacífico y en el mar Caribe. Su superficie es algo mayor que las de California y Texas juntas.

size

La herencia cultural de la colonia española se nota más en Colombia que en cualquier otro país de América. Algunos afirman que en Colombia se habla el español más castizo° de toda América. Colombia es la patria de Andrés Bello, autor de una de las principales gramáticas de la lengua española. Colombia es también la patria de Gabriel García Márquez, premio Nóbel de Literatura, y del famoso escultor y pintor Fernando Botero. Bogotá, la capital, es conocida como la "Atenas de América" debido a sus muchas instituciones culturales.

pure, genuine

La música de Colombia incluye ritmos autóctonos populares como *la cumbia* y *el ballenato*, pero otros ritmos latinoamericanos, como *la salsa* y *el merengue*, gozan también de° gran popularidad en el país.

Como en la mayoría de los países latinoamericanos, el deporte favorito es el fútbol (soccer), pero también son populares las corridas de toros°.

La agricultura tiene un papel° muy importante en la economía colombiana. Entre° los principales productos agrícolas de exportación están el café, las flores y las bananas. El café colombiano es uno de los mejores del mundo.

Colombia exporta también petróleo, gas natural, textiles y metales como oro, plata y cobre. Más del 90 por ciento de las esmeraldas del mundo provienen° de las minas de este país.

gozan... also enjoy
corridas... bullfights
role
Among
come

¿Cuánto hemos aprendido?

A. La clase se dividirá en cuatro grupos. Cada grupo preparará unas diez preguntas sobre uno de los países visitados para hacérselas al resto de la clase.

B. En parejas, hablen de lo siguiente.

1. los lugares de cada país que les interesa conocer, y por qué
2. las semejanzas (*similarities*) entre los Estados Unidos y cada uno de estos países
3. las tres cosas que más les llaman la atención
4. tres cosas que Uds. ya sabían
5. las cosas que creen Uds. que los Estados Unidos importan de estos países

Ventana al mundo literario

RICARDO JAIMES FREYRE *(Bolivia: 1868–1933)*

El boliviano Ricardo Jaimes Freyre fue catedrático°, periodista° y famoso escritor. Este autor mostró° siempre un gran interés por los temas y leyendas griegas y nórdicas, sobre todo° por éstas últimas. Junto a Rubén Darío y a Leopoldo Lugones fue fundador de La revista de América.

La fama de su obra poética se debe a dos colecciones de versos: Castalia bárbara *(1899) y* Los sueños son vida *(1917). Ambas° obras reflejan las dos etapas de su evolución como poeta, ya que en la primera el tono de sus poemas es frío e indiferente, mientras que en la segunda etapa sus versos están llenos de emoción, calor y un tono muy propio.*

professor / journalist
showed
sobre... above all
Both

Preparación

El título del poema es "Lo fugaz°". Teniendo esto en cuenta, lea el primer verso del poema y piense cómo se relaciona una flor con algo fugaz.

Lo... the fleeting thing

Lo fugaz

La rosa temblorosa° (trembling)
se desprendió° del tallo°, (*se...* fell off / stem)
y la arrastró° la brisa (carried away)
sobre las aguas turbias° del pantano°. (cloudy / swamp)

Una onda° fugitiva (wave)
le abrió su seno° amargo°, (bosom / bitter)
y estrechando° a la rosa temblorosa (embracing)
la deshizo° en sus brazos. (tore up)

Flotaron sobre el agua
las hojas° como miembros mutilados, (petals)
y confundidas con el lodo° negro, (mud)
negras, aún más que el lodo, se tornaron°. (*se...* they became)

Pero en las noches puras y serenas
se sentía vagar° por el espacio (wander)
un leve° olor° de rosas (slight / aroma)
sobre las aguas turbias del pantano.

Díganos...

1. ¿Qué le pasó a la rosa?
2. ¿Adónde la arrastró la brisa?
3. ¿Qué le pasó a la rosa en el pantano?
4. ¿Con qué compara el poeta las hojas (pétalos) de la rosa?
5. ¿De qué color se tornaron los pétalos?
6. En las noches serenas, ¿qué vaga sobre el pantano?

Desde su mundo

En el poema "Lo fugaz" la rosa puede simbolizar la bondad (*kindness*) y el perdón (*forgiveness*). En parejas, hablen de cómo muchas personas perdonan a sus enemigos y, a veces, devuelven bien por mal. Den ejemplos.

Para escribir...

Escriba uno o dos párrafos sobre uno de los siguientes temas.

1. Las cosas de la vida que son fugaces
2. En la vida, ¿qué cosas son permanentes?

RICARDO PALMA *(Perú: 1833–1919)*

Ricardo Palma nació en Lima y comenzó su carrera literaria escribiendo obras de teatro y poesía, pero es conocido principalmente por sus "tradiciones". Este género, creado e introducido por Palma en plena época del romanticismo[1], no tiene equivalente exacto en la literatura europea.

Aunque es difícil clasificar y definir las "tradiciones", se puede decir que, en general, están dentro de la línea del costumbrismo[2]. Son relatos más o menos breves en los que se mezcla lo real con lo imaginario y en los cuales encontramos humorismo y un poco de ironía.

Preparación

La tradición que aparece a continuación es el relato de un milagro. ¿Cree Ud. en ellos? En parejas, discutan por qué.

El alacrán° de fray Gómez *(Adaptado)*

scorpion

Cuando yo era muchacho, oía decir con frecuencia a las mujeres cuando miraban una joya°: "¡Esto vale tanto como el alacrán de fray Gómez!" Explicar por qué decían eso es lo que me propongo ahora, con esta tradición.

jewel

Nuestro héroe era un anciano° que vivía en un convento franciscano de Perú. El pueblo lo llamaba fray Gómez, y así lo llamaban también las crónicas del convento y la tradición. El buen hombre creía en todos los milagros° de la Biblia y de los santos, y él también había hecho muchos.

old man

miracles

Una mañana meditaba en su celda, en la que no había más que dos sillones de cuero°, una vieja mesa rota, y una cama sin sábanas° con sólo una piedra° por almohada. Oyó de repente° que alguien llamaba a la puerta, y decía:

leather / sheets / stone

de... suddenly

—¡Alabado sea Dios°!

Alabado... Praised be God!

—Entra, hermano —contestó fray Gómez.

[1]Romanticismo: Movimiento literario de la primera mitad del siglo XIX, extremadamente individualista y que no seguía las reglas establecidas por los escritores clásicos

[2]Costumbrismo: Tipo de literatura que pertenece al período romántico, y en el cual se presentan costumbres y tipos propios de la región en que vive el autor

Se abrió entonces la puerta y entró en la celda un individuo pobremente vestido, pero en cuyo rostro° se podía leer una gran honradez°. — face / honesty

—Toma asiento, hermano, y dime qué te trae por acá —le dijo fray Gómez.

—Es el caso, padre —dijo el visitante—, que tengo una familia numerosa y que voy a perder mi tienda, por no tener quinientos pesos. Le juro°, padre, que ni tengo vicios ni soy perezoso°. — I swear / lazy

—No desesperes. A quien honradamente trabaja, Dios lo ayuda.

—La verdad es, padre —interrumpió el hombre—, que hasta ahora Dios no me ha oído.

—Ten fe, hijo, ten fe.° — faith

—Les he pedido el dinero prestado a muchos amigos, pero nadie me lo ha dado. Anoche, mientras dormía, oí en sueños° una voz que me decía: "Jeromo, ve a pedirle a fray Gómez el dinero que necesitas. Si él quiere, pobre como es, va a encontrar manera de ayudarte." Aquí, pues, estoy para rogarle que me preste, sólo por seis meses, los quinientos pesos que necesito para no perder mi tienda. — *en...* in [my] dreams

—¿Cómo puedes pensar que en esta triste celda vas a encontrar quinientos pesos?

—Tiene usted razón, padre. Sin embargo°, tengo fe en el sueño. Algo me dice que usted puede ayudarme. — Nevertheless

—Tu fe te salvará, hijo mío. Espera un momento.— Mirando entonces hacia la pared, fray Gómez vio un alacrán que caminaba tranquilamente hacia la ventana. En seguida, sacó el pañuelo°, se acercó a la pared, tomó el animalito con cuidado, lo envolvió, y le dijo a Jeromo: — handkerchief

—Toma, hijo, y empeña° esta joya, pero no olvides devolvérmela dentro de seis meses. — pawn

Jeromo le dio las gracias por el favor. Poco después estaba en la tienda de un usurero°. La joya en verdad era preciosísima. Era un broche en forma de alacrán. Formaba el cuerpo° una magnífica esmeralda, y la cabeza un diamante con dos rubíes por ojos. El usurero, que era conocedor, ofreció darle a Jeromo, no quinientos, sino dos mil pesos por ella. — money lender / body

El tendero°, sin embargo, aceptó solamente quinientos pesos por seis meses. Se hicieron y firmaron los documentos necesarios. — shopkeeper

Con los quinientos pesos prosperó tanto° su tienda que a los seis meses Jeromo pudo sacar el broche, y envuelto en el mismo pañuelo en que lo recibió fue a devolvérselo a fray Gómez. Éste tomó el alacrán, lo puso en la pared y lo soltó° diciéndole: —¡Animalito de Dios, sigue tu camino! — so much / *lo...* let it go

El alacrán, viéndose libre otra vez, continuó su interrumpido paseo por las paredes de la celda.

Díganos...

1. ¿Qué frase repetían las mujeres de Lima cuando veían una joya?
2. ¿Quién era fray Gómez y dónde vivía?
3. ¿Qué había en su celda?
4. ¿Por qué fue a visitarlo Jeromo?
5. ¿Qué vio fray Gómez en la pared y qué hizo?

6. Describa la joya.
7. ¿Cuánto dinero le ofreció el usurero por la joya?
8. ¿Cuánto dinero aceptó Jeromo por la joya, y qué hizo a los seis meses?
9. ¿A quién le devolvió Jeromo el alacrán y qué hizo esta persona con él?
10. ¿Cómo muestra Jeromo su honradez?

Desde su mundo

En parejas, hablen de algunas de las situaciones difíciles que Uds. han atravesado (*have gone through*) y de cómo las resolvieron.

Para escribir...

Escriba uno o dos párrafos sobre uno de los siguientes temas.

1. La importancia de la honradez
2. La fe, ¿mueve montañas?

JOSÉ ANTONIO CAMPOS *(Ecuador: 1868–1939)*

El ecuatoriano José Antonio Campos además de ser famoso como escritor, fue periodista y desempeñó el cargo de ministro de educación de su país. Campos, que escribía con el seudónimo de "El destripador°" fue llamado el Mark Twain de Ecuador. Sus escritos no son muy numerosos, son de tipo humorístico y en ellos presenta cuadros de la vida y costumbres° de su país. En "Los tres cuervos", su obra maestra°, hace una sátira de la tendencia a la exageración, defecto muy común en la mayoría de los seres humanos°.

El... Jack the Ripper
customs
obra... masterpiece
seres... human beings

Preparación

En el siguiente cuento humorístico, el autor reflexiona sobre la comunicación de sucesos (*events*).

1. La clase entera va a formar un círculo para hacer el siguiente experimento: el (la) profesor(a) va a comunicarle algo al oído al primer estudiante y éste(a) al (a la) próximo(a), y así sucesivamente. Después de recibir el secreto el (la) último(a) estudiante de la clase, comparen entre todos la información que cada cual recibió.
2. ¿Qué nos dice el experimento sobre la comunicación de los mensajes? ¿Permanecen éstos sin cambiar? Por ejemplo: ¿se exageró la información original del experimento?

Los tres cuervos° *(Adaptado)*

crows

—¡Mi general! Es mi deber° comunicarle que ocurren cosas muy particulares en el campamento.

duty

—Diga usted, coronel.

—Uno de nuestros soldados° se sintió un poco enfermo y, más tarde, experimentó un terrible dolor en el estómago y vomitó tres cuervos vivos°.

soldiers
live

—¿Vomitó qué?

—Tres cuervos, mi general. ¿No es éste un caso muy particular?

—¡Ya lo creo°!

¡Ya... ! I'll say

—¿Y qué opina usted de ello?

—No sé, pero voy a comunicarlo en seguida al Ministerio. ¿Usted los vio?

—No, mi general; pero son tres cuervos.

—¡No lo entiendo! ¿Quién le informó a usted?

—El comandante° Epaminondas.

Major

—Que venga en seguida, mientras yo transmito la noticia°.

news

* * *

—¡Comandante Epaminondas! ¿Qué historia es aquella de los tres cuervos que vomitó uno de nuestros soldados enfermos?

—Yo sé de dos, nada más, mi general; pero no de tres.

—Bueno, dos o tres, no importa°. Lo importante es averiguar° si en realidad los cuervos son verdaderos.

no... it doesn't matter / to find out

—Pues sí, mi general. El soldado Pantaleón dejó una novia en su pueblo, que según dicen, es una muchacha morena muy bonita y muy simpática. ¡Qué ojos aquéllos, mi general!

—Sea usted breve y omita todo detalle inútil. ¿Qué pasó con los cuervos?

—Pues bien, el muchacho estaba triste por la ausencia de su novia, y no quería comer nada, hasta que cayó enfermo del estómago y... ¡puf!... dos cuervos.

—¿Usted los vio?

—No, mi general; sólo oí hablar de ellos.

—¿Y quién le dio a usted la noticia?

—El capitán Aristófanes.

—Dígale usted que venga inmediatamente.

* * *

—¡Capitán Aristófanes! ¿Cuántos cuervos vomitó el soldado Pantaleón?

—Uno, mi general.

—¿No eran dos?

—No, mi general, no es más que uno, afortunadamente; pero me parece que basta uno para considerar el caso como un fenómeno extraordinario...

—Pienso lo mismo, capitán.

—Un cuervo, mi general, nada tiene de particular, si lo consideramos desde el punto de vista° zoológico.

—¡No estamos en una clase de Historia Natural! ¡Vamos al grano°! ¿Qué pasó con el cuervo que vomitó el soldado Pantaleón? ¿Usted lo vio?

punto... point of view / *Vamos...* Let's get to the point!

—No, mi general; pero lo supe por el teniente Pitágoras que fue testigo° de lo que pasó.

witness

—Está bien. Quiero ver en seguida al teniente Pitágoras.

***

—¡Teniente Pitágoras! ¿Qué sabe usted del cuervo?

—El caso es raro en verdad; pero ha sido muy exagerado.

—¿Cómo así°?

¿Cómo...? How is that?

—Porque no es un cuervo entero sino parte de un cuervo, nada más. Lo que vomitó el enfermo fue un ala° de cuervo. Yo corrí a informar a mi capitán Aristófanes; pero él no oyó la palabra *ala* y creyó que era un cuervo entero, y llevó el dato a mi comandante Epaminondas, quien entendió que eran dos cuervos y pasó la voz° al coronel Anaximandro, quien creyó que eran tres.

wing

pasó... spread the word

—Pero... ¿y esa ala?

—Yo no la vi, sino el sargento Esopo. A él se debe la noticia.

—¡Ah, diablos! ¡Que venga ahora mismo el sargento Esopo!

***

—¡Sargento Esopo! ¿Qué tiene el soldado Pantaleón?

—Está enfermo, mi general. Está vomitando desde anoche.

—¿A qué hora vomitó el ala del cuervo?

—No vomitó ninguna ala, mi general.

—Entonces, ¿por qué dijiste que el soldado Pantaleón había vomitado un ala de cuervo?

—Con perdón, mi general, yo desde chico sé un versito que dice:

Yo tengo una muchachita
Que tiene los ojos negros
Y negra la cabellera°
Como las alas del cuervo.

hair

—¡Basta, majadero°!

fool

—Bueno, mi general, lo que pasó fue que cuando vi a mi compañero que estaba vomitando una cosa oscura, me acordé del versito y dije que había vomitado negro *como el ala del cuervo,* y de ahí corrió la historia.

—¡Diablos! ¡Yo creo que puse cinco o seis cuervos en mi información!

Díganos...

1. ¿Qué le pasó a uno de los soldados del campamento, según el coronel?
2. ¿Qué va a hacer el general?
3. Según el comandante Epaminondas, ¿cuántos cuervos vomitó el soldado?
4. ¿A quién dejó el soldado Pantaleón en su pueblo? ¿Cómo es ella?
5. ¿Cómo se sentía el muchacho?
6. ¿Qué dice el capitán Aristófanes de los cuervos?
7. Según el teniente Pitágoras, ¿que fue lo que en realidad vomitó el soldado?
8. ¿Qué fue lo que en realidad sucedió, según el sargento Esopo?

Desde su mundo

Se dice que los hispanos tienen tendencia a exagerar. ¿Y los norteamericanos? En parejas, hablen sobre las situaciones en las que Uds. dicen cosas como *Te he dicho un millón de veces..., No tengo un centavo..., Hace horas que...* ¿Qué otras frases usan para exagerar?

Para escribir...

Escriba uno o dos párrafos sobre uno de los siguientes temas.

1. Cómo exageramos a veces
2. ¿Qué problemas puede traer una mala comunicación?

JOSÉ ASUNCIÓN SILVA *(Colombia: 1865–1896)*

Silva es un poeta de gran vida interior cuya poesía tiene casi siempre un tono subjetivo y pesimista. En muchos de sus poemas se vuelve hacia su juventud y a otras épocas en que fue feliz. En otros, hace sátira social con un estilo irónico, amargo° y a la vez elegante. Otros temas de sus versos son su propia angustia existencial y el amor como pasión. Dejó un solo libro de versos: Poesía *(1886).*

En su obra se ve la influencia de autores franceses, españoles y, especialmente, del escritor norteamericano Edgar Allan Poe. En 1896, después de vivir una existencia llena de infortunios°, se suicidó a los treinta y un años de edad.

bitter

misfortunes

Preparación

En el primer verso el autor nos dice lo que sentían los personajes. Teniendo en cuenta el significado de los verbos que usa el poeta, ¿cree Ud. que el poema va a tener un tono serio o irónico?

Idilio

Ella lo idolatraba°, y él la adoraba.
—¿Se casaron al fin?
—No, señor. Ella se casó con otro.
—Y ¿murió de sufrir?
—No, señor. De un aborto.°
—Y el pobre aquel infeliz,
¿le puso a la vida fin?
—No, señor. Se casó seis meses antes
del matrimonio de ella, y es feliz.

lo... she worshipped him

miscarriage

Díganos...

1. ¿Se querían mucho ella y él?
2. ¿Qué hizo ella?
3. ¿De qué murió?
4. ¿Qué hizo él? ¿Cómo se siente ahora?

Desde su mundo

En parejas, hablen de las personas que, en algún momento, fueron muy importantes en su vida, pero que ahora ya no son parte de ella.

Para escribir...

Escriba uno o dos párrafos sobre uno de los siguientes temas.

1. Mi primer amor
2. ¿Se puede amar más de una vez?

LECCIÓN 3

De viaje

OBJETIVOS

Estructura: El participio pasado • El pretérito perfecto y el pluscuamperfecto • El futuro y el condicional • El futuro y el condicional para expresar probabilidad o conjetura

Temas para la comunicación: Viajes • En el avión • En el hotel • Excursiones

Cruzando fronteras: Venezuela • Cuba • República Dominicana • Puerto Rico

Ventana al mundo literario: Rufino Blanco-Fombona • José Martí • Manuel del Cabral • María Teresa Babín

PASO 1 En la agencia de viajes "La Habana"

Sofía, una chica venezolana, Magali, de la República Dominicana, y Sandra, de origen cubano, son tres amigas que estudian en la Universidad Internacional de la Florida. En este momento están en una agencia de viajes cubana, hablando con uno de los agentes. Las chicas están muy entusiasmadas° porque van a ir de vacaciones a Puerto Rico.

excited

Magali —Queremos tres pasajes de ida y vuelta a San Juan, en clase turista. ¿Qué días hay vuelos?

Agente —Todos los días, señorita. ¿Están interesadas en algún tipo de excursión? Tenemos varias en las que° están incluidos los hoteles.

Sofía —¿Cuánto cobran° por ese tipo de excursión? Queremos estar allí cinco noches.

Agente —Ochocientos veinte dólares. Eso incluye los impuestos° y la transportación del aeropuerto al hotel. Este precio está basado en viajes hechos entre semana°.

Sandra —Bueno... tenemos que pensarlo. ¿La agencia está cerrada el domingo?

Agente —Sí, pero el sábado está abierta hasta las tres de la tarde. Aquí tienen unos folletos sobre Puerto Rico, que están escritos en español.

en... in which
do you charge
taxes
entre... during the week

¿Cuánto recuerda?

Conteste lo siguiente con respecto al diálogo entre las tres amigas y el agente de viajes.

1. ¿Qué están haciendo las chicas en la agencia?
2. ¿Qué planes tienen las muchachas?
3. ¿Pueden salir para San Juan cualquier día? ¿Por qué?
4. ¿Qué incluye el precio de varias excursiones?
5. ¿Cuánto tiempo piensan estar las chicas en Puerto Rico?
6. ¿Las chicas toman una decisión?
7. ¿Pueden volver a la agencia el domingo?
8. ¿Qué les da el agente a las chicas?

Vocabulario

En la agencia de viajes

Nombres

el asiento *seat*
— de pasillo *aisle seat*
— de ventanilla *window seat*
la clase turista *tourist class*
la excursión *excursion, tour*
el folleto *brochure*
el pasaje, el billete *ticket*
— de ida *one-way ticket*
— de ida y vuelta *round-trip ticket*
la primera clase *first class*
la sección de (no) fumar *(non-)smoking section*
el vuelo *flight*
— directo (sin escalas) *direct (nonstop) flight*

Verbos

cancelar *to cancel*
confirmar *to confirm*
hacer escala *to make a stopover*
ir de vacaciones *to go on vacation*
reservar *to reserve*

Preferencias. **En parejas, hablen de sus preferencias al viajar en avión: tipo de billete, clase, tipo de vuelo, asiento y sección. Hablen también de la época del año en que tienen vacaciones y adónde van generalmente.**

Estructura

El participio pasado

A. Formas

- The past participle is formed by adding the following endings to the stem of the verb.

-ar verbs	**-er verbs**	**-ir verbs**
confirm **-ado**	aprend **-ido**	recib **-ido**

- Verbs ending in **-er** have a written accent mark over the **-i** of the **-ido** ending when the stem ends in **-a, -e,** or **-o.**

caer: **caído** leer: **leído** roer: **roído**

- The past participles of verbs ending in -uir do not have a written accent mark.

huir: **huido** instruir: **instruido**

- The past participle of the verb **ir** is **ido.**
- The following verbs have irregular past participles.

abrir	**abierto**	volver	**vuelto**
cubrir	**cubierto**	devolver	**devuelto**
descubrir	**descubierto**	envolver	**envuelto**
escribir	**escrito**		
romper	**roto**	morir	**muerto**
ver	**visto**	poner	**puesto**
decir	**dicho**		
hacer	**hecho**		

B. El participio pasado usado como adjetivo

- In Spanish, most past participles may be used as adjectives. As such, they must agree in gender and number with the nouns they modify.

Los folletos están **escritos** en español.	*The brochures are written in Spanish.*
Las ventanas están **rotas.**	*The windows are broken.*

- A few verbs have two forms for the past participle. The regular form is used in forming compound tenses, and the irregular form is used as an adjective. The most common ones are:

Infinitive	Regular form	Irregular form
confundir	confundido	**confuso**
despertar	despertado	**despierto**
elegir	elegido	**electo**
prender (*to arrest*)	prendido	**preso**
soltar	soltado	**suelto**
sustituir	sustituido	**sustituto**

Las chicas ya están **despiertas.** Yo las **he despertado.**
The girls are already awake. I have awakened them.

Los perros están **sueltos.** Ella los **ha soltado.**
The dogs are loose. She has let them loose.

Actividad

Preparativos. Complete lo siguiente, usando el participio pasado de los verbos entre paréntesis.

Modelo: Los folletos están ______ en inglés. (escribir)
Los folletos están **escritos** en inglés.

1. La agencia de viajes está ______ los domingos. (cerrar)
2. El precio del hotel está ______ en la excursión. (incluir)
3. Las reservaciones ya están ______. (hacer)
4. Los asientos están ______. (reservar)
5. La fecha del viaje está ______. (confirmar)
6. Los pasajes están ______. (pagar)
7. El banco no está ______ hoy. (abrir)
8. Tenemos que salir para el aeropuerto y las chicas todavía no están ______. (despertar)

PASO 2 ¿Cuál es la mejor excursión ... ?

Cuando Sofía llegó al apartamento de Sandra y Magali, las muchachas ya habían leído los folletos que les había dado el agente de viajes y habían elegido dos excursiones. También habían decidido que Sofía podía escoger una de las dos. Ella se puso a leer los folletos, de y éste describe la excursión que más le gusta.

EN EL MAR CARIBE...

¡PUERTO RICO!

Si Ud. siempre ha querido pasar sus vacaciones en un paraíso tropical, la hermosa isla de Puerto Rico, con sus aguas cristalinas, sus verdes colinas,° su sol y sus palmeras es exactamente lo que Ud. había soñado.°

Camine por las calles empedradas° del Viejo San Juan, donde va a encontrar elegantes tiendas y cafés. Visite la vieja fortaleza° de El Morro y descubra otros tesoros históricos de la ciudad.

¿Se ha imaginado Ud. en un bosque tropical? Haga una caminata por El Yunque. ¿Ha planeado broncearse° en una playa de arena° blanca? Allí lo espera la playa de Luquillo. Los elegantes balnearios° y la vida nocturna del Condado y de Isla Verde son otras atracciones que tiene esta maravillosa isla.

Por $820 puede viajar con la aerolínea Delta y pasar cinco noches en un hotel de cuatro estrellas. La transportación al hotel está incluida en el paquete.

Opcional: Plan de seguro de viaje por sólo $40.
Para más información, llame al
555-4785

COMPAÑÍA AMERITOUR

hills
había... had dreamed
cobblestone
fortress
get a tan / sand
beach resorts

¿Cuánto recuerda?

Conteste lo siguiente con respecto a la información que aparece en el folleto.

1. ¿Con qué compara el folleto la isla de Puerto Rico?
2. ¿Cómo la describe?
3. ¿Qué sabemos del Viejo San Juan?
4. ¿Qué dice de El Yunque y de la playa de Luquillo?
5. ¿Qué lugares le van a gustar si le interesa la vida nocturna?
6. ¿Cuál es el precio de la excursión?
7. Si uno toma la excursión, ¿va a tener que pagar para tomar un taxi al hotel?
8. ¿Qué más se puede obtener por $40?

Vocabulario

El alojamiento (*Lodging*)

Nombres

el botones *bellhop*
la caja de seguridad *safe, safe deposit box*
el cuarto libre *vacant room*
la estrella *star*
el (la) gerente *manager*
la habitación doble *double room*
la habitación sencilla *single room*
la lista de espera *waiting list*
el servicio de habitación (de cuarto) *room service*
el vestíbulo, la recepción *lobby*
la zona de estacionamiento *parking lot*

Otras palabras y expresiones

con vista al mar *with an ocean view*
dar una propina *to give a tip*
desocupar el cuarto *to vacate the room, to check out*
firmar el registro *to sign the register, to check in*
hospedarse *to stay (i.e., at a hotel)*
pagar por adelantado *to pay in advance*

La excursión

el castillo *castle*
la catedral *cathedral*
el guía *guide*

los lugares históricos *historic sites*
el monumento *monument*

En el extranjero (*Abroad*)

el consulado *consulate*
la embajada *embassy*
en tránsito *in transit*
el pasaporte *passport*
la tarjeta de turista *tourist card*
la visa *visa*

A. *¿Un cuarto o dos?* Ud. y un(a) compañero(a) se están preparando para hacer un viaje de negocios y tiene que darle instrucciones a su secretario(a) sobre los arreglos (*arrangements*) que debe hacer en cuanto al hotel. Uds. no tienen reservación. Díganle qué tipo de cuarto(s) desean y pídanle que obtenga información sobre los servicios que ofrece el hotel. Sean lo más específicos posible.

B. *Un viaje al extranjero.* En grupos de dos o tres, planeen un viaje a un país extranjero. ¿Qué arreglos necesitan hacer antes de salir del país? Hablen de los lugares turísticos que desean visitar.

Estructura

El pretérito perfecto y el pluscuamperfecto

A. El pretérito perfecto

The Spanish present perfect tense is formed by combining the present indicative of the auxiliary verb **haber** with the past participle of the main verb. This tense is equivalent to the English present perfect (*have* + past participle, as in *we have finished*).

haber (present indicative)	**Past participle**	
he	terminado	(*I have finished*)
has	aprendido	(*you have learned*)
ha	dicho	(*he, she has/you have said*)
hemos	escrito	(*we have written*)
habéis	vuelto	(*you have returned*)
han	ido	(*they/you have gone*)

Nosotros siempre **hemos querido** visitar Puerto Rico.
We have always wanted to visit Puerto Rico.

B. El pluscuamperfecto

The past perfect, or pluperfect, tense is formed by using the imperfect tense of the auxiliary verb **haber** with the past participle of the main verb. This tense is equivalent to the English past perfect (*had* + past participle, as in *we had finished*). Generally, the past perfect tense expresses an action that has taken place before another action in the past.

haber (imperfect)	Past participle	
había	terminado	(*I had finished*)
habías	aprendido	(*you had learned*)
había	dicho	(*he, she had/you had said*)
habíamos	escrito	(*we had written*)
habíais	vuelto	(*you had returned*)
habían	ido	(*they/you had gone*)

Cuando yo llegué, las chicas ya **habían leído** los folletos.
When I arrived, the girls had already read the brochures.

Actividades

A. *Últimamente...* **En parejas, háganse preguntas sobre lo que ha pasado últimamente en su vida. Usen el pretérito perfecto y los elementos dados.**

Modelo: hablar / tu mejor amigo

—¿**Has hablado** con tu mejor amigo últimamente?
—Sí, **he hablado** con él muchas veces.

1. ir / al cine
2. ver / película
3. comprar / ropa
4. tener / mucho trabajo
5. estar / ocupado (a)
6. escribir / carta
7. salir / con alguien
8. hacer / ejercicio

B. *Experiencias.* **En grupos de tres, hablen de las cosas que Uds. y otras personas siempre han hecho, han hecho algunas veces o nunca han hecho.**

1. Yo siempre...
2. Mis padres muchas veces...
3. Mi familia y yo nunca...
4. Mis amigos casi siempre...
5. Mi mamá algunas veces...
6. Yo jamás...
7. Yo a veces...
8. Mi mejor amigo(a) y yo muchas veces...

C. *Inicio de semestre.* **En parejas, hablen de lo que ya había ocurrido cuando Uds. empezaron el semestre. (Por ejemplo: Yo ya había comprado los libros que necesitaba.) Mencionen diez cosas.**

PASO 3 El día del viaje, en el aeropuerto

Magali —Tendremos que facturar el equipaje. ¿Dónde está el mostrador de la aerolínea?

Sofía —Yo comería algo antes de ponernos[1] en la cola para dejar las maletas…

Sandra —Tienes razón, porque después ya no podremos ir a comer.

Magali —Pero nos darán de comer° en el avión. *nos…* they'll feed us

Sofía —Bueno, esperaré, entonces. Vamos a entregar los pasajes y recoger° las tarjetas de embarque. pick up

Sandra —Sí, pero no podremos pasar la cámara fotográfica por el detector de metales.

Sofía —No, se la entregaremos al guardia de seguridad antes de pasar.

Magali —Creo que el avión no tiene retraso y que saldremos a tiempo.° *a…* on time

Sandra —¡Ojalá! Ya me gustaría estar en la playa, tomando el sol.

¿Cuánto recuerda?

Indique si los siguientes enunciados sobre el diálogo son verdaderos (V) o falsos (F).

1. Las chicas tienen que ir al mostrador de la aerolínea con sus maletas.
2. En este momento no hay nadie esperando.
3. Magali dice que van a servir comida en el avión.
4. Las chicas necesitan tener tarjetas de embarque para subir al avión.
5. Las chicas no piensan sacar fotos durante sus vacaciones.
6. Las chicas van a tener que esperar un par de horas para subir al avión.
7. Sandra va a necesitar un bronceador.

Vocabulario

En el aeropuerto

Nombres

la aduana *customs*
la aerolínea *airline*

[1]In Spanish, the infinitive form is used after a preposition: **antes de ponernos.**

el detector de metales *metal detector*
el equipaje *baggage*
el exceso de equipaje *excess luggage*
el guardia de seguridad *security guard*
la llegada *arrival*
el mostrador *counter*
la puerta de salida *gate*
la salida *departure*
la tarjeta de embarque (embarco) *boarding pass*

Otras palabras y expresiones

abordar el avión *to board the plane*
facturar el equipaje *to check the luggage*
pagar derechos de aduana *to pay customs duties*
pesar las maletas *to weigh the suitcases*
ponerse en la cola *to stand in line*
tener retraso (atraso) *to be behind schedule*

Paso a paso. **En grupos de dos o tres, hablen de lo que los pasajeros deben hacer desde que llegan al aeropuerto hasta el momento de abordar el avión. Sigan un orden lógico y traten de no omitir ningún paso.**

Estructura

El futuro y el condicional

A. El futuro: Usos y formas

- The Spanish future tense is equivalent to the English *will* or *shall* + a verb.

 Tendremos que facturar el equipaje. *We will have to check the luggage.*

¡ATENCIÓN! The Spanish future form is not used to express politeness, as is the English future. In Spanish, this idea is expressed with the verb **querer.**

 ¿Quieres abrir la ventana, por favor? *Will you please open the window?*

- Most verbs are regular in the future tense, which is formed by adding the following endings to the infinitive. Note that there is only one set of endings for all verbs, regular and irregular.

Infinitive	Subject	Stem	Endings	Future Tense
hablar	yo	hablar-	-é	**hablaré**
entender	tú	entender-	-ás	**entenderás**
vivir	Ud.	vivir-	-á	**vivirá**
empezar	él	empezar-	-á	**empezará**
recibir	ella	recibir-	-á	**recibirá**
dar	nosotros (as)	dar-	**-emos**	**daremos**
devolver	vosotros (as)	devolver-	**-éis**	**devolveréis**
ir	Uds.	ir-	**-án**	**irán**
encontrar	ellos	encontrar-	**-án**	**encontrarán**
subir	ellas	subir-	**-án**	**subirán**

- Notice that all endings, except the **nosotros** form, have written accent marks.

Nos **darán** de comer en el avión.	*They will feed us on the plane.*
Llegaremos a Puerto Rico a las seis.	*We will arrive in Puerto Rico at six.*

- The following verbs are irregular in the future tense. The future endings are added to a modified form of the stem.

Infinitive	Modified stem	Endings	Future (yo form)
caber (to fit)	**cabr-**	-é, -ás, -á, -emos, -éis, -án	**cabré**
haber[1]	**habr-**		**habré**
poder	**podr-**		**podré**
querer	**querr-**		**querré**
saber	**sabr-**		**sabré**
poner	**pondr-**		**pondré**
salir	**saldr-**		**saldré**
tener	**tendr-**		**tendré**
valer	**valdr-**		**valdré**
venir	**vendr-**		**vendré**
decir	**dir-**		**diré**
hacer	**har-**		**haré**

Yo les **diré** a qué hora **saldrá** el avión.	*I will tell them what time the plane will leave.*

[1]As a main verb, **haber** is used only in the third person singular: **habrá** (*there will be*).

B. El condicional: Usos y formas

- The conditional form corresponds to the English *would* + a verb. It is used to state what would happen.

Yo **comería** algo antes de ponernos en la cola.	*I would eat something before we get in line.*

- The conditional is also used as the future of a past action. The future states what *will happen;* the conditional states what *would happen.*

Sandra dice que no **podremos** ir a San Juan.	*Sandra says that we will not be able to go to San Juan.*
Las chicas dijeron que **saldrían**[1] para San Juan el domingo.	*The girls said that they would leave for San Juan on Sunday.*

- Like the English conditional, the Spanish conditional is used to express a polite request:

¿Nos **harían** Uds. un favor?	*Would you do us a favor?*

- Like the future tense, the conditional tense uses the infinitive as the stem and has only one set of endings for all verbs, regular and irregular.

Infinitive	Subject	Stem	Endings	Conditional Tense
hablar	yo	hablar-	-ía	**hablaría**
entender	tú	entender-	-ías	**entenderías**
vivir	Ud.	vivir-	-ía	**viviría**
empezar	él	empezar-	-ía	**empezaría**
recibir	ella	recibir-	-ía	**recibiría**
dar	nosotros(as)	dar-	-íamos	**daríamos**
devolver	vosotros(as)	devolver-	-íais	**devolveríais**
ir	Uds.	ir-	-ían	**irían**
encontrar	ellos	encontrar-	-ían	**encontrarían**
subir	ellas	subir-	-ían	**subirían**

[1]Irregular forms. These irregular forms are introduced on p. 71.

- All the conditional endings have written accents.

Nos **gustaría** visitar San Juan. *We would like to visit San Juan.*

- The same verbs that are irregular in the future are also irregular in the conditional. The conditional endings are added to a modified form of the infinitive.

Infinitive	*Modified stem*	Endings	Conditional (yo form)
caber	**cabr-**		**cabría**
haber[1]	**habr-**		**habría**
poder	**podr-**		**podría**
querer	**querr-**	-ía	**querría**
saber	**sabr-**	-ías	**sabría**
poner	**pondr-**	-ía	**pondría**
salir	**saldr-**	-íamos	**saldría**
tener	**tendr-**	-íais	**tendría**
valer	**valdr-**	-ían	**valdría**
venir	**vendr-**		**vendría**
decir	**dir-**		**diría**
hacer	**har-**		**haría**

Actividades

A. *¿Quién hará qué?* **En parejas, decidan quién o quiénes se encargarán de hacer cada una de las siguientes cosas para prepararse para un viaje. Incluyan a otras personas. Usen el futuro.**

1. buscar información sobre diferentes países
2. traer folletos de viaje
3. averiguar los precios de los hoteles
4. hacer las reservaciones
5. comprar los pasajes
6. comprar cheques de viajero
7. confirmar las reservaciones
8. planear todas las actividades
9. decirles a sus padres dónde van a estar
10. hacer las maletas
11. poner los pasajes y los documentos en un lugar seguro
12. llamar a varios amigos para ver quién le va a dar de comer al gato

[1]**habría:** *there would be*

B. ***Cuando viajamos...*** **En parejas, háganse preguntas sobre lo que haría cada uno(a) de Uds. y su familia en cuanto a lo siguiente.**

Modelo: viajar: en tren o en avión

—¿**Tú viajarías** en tren o en avión?
—**Yo viajaría** en avión.

1. volar: durante el fin de semana o entre semana
2. llevar: mucho equipaje o una sola maleta
3. viajar: en clase turista o en primera clase
4. pagar: con tarjeta de crédito o con cheques de viajero
5. quedarse: una semana o un mes
6. hospedarse: en un castillo antiguo o en un hotel de cinco estrellas
7. elegir: un cuarto con vista al mar o un cuarto interior
8. comer: la comida típica del lugar o hamburguesas
9. visitar: ciudades grandes o pueblos pequeños
10. ir: a la playa o a la montaña

PASO 4 ¡Pasajeros a bordo!

Sandra — Nuestros asientos están en la fila veinte. ¡Ah!, aquí están.

Sofía — (*Un poco nerviosa*) ¿No habrá otros en una fila más cerca de la salida de emergencia?

Magali — Probablemente no. (*A Sandra*) Pondremos los bolsos de mano en el compartimiento de equipaje.

Sofía — Los nuestros, sí; el de Sandra, que es el más pequeño, puede ir debajo de su asiento. Oye... ¿a qué hora servirán la comida? ¿A las doce?

Sandra — No tengo la menor idea. ¿Por qué no te sientas y te abrochas el cinturón de seguridad? Pronto vamos a despegar.

Sofía — Bueno, pero la comida es muy importante cuando uno vuela. Me lo dijo mi prima, que trabaja de azafata para Aerolíneas Mexicanas...

Magali — Sí, tienes razón. Oye, no encuentro los lentes. ¿Los dejaría en el apartamento?

Sandra — No... los pusiste en mi cartera. Pero, ¿dónde pondría yo mi pasaporte?

Sofía — Lo tengo yo. Yo te dije que pondría todos los pasaportes en mi bolsa.

Sandra — ¡Menos mal°! ¡Qué susto° me di!

¡*Menos...* ! Thank goodness! / fright

El avión despega y el capitán saluda a los pasajeros y les dice a qué altitud van a volar.

Sofía — Un momento. Allí está el auxiliar de vuelo, que nos va a decir cómo usar el oxígeno en caso de necesidad, etc. ¡Y después nos van a traer el almuerzo! ¿Qué servirán… ?

Sandra — ¡Ay, Sofía! ¡Tú sólo piensas en comer!

¿Cuánto recuerda?

Indique si los siguientes enunciados sobre el diálogo son verdaderos (V) o falsos (F).

1. Sofía no se siente muy segura en el avión.
2. Solamente Magali y Sofía tienen bolsos de mano.
3. Sofía parece tener hambre.
4. Sofía conoce a alguien que es auxiliar de vuelo.
5. Magali y Sandra son muy organizadas y eficientes.
6. El capitán no les dice absolutamente nada a los pasajeros.
7. El auxiliar de vuelo les enseña a los pasajeros lo que deben hacer en caso de emergencia.
8. Sofía sigue pensando en la comida.

Vocabulario

En el avión

Nombres

el (la) auxiliar (asistente) de vuelo, la azafata *flight attendant*
el chaleco salvavidas *life jacket*
el compartimiento de equipaje *luggage compartment*
la fila *row*
la máscara de oxígeno *oxygen mask*
la mesita *tray table*
el piloto *pilot*
la salida de emergencia *emergency exit*

Otras palabras y expresiones

abrocharse el cinturón de seguridad *to fasten the seatbelt*
aterrizar *to land*
despegar *to take off (a plane)*
de no fumar *no smoking*

Instrucciones. **En parejas, hablen sobre las instrucciones que un(a) auxiliar de vuelo debe darles a los pasajeros en diferentes circunstancias.**

1. para encontrar su asiento
2. en caso de emergencia
3. cuando el avión despega y aterriza
4. cuando van a servir la comida

Estructura

El futuro y el condicional para expresar probabilidad o conjetura

A. El futuro

In Spanish, the future tense is frequently used to express probability or conjecture in relation to the present. In English, the same idea is expressed by using phrases such as *must be, probably, I wonder,* or *do you suppose.*

¿Qué hora **será**?	*I wonder what time it is.*
¿Dónde **estarán** mis lentes?	*Where do you suppose my glasses are?*
¿A qué hora **servirán** el almuerzo?	*What time do you suppose they serve lunch?*
Elsa **tendrá** unos veinte años.	*Elsa must be about twenty years old.*

B. El condicional

The conditional tense is often used to express probability or conjecture in relation to the past.

¿Qué hora **sería** cuando Magali llegó anoche?	*What time do you suppose it was when Magali got home last night?*
¿Dónde **dejaría** yo mis lentes?	*I wonder where I left my glasses.*
Serían las dos cuando él me llamó.	*I guess it was two o'clock when he called me.*

Actividades

A. *¡Adivinen!* **En parejas, háganse preguntas sobre lo siguiente, usando el futuro de probabilidad.**

Modelo: Ud. se pregunta cuánto cuesta un pasaje a Puerto Rico.
—¿Cuánto **costará** un pasaje a Puerto Rico?
—Costará unos mil dólares.

1. Ud. no sabe qué hora es.
2. Ud. se pregunta a qué hora sale el avión.
3. Ud. no sabe dónde está la azafata.
4. Ud. se pregunta cómo se usa la máscara de oxígeno.
5. Ud. quiere saber si hay una salida de emergencia cerca.
6. Ud. se pregunta qué van a servir de almuerzo.
7. Ud. quiere saber si las bebidas son gratuitas.

8. Ud. se pregunta cuándo van a empezar a pasar la película.
9. Ud. quiere saber a qué hora llega el avión a San Juan.
10. Ud. se pregunta si sus amigos van a estar en el aeropuerto.

B. *¿Qué pasaría?* **Uds. se preguntan sobre lo siguiente, usando el condicional.**

Modelo: Uds. no entendieron lo que dijo la azafata.
¿Qué **diría** la azafata?

1. Uds. se preguntan dónde *puso* la azafata el bolso de mano.
2. Uds. no vieron adónde *fue* el otro pasajero.
3. Uds. se preguntan qué *quería* el niño que estaba llorando.
4. Uds. no saben qué *pasó* con la película que habían anunciado.
5. Uds. se preguntan de qué *hablaban* las dos señoras que estaban hablando en ruso.

En general

A. *Preguntas y respuestas.* **En parejas, busquen en la columna B las respuestas a las preguntas que aparecen en la columna A.**

	A	B
______	1. ¿Dónde dejaste el coche?	a. El botones.
______	2. ¿El vuelo es directo?	b. Al mediodía.
______	3. ¿Tienes un asiento de pasillo?	c. En la zona de estacionamiento.
______	4. ¿Dónde está tu asiento?	d. No, pero estoy en la lista de espera.
______	5. ¿A quién le entregas la tarjeta de embarque?	e. En la caja de seguridad.
		f. Cerca de la salida de emergencia.
______	6. ¿Dónde te vas a hospedar?	g. No, hace escala en Lima.
______	7. ¿Conseguiste reservaciones?	h. Sí, hay servicio de habitación.
______	8. ¿Tienes una habitación sencilla?	i. Al auxiliar de vuelo.
		j. No, doble.
______	9. ¿Tienes muchas maletas?	k. No, de ventanilla.
______	10. ¿Quién va a llevar las maletas a tu cuarto?	l. Sí, pagué exceso de equipaje.
		m. En el Hotel Coronado.
______	11. ¿Vas a comer en tu cuarto?	
______	12. ¿A qué hora tienes que desocupar el cuarto?	
______	13. ¿Dónde vas a dejar el dinero?	

B. *La industria del turismo.* **Ud. y un(a) compañero(a) tienen que escoger el tipo de trabajo que les gustaría desempeñar. Hablen de lo que cada una de las personas que aparecen en la lista tiene que hacer y digan por qué les gustaría o no a Uds. tener ese tipo de trabajo.**

1. botones
2. agente de viajes
3. guía
4. gerente de un hotel
5. piloto
6. auxiliar de vuelo
7. guardia de seguridad
8. empleado(a) de una aerolínea

B. ***Conversaciones.*** **Estas personas se encuentran en las siguientes situaciones. ¿Qué dicen? Ud. y un(a) compañero(a), decidan.**

1. un(a) agente de viajes y un(a) cliente(a) que necesita mucha información
2. el (la) gerente de un hotel y una persona que necesita un cuarto
3. dos amigos(as) que están planeando pasar sus vacaciones juntos(as) y tienen gustos muy diferentes
4. un(a) auxiliar de vuelo y un(a) pasajero(a) que se pone muy nervioso(a) cuando tiene que volar

LECTURAS PERIODISTÍCAS

México

México es uno de los países de América que más le ofrece al turista. No sólo cuenta con una serie de monumentos y edificaciones de la época precolombina, recordándonos la gran influencia de las culturas mayas y aztecas, sino que tiene una gran variedad de playas, centros comerciales, restaurantes, museos y hoteles de primera calidad.

En la Ciudad de México, por ejemplo, usted puede visitar la famosa Catedral Metropolitana, ubicada en el Zócalo*; el Palacio Nacional; el Castillo y los bosques de Chapultepec; el Museo de Antropología, y el Museo Tamayo. Para los que disfrutan de la vida nocturna, la Ciudad de México cuenta con la Zona Rosa, un área repleta[1] de estupendos restaurantes, hoteles, discotecas y clubes.

Si dispone de más tiempo, tome una excursión hasta la Basílica de la Virgen de Guadalupe o a Teotihuacán, donde están las impresionantes pirámides del Sol y de la Luna.

¿Prefiere disfrutar sus vacaciones cerca del mar? México tiene varios centros turísticos famosos en el mundo entero. El más conocido es Acapulco, un puerto fabuloso que lo conquistará desde el primer instante. Allí no sólo podrá disfrutar del sol, la playa y el clima cálido, sino que podrá practicar el *parasail* (paracaídas[2] tirado por una lancha[3]) y disfrutar del fabuloso espectáculo de los clavadistas[4] en "La Quebrada".

Otro lugar que debe visitar es Las Hadas, en Manzanillo. Es un puerto de la ribera mexicana del Pacífico, con un clima tropical excelente y playas de arena fina donde se puede practicar cualquier deporte acuático. La piscina del complejo tiene islas, cascadas, puente colgante y bar, lo que la convierte en un espectáculo digno[5] de admirar y disfrutar.

Cancún es otra región playera que ha cobrado fama internacional. Está en la península de Yucatán y cuenta con playas de arena fina. Sus lujosos hoteles compiten con los mejores del mundo. Entre las actividades que se ofrecen, hay que mencionar los baños de mar, deportes náuticos, paseos en barco con fondo de cristal, golf, mercado de artesanías, museos y las ruinas mayas de Tulúm.

Cerca de Cancún, se encuentra la isla de Cozumel, famosa por sus arrecifes de coral.

Pero éstos no son los únicos puntos interesantes de México. También podrá descubrir otras ciudades y pueblos maravillosos como Veracruz, Bahía de Huatulco, Monterrey, Puerto Vallarta y Cuernavaca, entre otros, porque cualquier lugar que usted visite... lo cautivará.

(Adaptado de *Vanidades*, suplemento especial)

*La plaza principal
[1]full [2]parachute [3]motor boat [4]cliff divers [5]worthy

Ahora...

En grupos de tres o cuatro, hablen de los lugares turísticos que los extranjeros pueden visitar en los Estados Unidos. Descríbanlos y digan por qué estos lugares pueden cautivar a los que los visitan. Incluyan las grandes ciudades.

Cruzando fronteras

Seguimos viajando... Visitamos primero la tierra de Bolívar, Venezuela, y luego nos vamos a tres islas del Caribe: Cuba, la República Dominicana y Puerto Rico.

Venezuela

El nombre de este país significa "pequeña Venecia", y fue llamado así porque a los conquistadores españoles, las construcciones indígenas que existían a orillas° del lago Maracaibo les recordaban las de Venecia. Venezuela es un país tropical, situado al norte de Sudamérica. Su territorio, tan grande como los de Texas y Utah juntos, está dividido en cuatro regiones geográficas: el oeste, dominado por la cordillera de los Andes; la zona norteña, donde se encuentran las ciudades más grandes; el este, que es una gran llanura° y el sur, con altas mesetas° y selvas. En esta última región se encuentran las cataratas del Ángel, que son las más altas del mundo (3.212 pies), y la mayor atracción turística del país. El territorio venezolano también incluye unas 70 islas, de las cuales la mayor es la Isla de Margarita, famoso centro de veraneo.

shores

plain / plateaus

El principal producto de exportación de Venezuela es el petróleo, que representa el 70 por ciento de todos los ingresos° del país. Estos ingresos le han permitido a Venezuela desarrollar° una moderna infraestructura, en la que sobresale su magnífica red de autopistas y carreteras.

revenues
develop

Su capital, Caracas, es una ciudad de contrastes, donde se mezclan lo ultramoderno con lo antiguo y el lujo° con la pobreza°.

luxury / poverty

Venezuela tiene el orgullo de ser la patria de Simón Bolívar, el Libertador de cinco países de Suramérica.

Cuba

A noventa millas al sur de la Florida se encuentra Cuba, "la tierra más hermosa que ojos humanos vieron", según el diario de Cristóbal Colón. El territorio de la República de Cuba comprende la isla de Cuba, que es la mayor° de las Antillas, la Isla de Pinos o Isla de la Juventud, y cientos de cayos° que la rodean. Sin embargo, su superficie total es similar a la del estado de Luisiana. Su figura, larga y estrecha°, da lugar a extensas costas en las que abundan bellas playas, algunas de las cuales están reservadas sólo para los turistas.

biggest / islets

narrow

Antes de la revolución marxista, Cuba era el mayor exportador mundial de azúcar, por lo que se la llamó "la azucarera del mundo". Hoy su producción azucarera es apenas° la mitad de lo que era hace cuarenta años. Su segundo producto de exportación tradicional es el tabaco. Los "habanos" o "puros" son los preferidos por los buenos fumadores de todo el mundo. El país ocupa también uno de los primeros lugares mundiales en la exportación de níquel.

barely

Cuba es uno de los pocos países latinoamericanos con suficientes escuelas primarias y secundarias para todos sus niños y jóvenes y, por tanto°, su índice de analfabetismo es muy bajo. Lamentablemente, el adoctrinamiento político domina el proceso educativo, y el acceso a las universidades y a algunos centros de enseñanza media está condicionado a° la militancia política de los aspirantes.

por... therefore

está... is dependent upon

La música cubana es conocida en todo el mundo, pero parece haber una estrecha relación entre la creación musical y la libertad. De los 400 años de colonia española, sólo nos quedan las "habaneras", que todavía son populares en algunas regiones de España. Sin embargo, en los sesenta años de república anteriores al comunismo, Cuba lanzó al mundo el *son,* el *danzón,* el *bolero,* la *rumba,* la *conga,* el *mambo,* el *chachachá* y los ritmos afrocubanos que hoy se conocen como la *salsa.* Después de la llegada de Castro al poder en 1959, no se ha creado ningún nuevo ritmo. Sin embargo, la producción literaria se ha acelerado, aunque buena parte° de los autores de la revolución han optado por el exilio.

buena... a great number

República Dominicana

La República Dominicana ocupa dos terceras partes de la isla que Cristóbal Colón llamó "La Española". El resto de la isla pertenece° a Haití, un país de habla francesa. El territorio de la República Dominicana tiene poco menos de la mitad de la superficie de Kentucky, y es muy montañoso. En la Cordillera Central de la República Dominicana se encuentra la montaña más alta del Caribe, el Pico Duarte, que tiene 10.000 pies de altura.

belongs

La economía de la República Dominicana está basada en la agricultura y en la minería. El país produce azúcar, frutas, bauxita y níquel, pero el turismo es hoy en día una fuente importante de los ingresos de la nación. Los dominicanos aman la música y el baile. La República Dominicana es la tierra del *merengue*, pero allí se escuchan y bailan los ritmos más variados, desde la *salsa* latinoamericana hasta los ritmos americanos como el *pop* y el *jazz*.

Como en los demás países del Caribe, el béisbol, no el fútbol, es el deporte más popular. Muchos jugadores dominicanos son famosos en las grandes Ligas de béisbol de los Estados Unidos. *Samy Sosa* es su ídolo actual.

La capital, y principal puerto del país, es Santo Domingo, la primera ciudad europea fundada en el Nuevo Mundo. Su zona colonial es uno de los grandes tesoros° de la América Hispana actual. En ella destacan° la Catedral de Santa María la Menor, construida de 1514 a 1520, en donde se cree que están los restos de Cristóbal Colón.

treasures / stand out

Puerto Rico

La isla de Puerto Rico está situada en el mar Caribe, al este de la República Dominicana. Tiene unas cien millas de largo (de este a oeste) y su superficie es similar a la de New Hampshire. Su territorio, bastante montañoso, se divide en cinco regiones: la Cordillera Central; la costa sur, que tiene un clima seco; las llanuras costeras del norte, que son las más fértiles; las montañas del este, que no son muy elevadas, y El Yunque, que es un bosque pluvial°. La isla tiene unos cincuenta ríos que fluyen desde las montañas.

bosque... rain forest

En Puerto Rico, que es un Estado Libre Asociado a los Estados Unidos, coinciden la cultura hispanoamericana con la economía y el gobierno norteamericanos. El país tiene dos lenguas oficiales: el español y el inglés.

La tasa de alfabetización es muy alta —el 90 por ciento de la gente sabe leer y escribir— y, aunque sigue el modelo de los Estados Unidos, la educación se imparte° en español. La gran mayoría de los estudiantes terminan la escuela secundaria y muchos asisten a alguna de las muchas universidades que hay en el país.

se... it's given

Al igual que en Cuba, en el arte y en la música, se ve la influencia de África y de España pero, especialmente entre los jóvenes, se ve también la de los Estados Unidos.

El deporte más popular es el béisbol, pero también se practican el básquetbol y el vólibol.

La capital de Puerto Rico, San Juan, es la ciudad más grande y la más poblada. La sección antigua, llamada El Viejo San Juan, es la más visitada por los turistas. La mayor atracción la constituye el castillo del Morro construido por los españoles para defender la ciudad de los ataques de los corsarios[1] y de los piratas.

¿Cuánto hemos aprendido?

A. La clase se dividirá en cuatro grupos. Cada grupo preparará unas diez preguntas sobre uno de los países visitados para hacérselas al resto de la clase.

B. En parejas, discutan lo siguiente sobre los países visitados.

1. aspectos geográficos
2. aspectos históricos
3. el arte y la música
4. los deportes

C. Ahora decidan a cuál de esos países les gustaría viajar y expliquen por qué.

Ventana al mundo literario

RUFINO BLANCO-FOMBONA *(Venezuela: 1874–1944)*

Rufino Blanco-Fombona fue uno de los escritores venezolanos más importantes de su generación. En sus escritos combatió la corrupción política y fue un gran observador de la sociedad de su país. Desde muy joven luchó contra los enemigos de la democracia y de la justicia. Ocupó importantes cargos° políticos y diplomáticos y, en España, fundó la Editorial América, que contribuyó a difundir la obra° de los escritores hispanoamericanos.

Escribió poesías, crónicas, novelas, cuentos y ensayos de diversos tipos: políticos, sociológicos, críticos, culturales e históricos. Su mejor ensayo se titula "El conquistador español del Siglo XVI". Sus memorias, publicadas en 1933 con el título de Camino de imperfección, *figuran entre sus obras más importantes.*

cargos: positions
obra: work

[1] Corsarios were pirates, but they had their queen's/king's permission to steal. The gold they stole went to the queen/king.

Preparación

En el fragmento que Ud. va a leer, el autor describe la necrología (*obituary*) que él quiere inspirar. A través de la lectura conocemos su personalidad, sus gustos y lo que para él era importante. Imagine que Ud. está escribiendo su propia necrología. Haga una lista de sus virtudes y de sus defectos, así como de las cosas que admira y de las cosas que detesta.

Camino de imperfección: Diario de mi vida *(Fragmento adaptado)*

1906, Caracas

2 de abril. Quisiera, al morir, poder inspirar una pequeña necrología por el estilo de la siguiente:

Este hombre, como amado de los dioses, murió joven. Supo querer y odiar con todo su corazón. Amó campos, ríos, fuentes; amó el buen vino, el mármol°, el acero°, el oro; amó las mujeres y los bellos versos. Despreció° a los timoratos°, a los presuntuosos y a los mediocres. Odió a los pérfidos°, a los hipócritas, a los calumniadores y a los serviles. Se contentó con jamás leer a los fabricantes de literatura tonta.° En medio de su injusticia, era justo. Prodigó aplausos a quien creyó que los merecía°; admiraba a los que reconoció por superiores a él, y tuvo en estima a sus pares°. No atacó sino a los fuertes. Tuvo ideales y luchó y se sacrificó por ellos. Llevó el desinterés hasta el ridículo. Sólo una cosa nunca dio: consejos°. Ni en sus horas más tristes le faltaron de cerca o de lejos la voz amiga y el corazón de alguna mujer. No se sabe si fue moral o inmoral o amoral. Pero él se tuvo por moralista, a su modo. Puso la verdad y la belleza° —su belleza y su verdad— por encima de todo°. Gozó y sufrió mucho espiritual y físicamente. Pensaba que la inteligencia y la tolerancia debían gobernar los pueblos; y que debía ejercerse un máximum de justicia social, sin privilegio de clases ni de personas. En cuanto al° arte, creyó siempre que se podía y se debía ser original, sin olvidarse del "*nihil novum sub sole*".[1] Su vivir fue ilógico. Su pensar fue contradictorio. Lo único perenne° que tuvo parece ser la sinceridad en la emoción y en el juicio. Jamás la mentira mancilló° ni sus labios ni su pluma. No le temió nunca a la verdad ni a sus consecuencias. Por eso afrontó puñales° homicidas; por eso sufrió cárceles largas y larguísimos destierros°. Predicó° la libertad con el ejemplo: fue libre. Era un alma° del siglo XVI y un hombre del siglo XX. Descanse en paz, por la primera vez. La tierra, que amó, le sea propicia.

marble / steel
He scorned / fearful
evil
stupid
deserved
peers
advice
beauty / *por...* above all
En... As for
constant
stained
daggers
exiles / He preached
soul

Díganos...

1. ¿A qué edad murió el autor?
2. ¿Qué defectos le parecieron los peores?

[1]No hay nada nuevo bajo el sol.

3. ¿A quiénes admiraba y a quiénes atacó?
4. ¿Qué es lo que nunca dio?
5. ¿Qué puso por encima de todo?
6. Según el autor, ¿cómo se debía gobernar?
7. ¿Qué pensaba sobre el arte?
8. ¿Cómo fueron su vivir y su pensar?
9. ¿Por qué sufrió cárceles y destierros?
10. ¿Cómo se describe a sí mismo al final del ensayo?

Desde su mundo

En grupos de tres o cuatro, hablen de las cualidades que Uds. creen que deben poseer las personas que gobiernan un país.

Para escribir...

Escriba uno o dos párrafos sobre uno de los siguientes temas.

1. Cómo quiero ser recordado(a)
2. ¿Qué cosas serán siempre importantes en mi vida?

JOSÉ MARTÍ *(Cuba: 1853–1895)*

José Martí, que reunió las cualidades del hombre de letras y del hombre de acción, está considerado como uno de los grandes escritores y oradores de la lengua española. Fue periodista, ensayista, poeta y pensador, y dedicó su vida a la independencia de su patria°.

Se le considera como uno de los iniciadores del Modernismo[1], pues introdujo, tanto en la prosa como en el verso, los elementos claves° de este movimiento. Los temas esenciales de su poesía son el amor, la amistad° y la libertad como valor° supremo del hombre. Sus poemas más conocidos son los Versos sencillos *(1891).*

Lo que más se destaca° en la obra de Martí es la prosa. Es en este género que Martí escribe en uno de los estilos más expresivos y más hondos de la lengua española.

patria: fatherland
claves: key
amistad: friendship
valor: value
se... stands out

[1]Movimiento literario que empezó en Hispanoamérica a fines del siglo XIX. Se caracteriza por el amor a la belleza y por las innovaciones del lenguaje.

Preparación

Simón Bolívar es, para Venezuela, lo que George Washington es para Estados Unidos. Haga Ud. una lista de los méritos del héroe norteamericano y de lo que él hizo por su país. Al leer este ensayo, compare a los dos héroes.

Bolívar

Bolívar era pequeño de cuerpo. Los ojos le relampagueaban°, y las palabras se le salían de los labios. Parecía como si estuviera esperando siempre la hora de montar a caballo. Era su país, su país oprimido°, que le pesaba° en el corazón, y no lo dejaba vivir en paz. La América entera estaba como despertando. Un hombre solo no vale nunca más que un pueblo entero; pero hay hombres que no se cansan cuando su pueblo se cansa, y que deciden ir a la guerra antes que los pueblos, porque no tienen que consultar a nadie más que a sí mismos, y los pueblos tienen muchos hombres y no pueden consultarse tan pronto. Ése fue el mérito de Bolívar: que no se cansó de pelear° por la libertad de Venezuela, cuando parecía que Venezuela se cansaba. Lo habían derrotado° los españoles; lo habían echado del país. Él se fue a una isla, a ver su tierra de cerca, a pensar en su tierra.

Un negro generoso lo ayudó cuando ya no lo quería ayudar nadie. Volvió un día a pelear, con trescientos héroes, con los trescientos libertadores. Libertó a Venezuela. Libertó a la Nueva Granada[1]. Libertó al Ecuador. Libertó al Perú. Fundó una nación nueva, la nación de Bolivia. Ganó batallas sublimes con soldados descalzos° y medio desnudos°. Todo se estremecía° y se llenaba de luz a su alrededor. Los generales peleaban a su lado con valor° sobrenatural. Era un ejército° de jóvenes. Jamás se peleó tanto ni se peleó mejor en el mundo por la libertad. Bolívar no defendió con tanto fuego° el derecho° de los hombres a gobernarse por sí mismos, como el derecho de América a ser libre. Los envidiosos exageraron sus defectos. Bolívar murió de pesar° del corazón, más que de mal del cuerpo, en la casa de un español en Santa Marta. Murió pobre y dejó una familia de pueblos.

flashed
oppressed / *le*... was heavy
fight
defeated
barefoot / naked / *se*... shuddered / courage / army
fire / right
grief

de *Tres héroes*

Díganos...

1. ¿Cómo describe el autor a Bolívar?
2. ¿Qué no lo dejaba vivir en paz?
3. ¿Cuál fue el mérito de Bolívar?
4. ¿Quién ayudó a Bolívar, cuando nadie quería ayudarlo?
5. ¿Qué países libertó?
6. ¿Qué efecto tenía él en los hombres?
7. ¿Qué fue lo que más defendió Bolívar?
8. ¿Dónde y cómo murió Bolívar?

[1]Colombia

Desde su mundo

Una gran figura de la historia de los Estados Unidos es Abraham Lincoln. En grupos de tres o cuatro, hablen de su vida. ¿Por qué es un ejemplo para todos nosotros?

Para escribir...

Escriba uno o dos párrafos sobre uno de los siguientes temas:

1. Una persona a quien admiro
2. ¿Quién es la persona que más ha influido en mí?

MANUEL DEL CABRAL *(República Dominicana: 1907–)*

Manuel del Cabral cultiva tanto la poesía americanista[1] *incluyendo la afroantillana*[2] *como la de temas eróticos y versos de tipo metafísico.*

Entre sus libros figuran Tierra íntima *(1930),* Pilón *(1930),* Doce poemas negros *(1935) y* Trópico negro *(1941). Los temas de estos poemas son de tipo social y nacionalista.*

Otra nota distintiva de Cabral aparece en Compadre Mon *(1942) y* Por tierra de compadre Mon *(1949), con los que se acerca a lo criollo nacional*[3].

Entre lo más valioso de su poesía están las de tema erótico: Sexo y alma *(1956) y* 14 mudos de amor *(1962). Uno de sus libros más profundos y metafísicos es* Los huéspedes secretos *(1950–1951).*

Preparación

Lea el primer verso del poema y piense en las razones por las cuales se le puede decir a un soldado que no vaya a la guerra.

Mon dice cosas

No vayas, soldado, al frente,
deja el rifle y el obús°.
Que todos ganan la guerra°,
menos° tú.

obús: type of cannon
guerra: war
menos: except

[1] Poesía sobre temas relativos a los países latinoamericanos
[2] Poesía que muestra la influencia africana en las Antillas (Cuba, Puerto Rico y la República Dominicana)
[3] Propio o típico de un país

El soldado lleva el peso° — weight
de la batalla en la tierra.
Muere el soldado y el peso[1]...
se queda haciendo la guerra.

No vayas, soldado, al frente,
quédate aquí, que tú defiendes a todos,
menos a ti.

Díganos...

1. ¿Qué no debe hacer el soldado? ¿Por qué?
2. ¿Cuáles son los dos significados de la palabra "peso"?
3. Según el poeta, ¿a quiénes defiende el soldado?
4. ¿Qué opina el autor sobre la guerra?

Desde su mundo

Todas las guerras son terribles, pero las guerras civiles son las más trágicas. En grupos de tres o cuatro, hablen sobre la Guerra Civil en los Estados Unidos. ¿Cuáles fueron las causas? ¿Quiénes fueron las figuras más importantes? ¿Qué pasó?

Para escribir...

Escriba uno o dos párrafos sobre uno de los siguientes temas.

1. Mi opinión sobre la guerra
2. Por qué me gustaría o no ser soldado

MARÍA TERESA BABÍN *(Puerto Rico: 1910–1989)*

María Teresa Babín, profesora, crítica y escritora, ha dedicado la mayor parte de su vida al estudio de la literatura hispana y al de la cultura puertorriqueña. Entre sus obras figuran The Puerto Ricans' Spirit *(1971) y* Borinquen *(1974).*

Como profesora y como autora, ha logrado dar a conocer la cultura de su país y la personalidad y el carácter de su pueblo.

En "Día de Reyes", de su libro Fantasía Boricua: estampas de mi tierra *(1956), la autora describe las emociones que sentía cuando, de niña, esperaba la llegada de los Reyes Magos.*

[1]Moneda nacional de la República Dominicana

Preparación

Este relato trata de los Reyes Magos. En los países de habla hispana, los niños acostumbran dejar los zapatos en la ventana la noche del 5 de enero, para que los tres Reyes Magos les traigan juguetes, dulces y otros regalos. En muchos lugares, los niños dejan agua y hierba para los camellos. Teniendo esto en cuenta, ¿qué cree Ud. que va a encontrar en el relato "Día de Reyes"?

Día de Reyes

¡A cantar conmigo, niños míos! ¡A buscar yerba°, maíz y agua para los camellos! Llegan esta noche con gran cautela°, cuando ninguno sus pasos vela°. Mis Reyes Magos, los únicos a quienes he rendido pleitesía°, dan sus tesoros y nunca piden nada. Ya están muy cerca de la tierra, alumbrados° por la estrella de Belén. Misioneros de júbilo desde que el mundo es mundo de Dios, se acercan pausados al corazón con la alforja° repleta° de esperanzas. ¡Gaspar, Melchor, Baltasar!

grass / caution / is watching for / *he...* I have paid tribute / illuminated / saddlebag / full

Pondré mi caja vacía junto al manojo° de yerba fresca debajo de la cama. Se volverán° tan pequeños que podrán entrar sin trabajo por las persianas°, como han entrado por los siglos de los siglos. Cabalgan° cielos, tierras y mares, trazando la ruta para todos los caballeros° andantes de la historia y la leyenda.

bunch / *Se...* They will become / shutters / They ride / knights

Durante la noche del cinco de enero dormía con un ojo abierto. Percibía el más leve crujir° de la madera. Mamá se desvelaba° para darme agua que yo bebía dos o tres veces en las horas de espera. La claridad del alba° me hacía saltar° de entre las sábanas y me lanzaba entre gritos° a la caza de hermosos regalos, nerviosa y sin reposo. Sólo había tiempo para jugar locamente, vistiendo y desvistiendo muñecas°, corriendo y dándole cuerda° a los carritos, asombrada ante la maravilla. Pero el momento de emoción suprema era descubrir las huellas° de los camellos en el camino, huellas nunca vistas hasta el seis de enero por la mañana, después que mi padre, buen jinete°, salía montado en su caballo.

creaking / *se...* stayed awake / dawn / jump / shouts / dolls / *dándole...* winding / tracks / rider

La deliciosa excitación era breve. A los dos o tres días la indiferencia dominaba la inquietud y yacían° por los rincones° pedazos de juguetes rotos, deshechos por la curiosidad y la pasión del secreto, relegados al limbo de la divina comedia infantil.

lay / corners

La paradoja de ayer es la misma de hoy. Al destruir lo amado a fuerza de cariño y olvidar en seguida lo que se desea apasionadamente un día, los niños vuelven a jugar con los juguetes viejos. La niña busca las muñecas que nunca mueren, las que los Reyes no llevan al portal°, las muñecas de trapo° y de cabecita de losa que se compran en la Plaza del Mercado en Ponce; muñecas negras y blancas que saben barrer y están toscamente cosidas°, las únicas que se pueden tirar y estropear. El niño se monta en el caballo de palo° de escoba (mamá les ponía cabeza con crines°), construye caminos y puentes de tierra mojada° y se pasa las horas inventando hondas° para cazar lagartijas° y pájaros.

porch / rag / *toscamente...* coarsely sewn / *palo...* broomstick / manes / wet / slingshots / lizards

El ciclo se cumplía hasta la víspera° de la Epifanía todos los años. Para mí la leyenda de ensueño se repetía inalterable una y otra vez, hasta cumplir once años de edad. Aún hoy no puedo perdonarle a María Lorenza, la mayor de mis compañeras de escuela, el haber susurrado° su malicia adolescente para destruir la belleza de mi

eve / whispered

fe en los Santos Reyes. Siempre le he reprochado su despiadada° revelación y me siento orgullosa de saber que nunca hice con otro niño lo que ella hizo conmigo. María Lorenza mentía. ¡Los Reyes son de verdad! Los he recibido en silencio durante toda mi vida y nunca han dejado de tocar a mi puerta. Es verdad también que la ilusión es fugaz° y pasajera, que no he dejado de volver a mis fieles° muñecas de trapo y cabecitas de losa, las dóciles que los Reyes olvidan, las muñecas de todos los días del año, compañeras del juego tranquilo, las que les enseñan a las niñas a ser madres, hermanas, amantes y esposas.

merciless

fleeting / faithful

La voz de la trulla° se acercaba a mi casa todos los años:

crowd

Ya se van los Reyes,
bendito sea Dios°,
ellos van y vienen
y nosotros no.

bendito... praise the Lord

Díganos...

1. ¿Qué buscan los niños para los camellos?
2. ¿Cómo se llaman los Reyes Magos?
3. ¿Por dónde entrarán los Reyes Magos?
4. ¿Qué pasaba la noche del 5 de enero?
5. ¿Qué pasaba cuando llegaba el día?
6. ¿Qué era lo que más emocionaba a la niña?
7. ¿Qué pasaba a los dos o tres días?
8. ¿Con qué volvían a jugar los niños?
9. ¿Qué hizo María Lorenza cuando la autora tenía once años?
10. Según la autora, ¿qué les enseñan las muñecas de trapo a las niñas?

Desde su mundo

En parejas, hablen sobre algunas tradiciones o días especiales que eran parte de su infancia. ¿Qué hacían? ¿Qué creían? ¿Cambió esto con los años?

Para escribir...

Escriba uno o dos párrafos sobre uno de los siguientes temas.

1. Recuerdos de un día muy especial
2. Las ilusiones que tenía de niño(a) pero que ya no tengo hoy

LECCIONES 1–3 Compruebe cuánto sabe

Lección 1

A. Los verbos ser y estar

Vuelva a escribir lo siguiente, usando *ser, estar* o adjetivos con *ser* o *estar.* Haga cualquier cambio necesario.

1. La universidad queda en la calle Veinte. Hoy hay una conferencia sobre Cervantes. La conferencia va a tener lugar en el aula número 234. El conferenciante es Pablo Molina, que no es muy interesante.
2. Yolanda nació en Guatemala, pero ahora reside en Costa Rica. Trabaja de secretaria.
3. El Sr. Quiroga no se encuentra en su oficina. Va a regresar a las cuatro. Su esposa padece de una enfermedad muy grave. El médico dice que necesita una operación, pero ella no comparte su opinión.
4. Esta semana yo no trabajo. Pienso ir a Córdoba a visitar a mis padres.

B. Construcciones reflexivas

Complete lo siguiente, usando el equivalente español de las palabras que aparecen entre paréntesis.

1. Yo nunca ______ de mi jefe, y ______ una buena empleada. (*complain / I consider myself*)
2. Nosotros ______ a entrevistar a ese señor. La Srta. Rojas puede ______ de eso. (*don't dare / be in charge*).
3. A veces los estudiantes tienen mucho trabajo y ______ en sus clases. Entonces ______ cuando tienen examen. (*they get behind / they worry*).
4. ¿Te gusta ______ cerca de la puerta o cerca de la pizarra? (*sit*)
5. Mi abuelo piensa ______ el año próximo. (*retire*)

C. Pronombres de complemento directo e indirecto usados juntos

Complete lo siguiente, usando los verbos que aparecen entre paréntesis, cambiando los complementos directos por pronombres de complemento directo y añadiendo el pronombre indirecto que sea necesario.

1. Cuando yo necesito dinero, mis padres… (dar)
2. Si tú quieres usar la computadora de Jorge, él puede… (prestar)
3. Si nosotros necesitamos carpetas, la secretaria siempre… (traer)
4. Si Uds. no tienen sillas para la oficina, yo puedo… (comprar)
5. Si tu hermano está en México y no tiene dinero para comprar el pasaje de vuelta, nosotros podemos… (enviar)
6. Mis empleados tienen que escribir varios informes; ______ a mí el lunes. (entregar)

D. Usos y omisiones de los artículos definidos e indefinidos

Complete lo siguiente, usando el equivalente español de las palabras que aparecen entre paréntesis.

1. ______ va a llamar a ______ para pedirle los documentos. Ella no trabaja ______. (*Mr. Vigo / Miss Varela / on Fridays*)
2. ______ nosotros vamos a empezar a trabajar a ______. (*Next week / seven*)
3. Marta es ______. Gana ______ dólares por mes. (*a secretary / a thousand*)
4. ______ creen que ______ ganan mucho dinero. (*Students / professors*)
5. Ella se va a quitar ______ y se va a acostar por ______. (*her shoes / half an hour*)
6. Necesitan ______ escritorio para la oficina. (*another*)

E. Vocabulario

Complete lo siguiente, usando el vocabulario aprendido en la Lección 1.

1. Llene la planilla con ______ de molde.
2. ¿Tiene Ud. ______ de informática, señorita?
3. Vive en California, de modo que necesita un seguro contra ______.
4. Tuvo un accidente en la autopista. Desafortunadamente no tiene seguro de ______.
5. Nunca me ______ de traer los libros, pero no me olvido de traer las carpetas.
6. ¿Dices que el Sr. López piensa jubilarse? Yo no lo sabía. Nunca me ______ de nada.
7. Teresa Méndez es la nueva agente de ______ públicas.
8. Necesitamos una carta de ______ de su jefe ______.
9. ¿Trabaja medio tiempo o tiempo ______?
10. Voy a poner las carpetas en el ______ y la grapadora, el papel y las plumas en el ______ de mi escritorio.
11. No puedo sacar copias porque la ______ no funciona.
12. Necesitamos un programa para la composición de ______.
13. Voy a poner este memo en la ______ de avisos.
14. Tiene muchos amigos porque es muy ______.
15. Elsa trabaja constantemente; es muy ______ y eficiente. Además, es muy ______; nunca llega tarde.

Lección 2

A. El pretérito contrastado con el imperfecto

Cambie lo siguiente al pasado, usando el pretérito o el imperfecto.

Son las seis de la mañana cuando Teresa se levanta. Desayuna, se baña y se viste. Como hace mucho frío, se pone un abrigo y sale. Va por el parque cuando ve a su amigo Julio, que está sentado en un banco (*bench*) leyendo. Teresa lo saluda y le pregunta por qué no está en la oficina. Julio le dice que tiene la mañana libre y que está esperando a sus amigos para jugar un partido de béisbol. Cuando Teresa llega a la oficina, toma dos aspirinas porque le duele la cabeza.

B. Verbos que cambian de significado en el pretérito

Complete lo siguiente, usando el equivalente español de las palabras que aparecen entre paréntesis.

1. — ¿Dónde _____ a Victoria, Carlos? *(did you meet)*
   — _____ en la universidad. Ella _____ a mi hermano y él me la presentó. *(I met her / knew)*
2. — ¿Cuánto pagaste por los zapatos negros?
   — _____ ochenta dólares. *(They cost me)*
   — ¿Por qué no compraste las botas?
   — Porque _____ ciento veinte dólares. *(they cost)*
3. — ¿Por qué no fuiste a acampar con los muchachos?
   — _____ porque tuve que trabajar. *(I couldn't manage to go)*
   — ¿Carlos fue con ellos?
   — No, él _____ ir; prefirió quedarse en casa. *(refused)*
4. — ¿_____ que Ana y Olga eran hermanas, Sr. Vega? *(Did you know)*
   — No, _____ esta mañana. Me lo dijo Esteban, que es primo de ellas. *(I found it out)*
5. — ¿Sergio está en clase?
   — Sí, _____, pero yo le dije que teníamos examen parcial. *(he didn't want to come)*

C. Usos de las preposiciones por y para

Complete lo siguiente, usando por o para.

1. — ¿Cuándo salen _____ México?
   — El domingo _____ la mañana.
   — ¿Van _____ avión?
   — Sí. Vamos a estar en Guadalajara _____ una semana. Como sabes, tenemos que estar de vuelta _____ el veinte de agosto.
   — ¿Cuánto pagaron _____ la excursión?
   — Dos mil dólares _____ persona, pero el precio incluye el hotel.
   — Tengo ganas de ir con Uds. pero, _____ desgracia, tengo que trabajar.
2. — ¿_____ quién es el regalo?
   — Es _____ Nora. Hoy es su cumpleaños.
   — ¿Qué le compraste?
   — Una lámpara _____ su dormitorio.
   — ¡Yo me olvidé _____ completo de que era su cumpleaños! _____ suerte puedo ir a la tienda esta tarde. Le voy a comprar una raqueta.
   — ¿_____ qué? ¡Ella no juega al tenis!
   — Pero puede aprender…
3. — ¿_____ quién fue escrito ese cuento?
   — _____ Marco Denevi.
   — ¡_____ supuesto que te gustó, entonces!
   — Sí, tú sabes cómo me gusta ese autor.
   — A mí también. Oye, ¿hay alguna librería _____ aquí?
   — Sí, hay una a dos cuadras de aquí. Voy contigo. Podemos ir _____ el parque _____ ver las flores.

D. Comparativos de igualdad y de desigualdad

Establezca comparaciones entre estas personas, estas cosas o estos lugares.

1. Ana, que mide 5'9" y Raquel, que mide 5'9"
2. Rhode Island y Texas
3. El hotel Marriott y el hotel Gerónimo, que es de una estrella
4. Elsa, que tiene veinte años; Sergio, que tiene veinticinco años, y Carlos, que tiene treinta años.
5. El Sr. Villalobos, que tiene mil dólares, y el Sr. García, que tiene mil dólares también

E. Vocabulario

Busque en la columna B las respuestas a las preguntas que aparecen en la columna A.

	A	B
____	1. ¿A Luis le gusta escalar montañas?	a. Sí, le encanta la equitación.
____	2. ¿Qué deporte practicas?	b. Con el entrenador.
____	3. ¿Cómo terminó el partido?	c. Sí, pero no se cansó.
____	4. ¿Con quién hablaban los jugadores?	d. No, me aburrí muchísimo.
____	5. ¿Van en canoa?	e. Sí... ¡y no era para tanto!
____	6. ¿Qué vas a llevar a la playa?	f. Un casco.
____	7. ¿A Eva le gusta montar a caballo?	g. No, no nos gustan las carreras de caballos.
____	8. ¿Vas a ir a cazar?	h. Empataron.
____	9. ¿Te divertiste?	i. Sí, ¡y para eso me puse un vestido tan elegante!
____	10. ¿Qué tengo que usar cuando monto en bicicleta?	j. La tabla de mar.
____	11. ¿Trabajó mucho?	k. Sí, porque le gusta navegar.
____	12. ¿Te llevó a un partido de fútbol?	l. Sí, le encanta el alpinismo.
____	13. ¿Tu papá se puso furioso?	m. Sí, y vimos una película muy buena.
____	14. ¿Van al hipódromo?	n. No, porque no nos gusta remar.
____	15. ¿Compró un velero?	o. No, porque no tengo rifle.
____	16. ¿Fueron al cine?	p. La natación.

Lección 3

A. El participio pasado usado como adjetivo

Complete lo siguiente, usando el equivalente español de las palabras que aparecen entre paréntesis.

1. — ¿Vas a la tienda?
   — No, las tiendas no están ____ a esta hora. *(open)*
   — Y el correo está ____ también... *(closed)*
2. — ¿Tienes los folletos?
   — Sí, pero están ____ en francés. *(written)*

3. — ¿Dónde están los regalos?
— Todavía no están ______. *(wrapped)*
— ¿Qué le compraste a tu mamá?
— Una blusa ______ en México. *(made)*
4. — ¿Comemos ahora?
— No, la mesa no está ______ todavía. *(set)*
5. — ¿Las niñas están ______? *(asleep)*
— No, están ______. *(awake)*

B. El pretérito perfecto

Conteste las siguientes preguntas en forma negativa.

1. ¿Ha estado Ud. en Colombia alguna vez?
2. ¿Han ido Ud. y sus amigos a México recientemente?
3. ¿Su amigo ha tenido que trabajar mucho últimamente?
4. ¿Ha hecho Ud. algo interesante últimamente?
5. ¿Sus padres han visto a sus amigos?

C. El pluscuamperfecto

Use la información dada para decir lo que Ud. y otras personas habían hecho antes de la llegada de los invitados *(guests)*.

1. yo / limpiar la casa
2. tú / lavar el coche
3. nosotros / hacer la comida
4. Elba / volver del supermercado
5. los chicos / ir a la tienda
6. Uds. / preparar la ensalada

D. El futuro

Cambie las siguientes oraciones, usando los verbos al futuro.

1. Yo voy a tener que trabajar.
2. Uds. van a viajar a México.
3. Tú vas a saber lo que ha pasado.
4. Nosotros vamos a salir la semana próxima.
5. Carlos va a venir con sus padres.
6. Ud. no va a decir nada.
7. Los chicos me van a decir la verdad.
8. Mañana va a haber una reunión.

E. El condicional

Diga lo que harían Ud. y cada una de estas personas, usando el condicional y la información dada.

1. yo / ir a México
2. tú / viajar a Europa
3. Elba / salir para Colombia el lunes

4. nosotros / poder comprar los billetes
5. los muchachos / poner el dinero en el banco

F. El futuro y el condicional para expresar probabilidad o conjetura

Complete lo siguiente, usando el equivalente español de las palabras que aparecen entre paréntesis.

1. ¿Qué hora _____ cuando ellas llegaron anoche? *(do you suppose it was)*
2. ¿Cuánto _____ ese coche? *(do you suppose is worth)*
3. El muchacho _____ unos veinte años. *(is probably)*
4. Las chicas _____ en este momento. *(are probably working)*
5. _____ ver a sus parientes... *(I suppose they wanted)*

G. Vocabulario

Complete lo siguiente, usando el vocabulario aprendido en la Lección 3.

1. Quiero un _____ de ventanilla en la sección de no fumar.
2. Queremos un billete de ida y _____ en primera clase.
3. ¿Es un _____ directo o hace _____ en Bogotá?
4. No podemos viajar. Tengo que _____ las reservaciones.
5. Necesito _____ para viajar a España, pero no necesito visa.
6. Si vienes de un país extranjero, tienes que pasar por la _____ con las maletas.
7. Tienes que darle la tarjeta de _____ a la auxiliar de vuelo al _____ el avión.
8. Tienes que ponerte en la _____ para facturar el equipaje.
9. Tenemos que esperar porque el avión tiene media hora de _____.
10. Voy a poner el bolso en el _____ de equipaje.
11. Viaja en primera clase, en la _____ F.
12. La azafata nos explicó cómo ponernos el chaleco _____ y la _____ de oxígeno en caso de emergencia.
13. ¿Cuál es la _____ de emergencia?
14. Tienes que _____ el cinturón de _____ cuando el avión despega y cuando _____.

LECCIÓN 4

Las bellas artes

OBJETIVOS

Estructura:	El futuro perfecto y el condicional perfecto • Algunas preposiciones • La voz pasiva • El **se** pasivo y el **se** impersonal
Temas para la comunicación:	La pintura • La música • Los instrumentos musicales • La literatura • La escultura
Cruzando fronteras:	Panamá • Costa Rica • Nicaragua • El Salvador
Ventana al mundo literario:	Bertalicia Peralta • Aquileo J. Echeverría • Rubén Darío • Matilde Elena López

PASO 1 La carta de María Elena

San José, Costa Rica
30 de octubre

Querido Álvaro:

¡Parece mentira°! Para fines de diciembre habré terminado mis clases en el Instituto de Bellas Artes y habré vuelto a Managua. Me habría gustado quedarme un tiempo más° para tomar clases más avanzadas, pero mi beca era solamente por dos años. He aprendido mucho: he pintado un autorretrato al óleo y un par de naturalezas muertas a la acuarela que presenté en una exposición del Instituto. Habría podido vender una de ellas, pero preferí conservarla. ¿Hice bien… ? ¿Qué habrías hecho tú, Álvaro? ¿Y a ti qué tal te va? ¿Todavía sigues trabajando en la galería de arte? Yo fui a una el sábado pasado y tenían una colección de pintura abstracta muy interesante. A tu jefa le habría encantado, pero no a ti, que prefieres la pintura más tradicional.

¡Parece… ! It seems incredible!

un… a while longer

Bueno, Álvaro, ya he charlado bastante. Voy a terminar aquí para llevar la carta al correo porque en media hora ya habrán cerrado.

Cariños° a tu familia y un abrazo para ti.

Love

María Elena

¿Cuánto recuerda?

Conteste lo siguiente con respecto a la carta de María Elena.

1. ¿Qué habrá pasado en la vida de María Elena para fines de diciembre?
2. ¿Cree Ud. que María Elena tuvo que costearse *(pay for)* las clases de pintura? ¿Por qué?
3. ¿María Elena pinta solamente al óleo?
4. ¿Vendió María Elena las naturalezas muertas? ¿Por qué?
5. ¿Dónde trabaja Álvaro?
6. ¿Qué tipo de pintura no le gusta a Álvaro?
7. ¿Qué quiere hacer María Elena con la carta y por qué debe hacerlo ahora?
8. ¿Cómo se despide María Elena de Álvaro?

Vocabulario

La pintura

Nombres

la acuarela *watercolor*
el autorretrato *self-portrait*
el bosquejo *sketch*
el cuadro *painting, picture*
el dibujo *drawing*
la exposición, la exhibición *exhibition*
la galería de arte *art gallery*
el museo de arte *art museum*
la naturaleza muerta *still life*
el óleo *oil (paint)*
la paleta *palette*
el pincel *brush*
la pintura *painting*
el retrato *portrait*
la tela, el lienzo *canvas*

Verbos

dibujar *to draw*
exhibir, exponer *to exhibit*
pintar *to paint*

Una clase de arte. **En parejas, hagan el papel de dos instructores que van a ofrecer una clase de arte en una escuela primaria. Hablen de los materiales que van a necesitar, de lo que les van a enseñar a los niños y de lo que van a hacer para despertar en ellos el amor al arte.**

Estructura

El futuro perfecto y el condicional perfecto

A. El futuro perfecto

• The future perfect is used to refer to an action that will have taken place by a certain point in the future. It is formed with the future tense of the auxiliary verb **haber** + the past participle of the main verb. The future perfect in English is expressed by **shall have** or **will have** + past participle.

haber (future)	Past participle	
habré	comprado	*I will have bought*
habrás	bebido	*you will have drunk*
habrá	puesto	*he/she/you will have put*
habremos	hecho	*we will have done*
habréis	escrito	*you will have written*
habrán	dicho	*they/you will have said*

Para el lunes **habremos terminado.** — *By Monday we will have finished.*

Para fines de diciembre **habré vuelto** a Managua. — *By the end of December I will have returned to Managua.*

B. El condicional perfecto

- The conditional perfect (expressed in English by *would have* + past participle of the main verb) is used for the following purposes:

1. To indicate an action that would have taken place (but didn't), if certain conditions had been true.

   ¿Qué **habrías hecho** tú? — *What would you have done?*

2. To refer to a future action in relation to the past.

   María Elena dijo que para diciembre **habría terminado** sus clases.
   María Elena said that by December she would have finished her classes.

- The conditional perfect is formed with the conditional of the verb **haber** + the past participle of the main verb.

haber (conditional)	Past participle	
habría	comprado	*I would have bought*
habrías	bebido	*you would have drunk*
habría	puesto	*he/she/you would have put*
habríamos	hecho	*we would have done*
habríais	escrito	*you would have written*
habrían	dicho	*they/you would have said*

Yo no **habría hecho** eso. — *I wouldn't have done that.*

Actividades

A. *Compromisos.* **En parejas, digan lo que cada uno de Uds., y las siguientes personas, ya habrán hecho o no habrán hecho todavía para las fechas u horas indicadas.**

1. Para mañana a las seis de la tarde, yo...
2. Para septiembre, mis amigos y yo...
3. Para el año próximo, mis padres...
4. Para el año 2010, mis compañeros de clase...
5. Para el próximo fin de semana, tú...
6. Para mañana al mediodía, mi amiga...
7. Para el domingo, Uds....
8. Para la próxima Navidad, mi familia y yo...

B. *¿Y Uds.?* **Esto es lo que María Elena hizo en Costa Rica. En parejas, digan lo que Uds., sus amigos y algunos miembros de su familia habrían hecho.**

María Elena...

1. vivió en San José.
2. alquiló un apartamento.
3. tomó clases de arte.
4. consiguió una beca.
5. pintó con acuarela.
6. vendió algunos de sus cuadros.
7. asistió a una exposición.
8. hizo varias excursiones.
9. visitó varios lugares de interés en San José.
10. les escribió a sus padres todas las semanas.

PASO 2 Una invitación

Fernando Peña Real, un muchacho panameño, que vive en el mismo edificio de apartamentos donde vive María Elena la invita a un concierto. Fernando es músico y toca varios instrumentos.

Fernando — María Elena, acabo de enterarme de que este viernes a las ocho de la noche la Orquesta Sinfónica da un concierto en el Teatro Nacional. ¿Te gustaría ir?

M. Elena — Me encantaría, pero Mónica y yo habíamos convenido en cenar juntas el viernes. No me atrevo a decirle que no puedo ir.
Fernando — Podemos llevar a Mónica con nosotros.
M. Elena — Buena idea. ¿Puedes encontrarte con nosotras en el restaurante San Remo?
Fernando — ¿Tú te encargas de invitarla?
M. Elena — Sí, voy a tratar de llamarla en seguida. Estoy segura de que se alegrará de ir con nosotros; a ella le encanta la música clásica.

¿Cuánto recuerda?

Conteste lo siguiente con respecto al diálogo entre Fernando y María Elena.

1. ¿Dónde nació Fernando Peña Real?
2. ¿Cuál es la profesión de Fernando?
3. ¿Dónde y cuándo es el concierto de la Orquesta Sinfónica?
4. ¿Con quién planeaba ir a cenar María Elena?
5. ¿Qué le dice Fernando a María Elena?
6. ¿Dónde van a encontrarse María Elena y Fernando?
7. ¿Qué tipo de música le gusta mucho a Mónica?
8. ¿Cómo se va a sentir Mónica cuando María Elena la invite?

Vocabulario

La música

Nombres

el (la) cantante *singer*
el (la) compositor(a) *composer*
el (la) concertista *soloist*
el concierto *concert*
el cuarteto *quartet*
el (la) director(a) *conductor*
el dúo *duet, duo*
el músico *musician*
la orquesta *orchestra*
— sinfónica *symphony orchestra*
el trío *trio*

Verbos

cantar *to sing*
dirigir *to conduct (an orchestra)*
tocar *to play (a musical instrument)*

Los instrumentos musicales

Nombres

el acordeón *accordion*
el arpa *(fem.)* *harp*
la batería *drums*
el contrabajo *bass*
la flauta *flute*
la guitarra *guitar*
el órgano *organ*
el piano *piano*
el saxofón *saxophone*
el trombón *trombone*
la trompeta *trumpet*
el violín *violin*

A. *Programa musical.* **Ud. y dos compañeros(as) están encargados(as) de preparar el programa para dos noches de música en el teatro de la universidad. Decidan qué van a incluir en el programa del viernes y qué van a incluir en el del sábado.**

B. *Instrumentos musicales.* **En grupos de dos o tres, hablen de los diferentes instrumentos que se usarían para tocar los siguientes tipos de música.**

1. clásica
2. jazz
3. folclórica americana
4. popular
5. religiosa

Estructura

Algunas preposiciones

A. Usos de las preposiciones a, de y en

• The preposition **a** (*to, at, in*) can express direction toward a point in space or a moment in time. It is used in the following instances.

1. To refer to time of day.

   El concierto empieza **a** las ocho.

2. After a verb of motion when it precedes an infinitive, a noun, or a pronoun.

   Siempre vengo **a** comer aquí.

3. Before a direct object noun that refers to a specific person[1]. It may also be used to personify an animal or a thing.

   Podemos llevar **a** Mónica con nosotros.
   Voy a bañar **a** mi perro.

4. With **alguien** and **nadie.**

   Ella necesita **a alguien**, pero yo no necesito **a nadie.**

5. After the verbs **aprender, enseñar, empezar,** and **comenzar** when they are followed by an infinitive.

   Yo quiero **aprender a tocar** el piano.
   Nosotros **comenzamos a cantar** a las cinco.

6. After the verb **llegar**.

   Llegó a Managua ayer.

• The preposition **de** *(of, from, about, with, in)* indicates possession, material, and origin. It is also used in the following instances.

1. After the superlative, to express *of* or *in*.

   El restaurante San Remo es el mejor **de** la ciudad.

2. With time of day, to refer to a specific period of the day or night.

   El concierto empieza a las ocho **de** la noche.

3. As a synonym for **sobre** or **acerca de** (*about*).

   Fernando nos habló **de** Panamá.

4. To describe personal characteristics and clothing.

   Mónica es rubia **de** ojos azules.
   La chica **del** vestido verde es mi prima.

• The preposition **en** *(at, in, on, inside, over)* generally refers to something within an area of time or space. It is used in the following instances.

1. To indicate means of transportation.

   Iremos a Costa Rica **en** avión.

2. To refer to a definite place.

   El concierto es **en** el Teatro Nacional.

3. As a synonym of **sobre** (*on*).

   Las entradas para el concierto están **en** la mesa.

[1]Remember that if the direct object is not a specific person, the personal **a** is not used: **Buscamos una secretaria bilingüe.**

4. To refer to the way something is said.

   No lo dijiste **en** broma; lo dijiste **en** serio.

B. Usos especiales de algunas preposiciones

- Expressions with **a**

  acostumbrarse a to get used to
  Yo ya **me acostumbré a** vivir en Costa Rica.

  asistir a to attend
  María Elena **asiste al** Instituto de Bellas Artes.

  atreverse a to dare
  No **me atrevo a** decirle que no puedo ir.

  ayudar a to help
  Ella me va a **ayudar a** terminar el trabajo.

  negarse a to refuse
  Juan Carlos **se negó a** pagar la cuenta.

- Expressions with **con**

  bastar con to be enough
  Para comprar las entradas **basta con** $50.

  casarse con to marry
  Esmeralda **se** va a **casar con** José Armando.

  comprometerse con to get engaged
  Yo **me comprometí con** Álvaro.

  contar con to count on
  Nunca puedo **contar con** él.

  encontrarse con to meet (encounter)
  Puedes **encontrarte con** nosotras en el restaurante.

  soñar con to dream about
  María Elena **sueña con** volver a Managua.

- Expressions with **de**

  acabar de + *infinitive* to have just done something
  Acabo de enterarme de que el viernes hay un concierto.

  acordarse de to remember
  ¿**Te acordaste de** llamar a Mónica?

  alegrarse de to be glad
  Ella **se alegrará de** ir con nosotros.

  darse cuenta de to realize
  Yo no **me di cuenta de** que ella estaba aquí.

enamorarse de to fall in love with
Aurora **se enamoró de** Daniel.

encargarse de to take charge of
¿Tú **te encargas de** invitarla?

enterarse de to find out
Me enteré de que el concierto era el viernes.

olvidarse de to forget
Me olvidé de llamar a Rosaura.

salir de to leave (*a place*)
María Elena **saldrá de** su casa a las seis.

tratar de to try
Voy a **tratar de** llamarla en seguida.

- Expressions with **en**

confiar en to trust
Nosotros **confiamos en** ti.

convenir en to agree
Habíamos **convenido en** cenar juntas.

fijarse en to notice
¿**Te fijaste en** el director de la orquesta? ¡Es guapísimo!

insistir en to insist on
Ellos **insistieron en** ir al concierto.

pensar en to think about
¿Estás **pensando en** tus padres?

Actividades

A. ***Expresiones.*** **Complete los siguientes diálogos, usando el equivalente español de lo que aparece entre paréntesis. Después, represéntelos con un(a) compañero(a).**

1. —¿Cómo es la chica que te ______ bailar? *(is teaching)*
   —Es morena, ______ y es muy simpática. *(with green eyes)*
2. —¿Me puedes ______ las entradas para el concierto? *(help to get)*
   —Sí, cómo no. ¿Vas a ______ o vas solo? *(take anybody)*
   —Voy con Verónica.
3. —¿______, Anita? *(What are you thinking about)*
   —______ a Costa Rica. *(About my trip)*
   —¿Cuándo te vas?
   —______ salir a fines de mes. *(I'm going to try)*
4. —¿Tú puedes ______ traer los instrumentos para los músicos? *(take charge of)*
   —Sí, puedes ______. *(count on me)*

5. —¿Claudia ______ Sergio? *(got engaged to)*
—Sí, pero ______ él. *(didn't marry)*
—¿______ otro? *(Did she fall in love with)*
—Sí, pero después ______ que era casado. *(found out)*
—No... ¿me lo estás diciendo ______? *(jokingly)*
—No, al contrario, te lo digo ______. *(seriously)*

B. *Su vida.* **En parejas, hablen de lo siguiente.**

1. la hora en que Uds. salen de su casa por la mañana y la hora en que regresan
2. la hora en que llegan a la universidad
3. el lugar donde generalmente almuerzan
4. las personas a quienes invitan cuando dan fiestas
5. lo que les gustaría aprender a hacer
6. de lo que les gusta hablar con sus amigos
7. de las personas en quienes confían
8. de las cosas que no se atreven a hacer
9. de las cosas que se niegan a hacer
10. de cómo prefieren viajar

PASO 3 Una conferencia

En el Centro Nacional de Arte y Cultura tuvo lugar° el jueves pasado la conferencia del profesor Miguel Ángel Covarrubias sobre la obra del escritor español Federico García Lorca. La conferencia fue patrocinada° por la Asociación de Profesores de Literatura de la universidad.

El Dr. Covarrubias habló de la poesía de Lorca, y afirmó° que sus temas, aunque profundamente españoles, son también universales.

El conocido actor Ricardo Alarcón fue muy aplaudido cuando recitó dos de los poemas más famosos de Lorca. El conferenciante habló también sobre el teatro lorquiano haciendo énfasis° en la obra *La casa de Bernarda Alba*, que él considera la mejor del famoso dramaturgo.

La próxima conferencia del profesor Covarrubias será presentada el 28 de enero y tendrá como tema la novela española actual.°

tuvo... took place
sponsored
stated
haciendo... emphasizing
current

¿Cuánto recuerda?

Indique si los siguientes enunciados sobre la conferencia son verdaderos (V) o falsos (F).

1. Federico García Lorca dio una conferencia el jueves pasado.
2. Miguel Ángel Covarrubias es escritor.
3. Según el Dr. Covarrubias los temas de Lorca son universales.
4. Ricardo Alarcón recitó poesías de Lorca.
5. Covarrubias opina que la obra *La casa de Bernarda Alba* es la peor de Lorca.
6. El Dr. Covarrubias solamente habla sobre poesía.
7. El Dr. Covarrubias va a dar otra conferencia.

Vocabulario

Términos literarios

Nombres

el argumento, la trama *plot*
la ciencia ficción *science fiction*
el cuento *short story*
el dramaturgo, el (la) autor(a) de obras teatrales *playwright*
el ensayo *essay*
el estilo *style*
la fábula *fable*
el género literario *literary genre*
la novela *novel*
la obra teatral *play*
el personaje *character*
la poesía *poetry*
la prosa *prose*
el (la) protagonista *main character*
el tema *topic*
el verso *verse, line of a poem*

Una clase de literatura. **Formen un grupo de tres o cuatro estudiantes e imaginen que están en una clase de literatura. Hablen de lo siguiente.**

1. los distintos géneros literarios
2. sus poetas, sus dramaturgos y sus novelistas favoritos
3. las fábulas que han leído
4. los personajes que sean inolvidables para Uds.

Estructura

La voz pasiva

- In the passive voice the subject of the sentence does not perform the action of the verb but is acted upon.

La conferencia **fue patrocinada** por la Asociación de Profesores.
The lecture was sponsored by the Faculty Association.

- The passive voice is formed in the following way.

subject	+	ser	+	past participle	+	por	+	agente
el poema	+	**fue**	+	**leído**	+	**por**	+	**el actor**

The auxiliary verb used is always the verb **ser**. Since the past participle is used as an adjective, it must agree with the subject in gender and number.

La conferencia	**será**	**presentada**	por	el profesor Lara.
The lecture	will be	given	by	Professor Lara.

- The passive voice may be used whether the agent is identified specifically or not.

La conferencia **será presentada** el 28 de enero.
The lecture will be given on January 28.

- Sometimes **de** is used instead of **por** to indicate the agent with verbs that express emotional or mental action.

Él **es amado de** todos.
He is loved by all.

¡ATENCIÓN! As in English, the tense of the verb **ser** in the passive voice matches the tense of the verb in the active voice.

El profesor	**ofrecerá**	la conferencia.
La conferencia	**será ofrecida**	por el profesor.

Actividad

Sobre literatura. **En parejas, túrnense para contestar las siguientes preguntas. Usen en sus respuestas la voz pasiva y la información dada entre paréntesis.**

Modelo: ¿Qué editorial publicó ese libro? (Losada)
Ese libro **fue publicado por** la Editorial Losada.

1. ¿Quién escribió la novela *Cien años de soledad?* (García Márquez)
2. ¿En qué año publicaron la obra teatral *La casa de Bernarda Alba?* (1936)
3. ¿Cuándo presentarán las conferencias? (en enero)

4. ¿Quién escribe la sección literaria del periódico? (Susana del Valle)
5. ¿Quién ha entrevistado a las autoras? (Mario Venegas)
6. ¿Quién recitaba los poemas? (Marisol Araújo)
7. ¿Cuándo dijo el profesor que fundarían la asociación? (el año próximo)
8. ¿Cuándo habrán terminado los ensayos? (para marzo)

PASO 4 Una exposición de escultura

El próximo jueves a las 19:30[1] se abre la exposición presentada por la escultora salvadoreña Patricia Villalobos. La exhibición estará abierta por dos semanas. Durante este tiempo se podrán ver muestras° de distintos° tipos de esculturas en bronce y en mármol. samples / different

La exposición se cierra el día 20 de este mes y en esa fecha se podrán adquirir algunas de las piezas° exhibidas. pieces

El día de la apertura° se servirán refrigerios° y el público tendrá la oportunidad de conocer a la escultora. opening / refreshments

¡Los esperamos!

¿Cuánto recuerda?

Indique si los siguientes enunciados sobre la exposición de Patricia Villalobos son verdaderos (V) o falsos (F).

1. Patricia Villalobos va a presentar una exposición de sus cuadros.
2. La exposición va a estar abierta por dos semanas.
3. La exposición es por la mañana.
4. Patricia Villalobos sólo hace esculturas de mármol.
5. Habrá oportunidad de comprar algunas de las piezas exhibidas en la exposición.
6. La escultora va a estar en la exposición el día de la apertura.
7. El jueves se le servirán refrigerios al público que asista a la exposición.

[1]Las 7:30 de la noche

Vocabulario

La escultura (*Sculpture*)

Nombres

el bronce *bronze*
el busto *bust*
el (la) escultor(a) *sculptor*
la estatua *statue*
la madera *wood*
el mármol *marble*
el (la) modelo *model*
el monumento *monument*
la piedra *stone*

Verbos

esculpir *to sculpt*
tallar *to carve*

Una exposición de escultura. **Ud. y un(a) compañero(a) acaban de regresar de una exposición de escultura. Hablen sobre lo que vieron. Digan qué fue lo que más les gustó. Den todos los detalles posibles.**

Estructura

El **se** pasivo y el **se** impersonal

*A. El **se** pasivo*

• The passive **se** is often used in Spanish instead of the passive voice with **ser** when the subject is inanimate and the agent is not specified. The verb may be either in the third person singular or plural to agree with the subject.

La	exposición	**se abre**	el próximo jueves.
Las	exposiciones	**se abren**	el próximo jueves.

*B. El **se** impersonal*

• In Spanish, **se** is also used as an indefinite subject. As such it is equivalent to the impersonal "*one*" or the colloquial "*you*" in English.

¿Cómo	**se dice**	*bronze* en español?
How	does one say	"bronze" in Spanish?

• **Se** is often used in impersonal sentences implying commands, ads, or regulations.

Se prohíbe escribir en las paredes.
No **se** permite fumar aquí.

Actividad

¿Qué preguntan? **A continuación se presentan algunas situaciones. ¿Qué preguntas relacionadas con ellas harían Ud. y un(a) compañero(a) para tratar de resolverlas? Usen el *se* pasivo o el *se* impersonal en sus preguntas.**

Modelo: No sé decir piedra en inglés.
¿Cómo **se dice** "piedra" en inglés?

1. No sé qué día abren la exposición de la escultora de El Salvador.
2. No sé cómo escribir el nombre de la escultora.
3. No sé a qué hora cierran la exhibición.
4. No sé qué usan para hacer los bustos.
5. No sé dónde venden estatuas.
6. No sé dónde comprar las piezas exhibidas.
7. No sé qué van a servir el día de la apertura.
8. No sé qué día termina la exposición.

En general

A. ***El mundo del arte.*** **En parejas, escojan la respuesta apropiada a las siguientes preguntas.**

1. ¿Qué necesitas para pintar?
   a. Mármol. b. Telas y pinceles. c. Bronce.
2. ¿Con qué pintas?
   a. Con acuarela. b. Con piedra. c. Con madera.
3. ¿Dónde exhiben tus cuadros?
   a. En el teatro. b. En la galería de arte. c. En el cine.
4. ¿Qué pintaste el mes pasado?
   a. Un autorretrato. b. Un mármol. c. Un verso.
5. ¿Qué vas a dibujar?
   a. Un ensayo. b. Un cuento. c. Un bosquejo.
6. ¿Sabes quién fue Mozart?
   a. Un gran escritor. b. Un gran compositor. c. Un gran pintor.
7. ¿Qué instrumento tocas?
   a. El lienzo. b. El pincel. c. El contrabajo.
8. ¿Sabes quién es Enrique Iglesias?
   a. Un famoso poeta. b. Un famoso escultor. c. Un famoso cantante.
9. ¿La estatua es de mármol?
   a. No, de tela. b. No, de óleo. c. No, de piedra.
10. ¿Escribe obras teatrales?
    a. Sí, es compositor. b. Sí, es dramaturgo. c. Sí, es novelista.

11. ¿Es una novela?
 a. No, es un cuento. b. No, es un busto. c. No, es una madera.
12. ¿Qué instrumento tocan en las iglesias generalmente?
 a. La batería. b. La trompeta. c. El órgano.

B. *Ésta es su vida.* **En grupos de dos o tres, hablen de las cosas, los lugares y las situaciones que serían parte de su vida si Uds. fueran…**

1. pintores 2. músicos 3. escultores 4. escritores

Ahora decidan cuál de estos estilos de vida les gustaría más y por qué.

C. *Conversaciones.* **En parejas, hagan el papel de las siguientes personas.**

1. un(a) pintor(a) y el (la) empleado(a) de una tienda donde se venden artículos para pintores
2. un(a) periodista (*journalist*) que está entrevistando a un(a) escritor(a)
3. dos aficionados(as) a la música que están hablando de sus compositores favoritos, los instrumentos musicales que prefieren y el tipo de música que les gusta escuchar en diferentes situaciones

LECTURAS PERIODÍSTICAS

Pintura latinoamericana

En las últimas subastas[1] de la famosa casa Sotheby's de Nueva York, un grupo de obras latinoamericanas obtuvieron precios más altos de lo previsto[2], confirmando el auge[3] ininterrumpido que viene experimentando desde hace algunos años la pintura de nuestros países.

Cuchillo y fruta ante la ventana, del mexicano Diego Rivera, es un buen ejemplo. La obra alcanzó en la subasta el precio de 2.2 millones. Se trata de una naturaleza muerta, en acuarela y carbón sobre papel, pintada por Rivera en París en 1917. La obra no había sido expuesta al público desde 1946, y su valor radica, además de en sus consabidas[4] cualidades estéticas, en el hecho de que señala el final de la época de cubismo clásico de Rivera.

Otro ejemplo fue *La mañana verde*, del cubano Wilfredo Lam, que se vendió en $965.000, casi un millón de dólares. La obra, una monumental tela pintada al óleo, pertenece a un grupo de cinco trabajos realizados por Lam a su regreso a Cuba, en 1943, después de haber permanecido cinco años en Europa, donde absorbió las influencias cubistas y surrealistas que luego utilizaría para expresar su patrimonio cultural.

También se vendieron en un precio superior al estimado obras de Rufino Tamayo.

En escultura, *La mujer gato*, de la artista británico-mexicana Leonora Carrington encabezó la lista de los precios por encima[5] de lo estimado. Y la misma suerte corrieron las diversas manifestaciones de arte colonial, cada vez más vivamente disputadas en el mercado estadounidense.

De la revista *Vanidades* (Colombia)

[1]auctions [2]*lo*… expected [3]popularity [4]widely known [5]*por*… above

Ahora...

En parejas, túrnense para contestar las siguientes preguntas sobre este artículo.

1. ¿Qué pasó en la subasta de la famosa casa Sotheby's de Nueva York? ¿Qué confirma esto?
2. ¿Qué cuadro de Diego Rivera se vendió allí? ¿Por cuánto? ¿Puede describir la obra?
3. ¿Qué obra de Wilfredo Lam se vendió en la subasta? ¿En cuánto se vendió?
4. ¿Qué influencias se notan en la obra del pintor Lam?
5. ¿De quién es la obra *La mujer gato*?

Cruzando fronteras

Nuestro viaje continúa...

Visitaremos primero Panamá, y luego seguiremos hacia el norte hasta llegar a Costa Rica. De allí, emprenderemos viaje a Nicaragua, y terminaremos esta etapa de nuestro recorrido° en El Salvador.

° journey

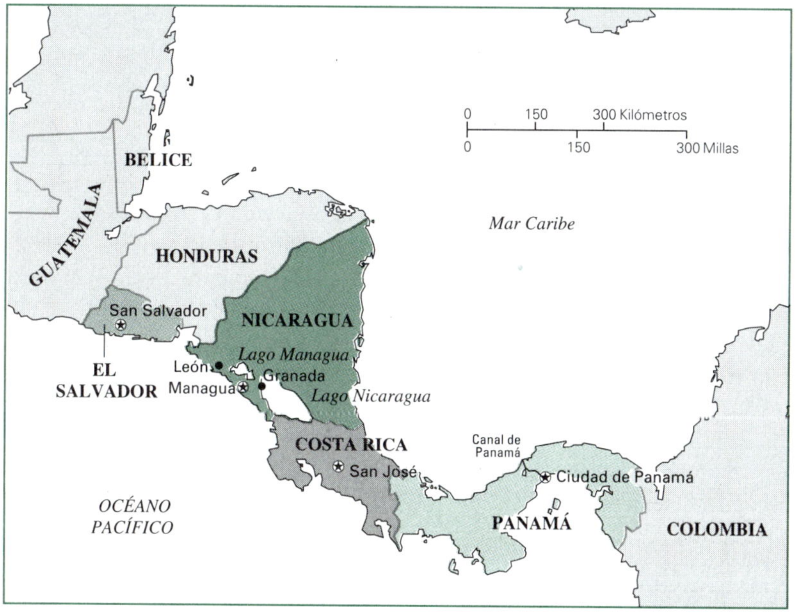

Panamá

Panamá es un pequeño país un poco menor que el estado de Carolina del Sur. Está situado en el istmo que une la América Central con la América del Sur, y es la república hispanoamericana de más reciente creación.

En 1821, Panamá se separó de España y, voluntariamente, se convirtió en una provincia de Colombia. En 1903, la provincia se separó de Colombia y se declaró una república independiente. Diez días después de su independencia, la nueva república autorizó a los Estados Unidos a construir el canal de Panamá. En 1880 una compañía francesa había comenzado la construcción, en el istmo, de un canal a nivel del mar, pero nueve años más tarde la empresa se declaró en quiebra.° Uno de los obstáculos que no pudieron vencer los franceses fue la fiebre amarilla, que atacaba y mataba a sus trabajadores. Para los Estados Unidos ése no fue un problema, pues para esa fecha ya el médico cubano Carlos Finlay había descubierto que la fiebre amarilla era transmitida por los mosquitos, y su tesis había sido comprobada por el bacteriólogo norteamericano Walter Reed.

en... bankruptcy

Desde la construcción del canal, y hasta el año 1999, el país estuvo dividido en dos regiones separadas por la Zona del Canal, bajo el dominio de los Estados Unidos. Desde entonces, la economía del país ha girado alrededor del tráfico de mercancías° y de turistas a través de esa vía y, por tanto°, junto al Canal, han crecido sus dos grandes ciudades, la Ciudad de Panamá, la capital del país, y Colón, su segunda ciudad más importante.

merchandise / *por...* so

El deporte más popular en el país es el béisbol, aunque también se juegan mucho el fútbol y el básquetbol. En cuanto a la música, son muy populares el samba°, el jazz, la salsa y el "raggae". En el campo se escucha más el "típico" que es música tradicional panameña. En los últimos años Panamá se ha convertido en un "santuario bancario", y los turistas han empezado a descubrir las bellezas ecológicas del interior del país. La unidad monetaria de Panamá es el *balboa*, pero la moneda que circula es el dólar norteamericano.

typical Panamanian rhythm

Costa Rica

Costa Rica es un país muy pequeño. Su superficie es un poco menor de la mitad del estado de Virginia. El 60 por ciento de su territorio está cubierto de bosques, inclusive selvas pluviales vírgenes que el Gobierno trata de conservar con estrictas leyes°. Costa Rica tiene 24 parques nacionales y reservas ecológicas que ocupan el 15 por ciento de su superficie. Como estos parques y reservas están abiertos al público, el país cuenta con un creciente° ecoturismo.

laws

growing

La vegetación de Costa Rica es un reflejo de su clima tropical y de sus abundantes lluvias. Al sur, cerca de la frontera con Panamá, el promedio° de lluvias es de unas 185 pulgadas° al año, y cerca de las costas del Caribe caen°, anualmente, unas 120 pulgadas de agua.

average

inches / fall

El país carece de° minerales y de muchos otros recursos naturales y, sin embargo, su economía es de las más florecientes° de la región. Aunque menos del 30 por ciento de la población trabaja en la agricultura, casi el 60 por ciento de los ingresos del país provienen de la exportación de bananas, café, azúcar, carne de res°, piñas, cacao y flores. Actualmente Costa Rica es el mayor exportador mundial de bananas después

carece... lacks

flourishing

carne... beef

de Ecuador. En los últimos años el país ha hecho un esfuerzo por diversificar su economía, atrayendo las inversiones° extranjeras en la industria y el turismo. investments

Costa Rica no tiene grandes ciudades, aun su capital, San José, tiene poco más de 300.000 habitantes, y en ella no se encuentran los edificios altos que caracterizan a la mayor parte de las capitales del mundo actual. El país tiene una larga tradición democrática. No tiene ejército°, y tiene el mejor sistema educativo de Centroamérica que es, además, uno de los mejores de toda Latinoamérica. El 95 por ciento de su población sabe leer y escribir, y el 40 por ciento de todos sus estudiantes de la enseñanza elemental avanzan a la secundaria. El Gobierno gasta el 50 por ciento de su presupuesto° en la educación y en el cuidado de la salud. army / budget

Nicaragua

Nicaragua, con una superficie un poco mayor que la del estado de Nueva York, es el país más extenso de la América Central, pero menos de una décima parte de su territorio es cultivable.

Nicaragua es la tierra de los lagos y de los volcanes. Dos grandes lagos, el Nicaragua y el Managua, casi dividen al país en dos, y entre estos lagos y la costa del Pacífico se extiende una cadena° de volcanes. El lago Nicaragua es el mayor lago de agua dulce° de todo el mundo, y en él hay tiburones° y otros peces que sólo viven en agua salada en otras regiones. chain / fresh / sharks

La mayor parte de su población vive en el oeste del país, junto a los lagos Nicaragua y Managua, y al océano Pacífico. Allí están las tres ciudades más importantes del país: Managua, la capital, León y Granada. La mitad° de su territorio próxima al océano Atlántico está muy poco poblada, en su mayor parte no es cultivable, y agrega poco a la economía del país. En esta región viven los indios misquitos, que hablan su propio idioma, e inmigrantes procedentes de Belice y de otras regiones, que hablan inglés. Sin embargo, el lenguaje oficial del país es el español, que es el idioma hablado por la gran mayoría de sus habitantes. half

La economía de Nicaragua se basa en la agricultura, y en esta actividad trabaja casi la mitad de su población. Sus principales productos de exportación son café, algodón°, carne de res y madera. El país tiene una selva virgen mucho más extensa que la de Costa Rica, pero lamentablemente no está debidamente° protegida contra su explotación excesiva. cotton / duly

Nicaragua tiene las condiciones naturales necesarias para atraer el turismo, pero la inestabilidad política y la falta de° buenas comunicaciones mantienen al país fuera de las rutas turísticas. *falta...* lack of

El Salvador

El Salvador es la nación más pequeña y la más densamente poblada de América Central. Además, es la única que no tiene costas en el Caribe. El centro del país es una alta meseta situada entre dos cadenas de volcanes. En el país hay más de 200 volcanes, por lo que se le ha llamado la "Tierra de los volcanes". Aunque la mayor parte de ellos están apagados°, el país sufre frecuentes erupciones volcánicas y terremotos. inactive

Todo el territorio salvadoreño está en el trópico, pero el clima varía con la altura° de cada región. En la costa el clima es tropical, pero en la meseta y en las montañas, es subtropical o templado. — altitude

La economía de El Salvador está basada en la agricultura, y su mayor producto de exportación es el café. Sin embargo, en las últimas décadas, El Salvador ha hecho un gran esfuerzo por industrializarse. Aprovechando que la meseta central está cortada° por ríos y valles, ha construido plantas hidroeléctricas que producen electricidad abundante y barata. Así, el país ha podido atraer múltiples industrias manufactureras. La capital del país, San Salvador, es la más industrializada de las ciudades de América Central. — divided

De 1980 a 1992, El Salvador sufrió las consecuencias de una guerra civil, pero actualmente el país se recupera gracias a la paz, a la ayuda extranjera y, sobre todo, a los envíos de dinero que los salvadoreños exiliados en los Estados Unidos les envían a sus familiares que quedaron atrás.

¿Cuánto hemos aprendido?

A. La clase se dividirá en cuatro grupos. Cada grupo preparará de ocho a diez afirmaciones sobre uno de los países visitados. Algunas de estas afirmaciones serán verdaderas y otras falsas. Cada grupo leerá lo que ha escrito y el resto de la clase decidirá si las afirmaciones son verdaderas o falsas.

B. En parejas, hablen de lo siguiente, refiriéndose a los países visitados.

1. algunos aspectos históricos de Panamá, Costa Rica, Nicaragua y El Salvador
2. ¿En cuál de estos países les gustaría pasar unos meses? ¿ Por qué?
3. algunas razones por las cuales les resultaría difícil vivir en estos países centroamericanos

Ventana al mundo literario

BERTALICIA PERALTA *(Panamá: 1939–)*

La poetisa panameña Bertalicia Peralta forma parte de un grupo de escritoras de poesía nacionalista. Sus obras, traducidas a varias lenguas, le han ganado reconocimiento y premios nacionales e internacionales. Por su obra Un lugar en la esfera terrestre *recibió el tercer premio en el Primer Concurso Internacional de Poesía José Martí, 1971. Otros poemarios° de la autora son* Himno a la alegría *y* Casa flotante. — books of poems

Además de poesía, Peralta ha escrito cuentos para niños. Como otras poetisas panameñas, Peralta da énfasis en su obra a sentimientos patrióticos y nacionalistas, no sólo en relación con su país sino también en relación con la América Latina, la "patria grande".

Preparación

Fíjese en el título del poema: *Introducción al estudio de las contradicciones.* ¿Qué ideas cree Ud. que va a encontrar en un poema que contrasta la muerte de un revolucionario con la de un explotador?

Introducción al estudio de las contradicciones

El revolucionario muere
de lucha° en el combate
  o de tortura
  o de traición°
y nadie le hace un homenaje
la bandera° patria no abraza su cuerpo
su nombre es proscrito° en los labios del pueblo

muere el explotador el que
abusa el que para colmo°
ejerce cargo° diplomático
el que jamás entendió el amor entre los hombres
y se decreta duelo° nacional.

(de *Himno a la alegría*)

fight
treason
flag
prohibited
para... to top it all
ejerce... has a position
mourning

Díganos...

1. Según la autora, ¿cómo puede morir un revolucionario?
2. ¿Cómo reacciona el pueblo ante su muerte?
3. ¿Cómo describe la poetisa al explotador?
4. ¿Cómo reacciona el gobierno ante su muerte?

Desde su mundo

Bertalicia Peralta presenta en su poema la contradicción entre la forma como el gobierno reacciona ante la muerte de un revolucionario y la de un explotador. En grupos de dos o tres, hablen sobre las contradicciones que existen en el sistema de justicia de los Estados Unidos.

Para escribir...

Escriba uno o dos párrafos sobre uno de los siguientes temas.

1. Cosas que yo encuentro injustas (*unfair*).
2. ¿Por la muerte de quién decretaría yo duelo nacional? ¿Por qué?

AQUILEO J. ECHEVERRÍA *(Costa Rica: 1866–1909)*

Aquileo J. Echeverría pertenece° al grupo de autores que han pasado a ser considerados los primeros clásicos literarios de Costa Rica.

La imagen de la sociedad nacional que ofrecen las obras de estos autores es la de una sociedad en transición, donde los valores patriarcales se encuentran en proceso de disolución para ser sustituidos por nuevos valores.

En la obra de Echeverría se presenta con frecuencia el tema de las costumbres rituales de la vida compesina, como se puede ver en su libro Concherías. *La selección que aparece a continuación, que es una crónica o artículo de costumbres, fue incluida en la edición póstuma de* Crónicas y cuentos míos *(1934).*

belongs

Preparación

"La Presa" relata las aventuras de un grupo de "diablillos°" que, llenos de imaginación, iban a jugar a orillas° de un río. ¿Qué travesuras° recuerda Ud. cuando piensa en su niñez? Al leer el primer párrafo, ¿qué cree Ud. que va a decir el autor sobre esos "alegres y bulliciosos muchachos"?

little devils
shores / pranks

La Presa *(Adaptado)*

Allí, donde hoy está el lavadero° público, era hace pocos años el centro de reunión de los alegres y bulliciosos° muchachos de San José.

Lo llamábamos "La Presa°" porque hay una construida para elevar las aguas al nivel° del terreno en que está colocada° una maquinaria de cortar maderas.

En "La Presa" hemos aprendido a nadar todos los muchachos de San José; allí, sin maestros, hacíamos día por día grandes progresos en el difícil arte de la natación; a tal punto que de entre nosotros salieron muchos excelentes nadadores.

"La Presa" era nuestro baño favorito, por ser "Torres" el río más cercano a San José, y por ofrecer muchas comodidades°, pues hay en sus riberas° piedras donde uno puede divertirse y poner la ropa.

Cuando un muchacho se escapaba de la escuela, a buen seguro que iba a "La Presa", que era el punto de reunión de los vagos°.

En la orilla opuesta a la que nos desvestíamos tenía un viejecito un huerto° que cuidaba como a la niña de sus ojos°, y en el que crecían° varios guayabos, naranjos y mangos que eran nuestra constante tentación. El dueño era un hombre de pocas pulgas° y nosotros le temíamos más que al pecado°, atreviéndonos a entrar en sus propiedades solamente cuando éramos muchos. Uno de los muchachos era el Jefe, y designaba a los que debían quedarse de centinelas°, listos para dar la voz de alarma cuando divisaba al enemigo, y los demás se repartían° en dos grupos: los más ágiles subían a los árboles, y los otros recogían las frutas que aquéllos arrojaban°. Una vez verificado el robo nos sentábamos a la orilla del río para repartirnos el botín°.

washing place
noisy
dam
level / placed
comforts / shores
hookey players
orchard
niña... apple of his eyes / grew
de... bad tempered / sin
guards
se... were divided
threw
loot

Era de ver después a los muchachos atravesando el río, algunos hasta con tres guayabas en la boca, y un par de mangos verdes en las manos.

Pero no siempre la empresa salía bien°; y muchas veces tuvimos que regresar muy de prisa, perseguidos por el viejecito, que con su machete largo en la mano parecía la estatua de la justicia. Entonces era el gritar°, el correr de aquí para allí, el saltar zanjas° y el atropellarse° los unos a los otros. El que caía se levantaba como podía, pues nadie se ocupaba de los demás: lo primero era salvar el propio pellejo°. Y ahora que digo pellejo, recuerdo que una vez dejé una buena parte del mío en un portillo°.

A la obra del portillo puso mi madre digno final. Al acostarme notó la herida° que sobre mi hombro° llevaba; vino enseguida el examen consiguiente y luego el interrogatorio. Esa noche dormí más caliente de lo que deseaba.

Apuesto a° que ninguno de mis compañeros se ha olvidado de las famosas batallas navales; de aquel ardor bélico con que defendían y atacaban el castillo, aquella piedra memorable donde aprendimos las primeras lecciones del arte de la guerra.

¿Y quién ha olvidado el juego del coco, el barrizal° donde nos emporcábamos° retozando° en sus tibias aguas, y en fin, todos esos juegos mitad° grotescos, mitad curiosos, divertidos y en todo caso, inocentes y sencillos° como eran nuestros corazones.

Hace pocos días fui a "La Presa" y me entristecí recordando aquellos tiempos felices. Nada ha variado; todo está en su puesto. Las lavanderas que hoy, al compás de su constante charla, lavan ropa en el lavadero, veían admiradas a un hombre que, con la cara triste y muy apesadumbrado°, andaba como buscando algo entre aquellas piedras.

En efecto, buscaba algo: la felicidad de aquellos deliciosos días que ya no volverán; y a no haberme contenido° la presencia de las mujeres, tal vez habría llorado sobre aquellas piedras, mudas testigos° de mi alegría, que parecían reconocerme y preguntarme por sus antiguos visitantes.

Triste, muy triste me retiré de aquel lugar donde se han borrado° ya las huellas de aquel grupo de diablillos y en donde no resonarán más sus alegres algarabías y carcajadas°.

"La Presa", será siempre para nosotros el relicario° donde guardaremos muchos de los dulces recuerdos de nuestra niñez.

turned out well
scream
ditches / run into
skin
gap (in a wall)
wound
shoulder
Apuesto... I'll bet
mire / *nos...* got dirty / frolicking / half / simple
weighed down
a... had it not been for / witnesses
se... have been erased
algarabías... noise and laughter / locket

Díganos...

1. El lugar que es hoy un lavadero, ¿qué era hace pocos años?
2. ¿Qué aprendieron a hacer los muchachos en la presa?
3. ¿Qué había en el huerto del viejecito?
4. ¿Qué dice el autor sobre el viejecito?
5. ¿Qué hacían los muchachos cuando entraban en el huerto del viejo?
6. A veces la "empresa" no les salía bien, ¿qué hacían entonces?
7. ¿Qué le pasó al autor un día y qué hizo la madre?
8. ¿Qué sintió el autor cuando, ya hombre, volvió a la presa?
9. ¿Qué buscaba entre las piedras?
10. ¿Qué significará siempre la presa para el autor y sus amigos?

Desde su mundo

En parejas, hablen de los lugares en los que Uds. jugaban con sus amigos cuando eran niños. ¿Qué recuerdos tienen de aquella época? ¿Han vuelto a esos lugares alguna vez?

Para escribir...

Escriba uno o dos párrafos sobre uno de los siguientes temas.

1. Veranos de mi niñez
2. Mis travesuras de niño(a)

RUBÉN DARÍO *(Nicaragua: 1867–1916)*

Rubén Darío, la figura principal del movimiento modernista, comenzó a escribir versos desde los trece años. Su primer libro importante, Azul, *publicado en 1888, tiene una gran influencia francesa, y fue el que lo dio a conocer en España.*

En 1896 se publicó Prosas profanas, *que fue el primer libro realmente importante del Modernismo. En él, la mayor parte de los poemas son de evasión, "Arte por el arte°". Más tarde publicó* Cantos de vida y esperanza *(1905), donde aparecen sus poemas más profundos y universales.*

Su obra comprende no sólo poesía, sino también prosa. Como prosista escribió excelentes cuentos, artículos de crítica literaria, crónicas y libros de carácter biográfico.

Arte... Art for art's sake

Preparación

Lea los cuatro primeros versos del poema. ¿Qué cosas hay que hacen la vida difícil a veces?

Lo fatal

Dichoso° el árbol que es apenas° sensitivo,
y más la piedra dura°, porque ésa ya no siente,
pues no hay dolor más grande que el dolor de ser vivo,

ni mayor pesadumbre° que la vida consciente.

Ser, y no saber nada, y ser sin rumbo cierto°,
y el temor° de haber sido y un futuro terror...
y el espanto° seguro de estar mañana muerto,
y sufrir por la vida y por la sombra° y por

Happy / barely
hard
grief
sin... without knowing one's way / fear
horror
shadow

lo que no conocemos y apenas sospechamos,
y la carne que tienta con sus frescos racimos,
y la tumba° que aguarda° con sus fúnebres ramos, — grave / waits
y no saber adónde vamos,
¡Ni de dónde venimos...!

(de *Cantos de vida y esperanza*)

Díganos...

1. ¿Por qué envidia (*envies*) el poeta el árbol y la piedra?
2. ¿Cuál es el dolor más grande? ¿Y la mayor pesadumbre?
3. ¿Qué es lo que le hace sentir terror al poeta?
4. ¿De qué está hablando el poeta cuando dice "la carne que tienta con sus frescos racimos"?
5. ¿Cuáles son las dos cosas que, según Darío, no sabemos los seres humanos?

Desde su mundo

En grupos de dos o tres, comparen la actitud del poeta frente a la vida y a la muerte con la de Uds. ¿Tienen Uds. una actitud más positiva que la de él?

Para escribir...

Escriba uno o dos párrafos sobre uno de los siguientes temas.

1. Cosas que hago para darle sentido (*meaning*) a mi vida
2. ¿Qué cosas me preocupan?

MATILDE ELENA LÓPEZ *(El Salvador: 1922–)*

Matilde Elena López es autora de numerosos libros de cuentos, obras de teatro, poesía y ensayos. Como ensayista ocupa un lugar importante en las letras de su país. Algunos de sus ensayos de tipo histórico-social son sobre El Salvador, y otros son sobre la vida artística de Guatemala y de otros países de Centroamérica.

La escritora ha obtenido primeros premios en varios certámenes° internacionales, uno de ellos en Nueva York con un cuento surrealista, y otro en poesía, así como el primer premio en el Concurso universitario del Ecuador, en 1955. — contests

La labor docente° de Matilde Elena López ha sido también muy importante, pues no sólo se ha destacado como profesora de la Facultad de Humanidades de la Universidad de El Salvador, sino que ha tenido importantes cargos° en varios institutos culturales. — educational / positions

Preparación

Lea los primeros cinco versos del poema. ¿A qué se refiere la poetisa cuando habla de su lucha "contra molinos y gigantes reales"[1]? En parejas discutan las ocasiones en que Uds. han tratado de luchar contra situaciones que no se pueden cambiar.

La máscara al revés

De pronto me encontré
en medio de la lucha°
dispuesta° a combatir,
a no dar tregua°.
¿Eran molinos° o gigantes reales?
¿Contra quién combatía
cuando asumía la justicia
y el fiel° de la balanza°?

fight
ready
truce
windmills
pointer / scale

¡Diké,
Ángel de la Justicia,
Guardián de Eternidades!
Era yo misma
en medio del combate.

Soñé que liberaba
presos atados° en la cuerda°,
esclavos de galeras°.
¿Acaso vi castillos
donde sólo había Ventas°?
¿Tuve errores de cálculo
cuando asalté Bastillas?

tied / rope
esclavos... galley slaves
Inns

¡No! ¡No puede ser!
no es que viera el mundo
—la máscara al revés°—.
¡Es porque el mundo
está al revés de veras
y arreglarlo
hazaña° es de Quijotes!

al... upside down
feat

[1]El poema se refiere a los molinos de viento contra los cuales, creyendo que eran gigantes, trató de luchar Don Quijote.

Díganos...

1. ¿Dónde se encontró de pronto la poetisa, y qué estaba dispuesta a hacer?
2. ¿Qué es lo que no sabía la autora?
3. ¿Quién es Diké?
4. ¿Qué soñó la poetisa?
5. ¿Qué vio donde quizás había sólo Ventas?
6. ¿Qué dice Matilde Elena López del mundo?
7. ¿Cómo se sabe que ella opina que arreglar el mundo sería muy difícil?

Desde su mundo

En grupos de tres o cuatro, hablen sobre las cosas que querrían cambiar en este país, tanto en el aspecto político como en el económico-social.

Para escribir...

Escriba uno o dos párrafos sobre uno de los siguientes temas.

1. Las cosas que, en mi opinión, están "al revés" en este país
2. ¿Qué personas o instituciones están tratando de resolver algunos de los problemas sociales de este país?

LECCIÓN 5

La familia hispana de hoy

OBJETIVOS

Estructura: El modo subjuntivo y el subjuntivo usado con verbos y expresiones de voluntad y emoción • El subjuntivo para expresar duda, incredulidad y negación • El subjuntivo para expresar lo indefinido y lo no existente • Expresiones que requieren el subjuntivo o el indicativo

Temas para la comunicación: La familia • Las relaciones familiares • Las relaciones entre el hombre y la mujer • Problemas sociales • La educación

Cruzando fronteras: Honduras • Guatemala • México

Ventana al mundo literario: Nery Alexis Gaytán • Augusto Monterroso • Manuel Gutiérrez-Nájera

Paso 1 Mi familia

Sandra, la hija del embajador° norteamericano en Honduras, está de vacaciones en Tegucigalpa, la capital. Hoy está conversando con una de sus amigas hondureñas, Julia Ochoa de la Cruz. Sandra quiere que ella le hable sobre la relación que tiene con su familia.

ambassador

Sandra —Julia, quiero que me expliques algo: ¿por qué usas dos apellidos?

Julia —Porque en nuestros países usamos, además del apellido paterno, el apellido materno.

Sandra —¡Qué interesante! Yo quiero que mis hijos usen mi apellido de soltera°, pero eso no sucede en los Estados Unidos… Sin embargo, la sociedad de Uds. es muy patriarcal, ¿no?

apellido… maiden name

Julia —¡Ah, sí! Mi papá es, sin duda alguna, el jefe° de la familia. Mis hermanos y yo lo respetamos y le obedecemos.

head

Sandra —¡Espero que tú puedas tomar algunas decisiones sin su permiso… !

Julia —(*se ríe*) Bueno, para darte un ejemplo, mi papá no me "sugiere" que asista a la universidad… ¡me ordena que estudie y tenga una carrera!

Sandra —¿Y tu mamá? ¿Cuál es el papel° de ella?

role

Julia —Ella tiene más responsabilidad en la crianza° de los niños y más influencia en la vida diaria° de la familia. Eso sí, ella quiere que todos sus hijos estudien.

raising
daily

Sandra —Tus abuelos viven con Uds., ¿verdad?

Julia —Sí, y también una cuñada de mi mamá, que es viuda°.

widow

Sandra —Es sorprendente que todos puedan llevarse bien, cuando son tantos° en la casa. Los lazos° familiares deben ser muy fuertes.

so many
ties

Julia —¡Sí, somos todos muy unidos! La familia es lo más importante para nosotros.

¿Cuánto recuerda?

Indique si los siguientes enunciados sobre la conversación entre Julia y Sandra son verdaderos (V) o falsos (F).

1. Los padres de Sandra viven en Honduras.
2. A Sandra le interesa saber todo lo posible sobre la vida familiar en Honduras.
3. El apellido de soltera de la mamá de Julia es de la Cruz.
4. El papá de Julia prefiere que ella no asista a la universidad.
5. La mamá de Julia no se ocupa de sus hijos.
6. Los abuelos de Julia fallecieron (*passed away*).
7. Una tía de Julia vive con Julia y su familia.
8. Sandra siente que Julia y su familia tengan tantas dificultades por vivir juntos.
9. A Julia no le importa mucho su familia.

Vocabulario

Los parientes políticos (*The in-laws*)

la cuñada *sister-in-law*
el cuñado *brother-in-law*
la nuera *daughter-in-law*
la suegra *mother-in-law*
el suegro *father-in-law*
el yerno *son-in-law*

Otros parientes (*Other relatives*)

la hermanastra *stepsister*
el hermanastro *stepbrother*
la hijastra *stepdaughter*
el hijastro *stepson*
la madrastra *stepmother*
el padrastro *stepfather*

Las relaciones familiares

apoyar *to support, to be supportive*
comprenderse *to understand each other*
comunicarse *to communicate*
dar consejos, aconsejar *to give advice*
dar un abrazo *to give a hug*
dar un beso *to give a kiss*
disciplinar *to discipline*
enojarse (con) *to get angry (at)*
llevarse bien *to get along*
mantener (*conj. like* tener) *to support (financially)*
malcriar *to spoil*
meterse *to meddle*
mimar *to pamper*
molestar *to bother*
querer (e:ie), amar *to love*
regañar *to scold*
ser unidos(as) *to be close*

En familia. **En grupos de dos o tres, hablen de las relaciones que existen — o se piensa que existen — entre los diferentes miembros de una familia. Por ejemplo, una nuera y su suegra, ¿generalmente se llevan bien o no? ¿Y los esposos? ¿Se comprenden? Piensen en las personas que Uds. conocen. ¿Qué tipo de relación tienen? ¡Comenten!**

Estructura

El modo subjuntivo y el subjuntivo usado con verbos y expresiones de voluntad y emoción

A. Introducción

When describing events that are factual and definite, the *indicative mood* is used in Spanish. When referring to events or conditions that are subjective in relation to the speaker's reality or experience, the *subjunctive mood* is used.

The Spanish subjunctive is most often used in subordinate or dependent clauses, which are introduced by the word **que.** The subjunctive is also used in English, although not as often as it is in Spanish. For example: *We suggest* that she *apply* for the position. The expression that requires the use of the subjunctive is in the main clause: *We suggest.* The subjunctive appears in the dependent clause: *that she apply for the position.* The subjunctive mood is used because the expressed action is not real; it is only what is *suggested* that she do.

B. Formas del presente de subjuntivo

Verbos regulares

• To form the present subjunctive of regular verbs, the following endings are added to the stem of the first person singular of the present indicative.

Subject	-ar verbs	-er verbs	-ir verbs
yo	llam**e**	com**a**	viv**a**
tú	llam**es**	com**as**	viv**as**
Ud., él, ella	llam**e**	com**a**	viv**a**
nosotros(as)	llam**emos**	com**amos**	viv**amos**
vosotros(as)	llam**éis**	com**áis**	viv**áis**
Uds., ellos(as)	llam**en**	com**an**	viv**an**

• If the verb is irregular in the first person singular of the present indicative, this irregularity is maintained in all other persons of the present subjunctive.

Verb	First person singular (present indicative)	Stem	First person singular (present subjunctive)
conducir	conduzco	conduzc-	**conduzca**
salir	salgo	salg-	**salga**
caber	quepo	quep-	**quepa**
decir	digo	dig-	**diga**
hacer	hago	hag-	**haga**
tener	tengo	teng-	**tenga**
ver	veo	ve-	**vea**

¡ATENCIÓN! Verbs ending in **-car, -gar,** and **-zar** change the **c** to **qu,** the **g** to **gu,** and the **z** to **c** before **e** in the present subjunctive:

buscar: busque pagar: pague gozar: goce

El subjuntivo de los verbos de cambios radicales

- The **-ar** and **-er** verbs maintain the basic pattern of the present indicative; they change the **e** to **ie** and the **o** to **ue.**

pensar		almorzar	
piense	pensemos	almuerce	almorcemos
pienses	penséis	almuerces	almorcéis
piense	piensen	almuerce	almuercen

entender		mover	
entienda	entendamos	mueva	movamos
entiendas	entendáis	muevas	mováis
entienda	entiendan	mueva	muevan

- The **-ir** verbs that change the **e** to **ie** and the **o** to **ue** in the present indicative change the **e** to **i** and the **o** to **u** in the first and second persons plural of the present subjunctive. All other forms maintain the change found in the present indicative.

sugerir		dormir	
sugiera	sugiramos	duerma	durmamos
sugieras	sugiráis	duermas	durmáis
sugiera	sugieran	duerma	duerman

- The **-ir** verbs that change the **e** to **i** in the present indicative maintain this change in *all* persons of the present subjunctive.

repetir	
repita	repitamos
repitas	repitáis
repita	repitan

Verbos irregulares

- The following verbs are irregular in the present subjunctive.

dar	dé, des, dé, demos, deis, den
estar	esté, estés, esté, estemos, estéis, estén
saber	sepa, sepas, sepa, sepamos, sepáis, sepan
ser	sea, seas, sea, seamos, seáis, sean
ir	vaya, vayas, vaya, vayamos, vayáis, vayan

¡ATENCIÓN! The present subjunctive of **hay** (impersonal form of **haber**) is **haya.**

Actividad

Consejos. **Las frases "Es necesario que... ", "Es mejor que... " y "Es importante que... " necesitan el subjuntivo. En grupos de dos o tres, túrnense para decir lo que es necesario, es mejor o es importante que haga cada uno de Uds., sus amigos o miembros de su familia con respecto a lo siguiente.**

1. asistir a clase
2. llegar temprano a la universidad
3. estar en la universidad a las ocho
4. traer el diccionario a clase
5. ser más puntual
6. darle la tarea al profesor (a la profesora)
7. hacer la tarea
8. ir a la biblioteca
9. venir a la universidad el sábado
10. conducir más despacio
11. cerrar la puerta del coche con llave
12. volver a casa temprano
13. dormir ocho horas
14. comunicarse con sus padres
15. llevarse bien con sus parientes políticos
16. disciplinar a los niños

C. El subjuntivo usado con verbos y expresiones de voluntad y emoción

1. Con verbos que expresan voluntad o deseo

   - All impositions of will, as well as indirect or implied commands, require the subjunctive in subordinate clauses. The subject in the main clause must be different from the subject in the subordinate clause.

Main clause		*Subordinate clause*
Yo quiero	que	mis hijos **usen** mi apellido.
I want		*my children to use my last name.*

- If there is no change in subject, the infinitive is used.

Yo quiero **usar** mi apellido.	*I want to use my last name.*

- Some verbs of volition are:

aconsejar
desear
decir
exigir (*to demand*)
insistir (en)
mandar (*to order, to command*)
necesitar
pedir
recomendar
rogar (*to beg*)
sugerir

Quiero que (tú) me **expliques** algo.	*I want you to explain something to me.*
Ella me **sugiere**[1] que **asista** a la universidad.	*She suggests that I attend college.*

- Either the subjunctive or the infinitive may be used with the verbs **prohibir** (*to forbid*), **mandar, ordenar** (*to order*), and **permitir** (*to allow*).

Mi papá me **ordena que estudie.**	(Mi papá me ordena **estudiar.**)
Yo no les **permito que regañen** a los niños.	(Yo no les permito **regañar** a los niños.)
Mi padre me **prohíbe que salga** sola.	(Mi padre me prohíbe **salir** sola.)

2. El subjuntivo con verbos de emoción

- In Spanish, the subjunctive is always used in the subordinate clause when the verb in the main clause expresses any kind of emotion, such as happiness, hope, pity, fear, surprise, and so forth.

Espero que tú **puedas** tomar algunas decisiones.	*I hope that you can make some decisions.*

- Some common verbs that express emotion are:

alegrarse (de)
esperar (*to hope*)
lamentar
sentir
sorprenderse (de)
temer

Main clause		*Subordinate clause*
(Yo) **espero**	que	tú **puedas** tomar algunas decisiones.

[1]The indirect object pronoun is used with the verbs **sugerir, pedir, aconsejar, recomendar, permitir,** and **decir.**

• The subject of the subordinate clause must be different from that of the main clause in order for the subjunctive to be used. If there is no change of subject, the infinitive is used.

Yo espero **poder** tomar algunas decisiones.	*I hope that I can make some decisions.*

Actividades

A. *Opiniones.* **En parejas, combinen los elementos que aparecen en las dos columnas para indicar lo que Uds. lamentan, temen, esperan, etc., o lo que necesitan, quieren, sugieren, etc., que hagan distintos miembros de su familia. Agreguen los elementos necesarios.**

Modelo: Sugiero disciplinar
Te sugiero que **disciplines a los niños.**

1. Quiero	a. dar un beso
2. Temo	b. dar un abrazo
3. Me alegro	c. comunicarse mejor
4. Espero	d. llevarse bien
5. Sugiero	e. llevarse mal
6. Aconsejo	f. mantener
7. Necesito	g. ser unidos
8. Recomiendo	h. comprenderse
9. Lamento	i. apoyar
10. Siento	j. disciplinar
11. Me sorprende	k. regañar
12. Insisto en	l. enojarse
13. Ruego	m. querer

B. *¿Qué nos sugieren?* **Ud. y un(a) compañero(a) tienen un programa de radio en el cual reciben llamadas (*calls*) de los oyentes. Éstos les piden consejos a Uds. sobre problemas familiares. Túrnense para aconsejarlos.**

1. Mi cuñada siempre viene a mi casa sin avisar y a cualquier hora del día. ¿Qué me sugiere que haga?
2. Mi suegro quiere venir a vivir con nosotros, pero nuestra casa es muy pequeña. ¿Qué nos recomienda que hagamos?
3. Mis dos hermanos no son muy unidos y no se llevan bien. ¿Qué me aconseja que haga?
4. Mi yerno siempre regaña a los niños y eso me molesta. ¿Qué me sugiere que haga?
5. Tengo una tía que siempre se mete en todo y nos dice a mis hermanas y a mí lo que debemos hacer. ¿Qué nos aconseja que hagamos?
6. Mis hijastros siempre le están pidiendo dinero a mi esposo y nosotros no ganamos mucho. ¿Qué nos sugiere que hagamos?
7. Mi nuera se enoja conmigo cuando yo le doy consejos. ¿Qué me recomienda que haga?

8. Mi hija adoptiva, que vive en otra ciudad, no me visita nunca. ¿Qué me sugiere que haga?
9. Tengo una amiga que siempre me pide dinero prestado y nunca me lo devuelve. ¿Qué me aconseja que haga?
10. A mi madrastra no le gustan mis amigos y no quiere que salga con ellos. ¿Qué me sugiere que haga?

C. ***Cosas de la vida.*** **En grupos de tres o cuatro, hablen de cómo se sienten Uds. con respecto a diferentes situaciones en su vida. Usen expresiones como temo que, me alegro de que, siento que, ojalá que, es una suerte que, etc.**

PASO 2 Mesa redonda

En la Universidad Internacional de la Florida están celebrando la semana de la cultura hispanoamericana. Hoy el Club de Español presenta una mesa redonda° con estudiantes de Honduras, de Guatemala y de México. El tema a discutir es la relación que existe hoy en día° entre la mujer y el hombre en los países latinoamericanos. Los estudiantes norteamericanos que están tomando clases avanzadas de español hacen las preguntas.

round

hoy... nowadays

Michelle —Tengo entendido° que, en México, cuando una pareja va a alguna parte°, necesita una chaperona.

Tengo... I understand
a... somewhere

Lorena —No, no es verdad que un chico y una chica no puedan salir solos, especialmente en las grandes ciudades, pero generalmente salen en grupos.

John —Quizás° es así en la Ciudad de México o en Guadalajara, pero no creo que las chicas tengan mucha libertad en los pueblos pequeños.

Perhaps

Alma —Pues yo soy de Honduras, y es cierto que las jóvenes de hoy en día somos mucho más independientes que nuestras abuelas. Estoy hablando de la capital, por supuesto.

Vicky —¿Y qué piensan los muchachos latinoamericanos de las chicas que asisten a la universidad y quieren tener una carrera?

José Luis —Bueno, no hay duda de que, en Guatemala, por ejemplo, cada vez hay más estudiantes universitarias.

Alma —Sí, pero no creo que todos los hombres acepten de buena gana° estos cambios en los papeles tradicionales del hombre y de la mujer.

de... willingly

Lorena —Dudo que todos lo acepten de buena gana, pero tendrán que acostumbrarse a la idea de que la mujer tiene los mismos derechos° que el hombre.

José Luis —Yo creo que la incorporación de la mujer a la fuerza laboral se debe° principalmente a factores económicos.

Alma —Y también sociales. Cada vez hay más igualdad entre el hombre y la mujer.

José Luis —Y también más respeto mutuo y más cooperación. Las mujeres ayudan a mantener el hogar y los hombres cooperan un poco más en los quehaceres de la casa° y en la crianza de los niños.

derechos: rights
se... is due
quehaceres... housework

¿Cuánto recuerda?

Conteste lo siguiente con respecto a la mesa redonda.

1. ¿Qué celebran los estudiantes de la Universidad Internacional esta semana?
2. ¿Qué países latinoamericanos están representados en la mesa redonda?
3. ¿De qué temas van a hablar los miembros de la mesa redonda?
4. En las grandes ciudades, ¿pueden salir solos los jóvenes solteros?
5. ¿Qué piensa John de las chicas que viven en pueblos pequeños?
6. ¿Qué diferencias hay entre las chicas hondureñas de hoy y sus abuelas?
7. ¿Qué es lo que, según Alma, los hombres no van a aceptar de buena gana?
8. ¿Cuál es la opinión de Lorena?
9. Según José Luis, ¿cuál es la razón principal por la cual se ha incorporado la mujer a la fuerza laboral?
10. ¿Qué dicen Alma y José Luis sobre la relación actual entre los hombres y las mujeres de Latinoamérica?

Vocabulario

Las relaciones entre el hombre y la mujer

Nombres

el amor, el cariño *love*
la boda, el casamiento *wedding*
el compromiso *engagement*
la crianza *raising, education (of children)*
la luna de miel *honeymoon*
el matrimonio *marriage, married couple*
la novia *bride*
el novio *groom*
la pareja *couple*

Otras palabras y expresiones

comprometido(a) *engaged*
contraer matrimonio *to get married*
cooperar *to cooperate*
criar *to raise*
recién casados *newlyweds*
respetar *to respect*

Sociales. **Ud. y un(a) compañero(a) tienen que darle a un cronista social la información sobre el compromiso y la futura boda de dos amigos de Uds.: Sergio Guzmán y Ana Luisa Villegas. Hablen sobre los planes de los novios, incluyendo las fechas, fiestas, el viaje de luna de miel, etc.**

Estructura

El subjuntivo para expresar duda, incredulidad y negación

A. El subjuntivo para expresar duda o incredulidad

- When the verb of the main clause expresses doubt or uncertainty, the verb in the subordinate clause is in the subjunctive:

Dudo que los acepten de buena gana. *I doubt that they accept them willingly.*

¡ATENCIÓN! The subjunctive always follows the verb **dudar,** even if there is no change of subject. The indicative is used in the subordinate clause when no doubt is expressed.

Yo **dudo** que pueda ir a la boda.
I doubt that I can go to the wedding.

No hay duda de que cada vez **hay** más estudiantes universitarias.
There is no doubt that there are more and more college students.

- Certain impersonal expressions that indicate doubt are followed by the subjunctive. For example:

es difícil	*it is unlikely*
es dudoso	*it is doubtful*
es (im)posible	*it is (im)possible*
es (im)probable	*it is (im)probable*
puede ser	*it may be*

Es dudoso que él **coopere** en la crianza de los niños.
It is doubtful that he'll cooperate in the raising of the children.

Es posible que ellos **estén** comprometidos, pero **es improbable** que **contraigan** matrimonio.
It's possible that they are engaged, but it is improbable that they'll get married.

• The verb **creer** is followed by the subjunctive when it is used in negative sentences to express disbelief. It is followed by the indicative in affirmative sentences when it expresses belief or conviction.

No creo que las chicas **tengan** mucha libertad.
I don't think (believe) that girls have much freedom.

Creo que eso **se debe** a factores económicos.
I think (believe) that that is due to economic factors.

¡ATENCIÓN! When the verb **creer** is used in a question, the indicative is used if no doubt or opinion is expressed.

¿**Crees** que ellos **se llevan** bien?
Do you think they get along?

When expressing doubt about what is being said in the subordinate clause, the subjunctive is used.

¿**Crees** que ellos **se lleven** bien?
Do you think they get along? I doubt it!

B. El subjuntivo para expresar negación

• When the verb in the main clause denies what is being said in the subordinate clause, the subjunctive is used.

No es verdad que un chico y una chica no **puedan** salir solos.
It's not true that a young man and young woman cannot go out by themselves.

Yo **niego** que ellos **estén** criando a mis hijos.
I deny that they are raising my children.

¡ATENCIÓN! When the verb in the main clause does not deny, but rather confirms what is said in the subordinate clause, the indicative is used.

Es verdad que la boda **es** en septiembre.
It is true that the wedding is in September.

Yo **no niego** que **siento** amor por él.
I don't deny that I feel love for him.

Actividades

A. *¿Qué cree usted?* **En parejas, túrnense para contestar las siguientes preguntas. Comiencen diciendo Creo o No creo, Dudo o No dudo, o usen algunas de las expresiones que indican duda.**

1. ¿Cree Ud. que existe completa igualdad entre los hombres y las mujeres de los Estados Unidos?
   a. en cuanto a las oportunidades de trabajo
   b. en cuanto al salario
2. ¿Cree Ud. que las parejas jóvenes deben tener chaperones?
   a. chicos de 14 a 16 años
   b. chicos de 17 a 19 años
3. ¿Cree Ud. que las chicas de los pueblos pequeños tienen menos libertad que las de las ciudades grandes?
4. ¿Cree Ud. que hay más hombres o más mujeres que asisten a la universidad?
5. ¿Cree Ud. que todos los hombres norteamericanos ayudan a sus esposas en las tareas de la casa?
6. ¿Cree Ud. que en este país hay muchas mujeres que prefieren ser amas de casa *(housewives)?*
7. ¿Cree Ud. que una mujer que tiene una profesión puede ser buena esposa y madre?
8. ¿Cree Ud. que el sistema educativo de este país es muy bueno?

B. *Mi compañero(a) y yo.* **Estas son las afirmaciones que se hacen con respecto a Ud. y a su compañero(a). Digan cuáles son ciertas y cuáles no. Empiecen diciendo Es verdad (cierto) o No es verdad (cierto) o Niego o No niego, según corresponda.**

Uds....

1. son muy puntuales.
2. se enojan fácilmente.
3. respetan los derechos de los demás.
4. siempre les dan consejos a sus amigos.
5. se meten en la vida de los demás.
6. no se llevan bien con algunas de las personas con quienes trabajan.
7. están comprometidos para casarse.
8. nunca salen solos(as).
9. tienen mucho tiempo libre.
10. no ayudan en los quehaceres de la casa.
11. a veces regañan a sus amigos.
12. tienen muchos parientes políticos.

PASO 3 La juventud opina: Cartas al editor

A continuación° aparecen comentarios escritos por tres lectores sobre artículos publicados en la revista La época acerca de los problemas que confronta° la juventud° actual°.

A... Following

faces / youth / of today

Estoy de acuerdo con ustedes. No hay muchos padres que sepan comunicarse con sus hijos y explicarles los peligros de usar drogas. Les dan un sermón en vez de darles información sobre lo que pasa cuando alguien las toma o se las inyecta. Se necesita un programa que les enseñe a los padres a reconocer las señales° que les indican que sus hijos están tomando drogas.

signs

David Luján

El excelente artículo de Jorge Andrade sobre el desempleo entre los jóvenes debería ser leído por todos los miembros del gobierno. ¿Hay alguien que pueda negar que muchos profesionales están sin trabajo o subempleados? ¿Hay alguien que no vea la relación que existe entre el crimen y la falta de trabajo en los barrios pobres? Hay muchos jóvenes que se convierten en° delincuentes porque nadie les ha dado una oportunidad. Es responsabilidad del gobierno desarrollar° programas que solucionen estos problemas.

se... turn into

develop

María Leonor Alcalá Fuentes

En su columna del viernes pasado, Margarita Paván afirma° que no hay ningún programa que les dé a los estudiantes de las escuelas secundarias toda la información necesaria para evitar los embarazos y las enfermedades venéreas. Ella da muchas sugerencias para resolver el problema, pero omite la que, en mi opinión, es la más importante: la abstinencia.

states

Ana María Hernández Pujol

¿Cuánto recuerda?

Indique si los siguientes enunciados sobre los comentarios de los lectores del artículo son verdaderos (V) o falsos (F).

1. David Luján opina que la comunicación entre padres e hijos no es muy buena a veces.
2. Según David, los padres necesitan decirles a sus hijos lo que sucede cuando alguien toma drogas.
3. David Luján dice que hay varios programas que les dan información a los padres.
4. A María Leonor le gustó mucho el artículo escrito por Jorge Andrade.
5. María Leonor no ve ninguna relación entre la falta de trabajo y el crimen.
6. Para María Leonor, la solución del desempleo entre los jóvenes depende de los gobernantes.
7. Ana María Hernández Pujol está de completo acuerdo con lo que dice la columna de Margarita Paván.
8. Ana María piensa que lo mejor que pueden hacer los adolescentes para evitar los problemas del embarazo es no tener relaciones sexuales.

Vocabulario

Problemas sociales

Nombres

el crimen *crime*
la delincuencia *delinquency*
—juvenil *juvenile delinquency*
el (la) delincuente *delinquent*
el desempleo *unemployment*
la deserción escolar, el abandono de los estudios *dropping out*
el (la) drogadicto(a) *drug addict*
las drogas *drugs*
el embarazo de las adolescentes *teen pregnancy*
la enfermedad venérea *venereal disease*
la pobreza *poverty*
el SIDA[1] *AIDS*
el subempleo *underemployment*
la violencia *violence*

Dos informes. **Ud. y un(a) compañero(a) están en una clase de sociología y tienen que dar informes orales. Uno(a) de Uds. va a hablar sobre la violencia y el otro (la otra) va a hablar sobre problemas económicos. ¿Qué va a mencionar cada uno(a)?**

[1]Síndrome de inmunodeficiencia adquirida

Estructura

El subjuntivo para expresar lo indefinido y lo no existente

• When the subordinate clause refers to an indefinite, hypothetical, or non-existent object or person, the subjunctive is always used in Spanish.

¿**Hay alguien** que **pueda** negar que muchos profesionales están sin trabajo?
Is there anybody who can deny that many professionals don't have jobs?

No hay muchos padres que **sepan** comunicarse con sus hijos.
There aren't many parents who know how to communicate with their children.

Buscamos una secretaria que **sepa** hablar español.
We're looking for a secretary who knows how to speak Spanish.

• If the subordinate clause refers to existent, definite, or specified objects or persons, the indicative is used.

Hay muchos jóvenes que **se convierten** en delincuentes.
There are many young people who turn into delinquents.

Actividades

A. *Programas de ayuda.* **A continuación presentamos una lista de los diferentes tipos de ayuda social que existen en nuestra ciudad. En grupos de dos o tres, pregúntense si existen estos tipos de ayuda en la ciudad en que Uds. viven o digan si no los hay.**

En la ciudad donde nosotros vivimos existen organizaciones y programas que...

1. les dan información a los jóvenes sobre las enfermedades venéreas.
2. les enseñan a los padres a comunicarse con sus hijos adolescentes.
3. les hablan a los jóvenes sobre los peligros de las drogas.
4. ayudan a combatir el crimen.
5. les buscan trabajo a los estudiantes durante las vacaciones.
6. entrenan a los jóvenes en el uso de las computadoras.
7. combaten la deserción escolar.
8. les dan educación sexual a los adolescentes.
9. rehabilitan a los delincuentes juveniles.
10. ofrecen conferencias sobre problemas sociales.

B. *Opiniones.* **En grupos de tres o cuatro, hablen de lo que buscan, quieren o necesitan en relación a lo siguiente.**

1. en una mujer (un hombre)
2. en un trabajo
3. en un(a) empleado(a)
4. en una casa (un apartamento)
5. en un(a) secretario(a)
6. en un(a) compañero(a) de cuarto
7. en un coche

PASO 4 Sobre la educación

Lorena, Alma y José Luis están conversando en una cafetería de la universidad.

Lorena —Los estudiantes no nos hicieron ninguna pregunta sobre la educación en nuestros países y, sin embargo, cuando yo hablo con personas norteamericanas, siempre me preguntan algo de eso.

José Luis —(*bromeando*) Vamos a tener que prepararnos en caso de que tengan otra mesa redonda y nos hagan preguntas sobre nuestros sistemas educativos.

Alma —Yo siempre les digo que es más fácil asistir a una universidad aquí porque no tienen exámenes de ingreso tan rigurosos como en nuestros países.

Lorena —A menos que los padres tengan dinero y puedan enviar a sus hijos a una universidad privada...

José Luis —Yo siempre les hablo de que nosotros no tenemos que tomar requisitos generales, como aquí, y de que los estudiantes van directamente a las distintas facultades, según la carrera que quieren estudiar.

Alma —¡Sí, pero tomamos todos los requisitos en la escuela secundaria!

José Luis —En mi país, muchos niños no asisten a la escuela secundaria y muchos ni siquiera a la primaria. Cuando yo vuelva a Guatemala y sea ministro° de Educación, las cosas van a cambiar. secretary

Lorena —En serio, José Luis, para que podamos resolver los problemas de la educación en nuestros países, tendremos que resolver primero los problemas de la economía.

José Luis —Por eso, los estudiantes latinoamericanos son tan activos en la política, no como los de aquí, que no se interesan mucho en este tipo de problema.

Alma —(*Mira su reloj.*) ¡Uy, qué tarde es! Me voy porque, en cuanto llegue a casa, tengo que ponerme a estudiar. Mañana tengo un examen parcial.

¿Cuánto recuerda?

Conteste lo siguiente con respecto a la conversación entre Lorena, José Luis y Alma.

1. ¿Cuál es un tema que les interesa a los norteamericanos?
2. ¿José Luis se siente preparado para contestar preguntas sobre el sistema educativo de los países latinoamericanos?
3. ¿Cómo son los exámenes de ingreso en Latinoamérica?

4. ¿Qué pueden hacer los padres si sus hijos no pueden asistir a una universidad del estado?
5. ¿Dónde toman los estudiantes latinoamericanos los requisitos generales?
6. ¿Qué cosa dice José Luis que debe cambiar en Guatemala?
7. ¿Qué piensa Lorena que se debe hacer antes de solucionar los problemas educativos?
8. ¿Qué les interesa a los estudiantes latinoamericanos, que los estudiantes norteamericanos no parecen encontrar muy interesante?
9. ¿Quién tiene un examen mañana?
10. ¿Qué tiene que ponerse a hacer en cuanto llegue a su casa?

Vocabulario

La educación

Nombres

la beca *scholarship*
la carrera *career*
el (la) catedrático(a) *university professor*
el (la) consejero(a) *advisor, counselor*
el (la) decano(a) *dean*
el doctorado *doctorate*
la escuela elemental (primaria) *grade school*
la escuela secundaria *junior high and high school*
el examen de ingreso *entrance examination*
el examen final *final examination*
el examen parcial (de mitad de curso) *midterm examination*
la facultad *school (i.e., school of medicine, engineering, etc.)*
la inscripción, la matrícula *tuition*
la maestría *master's degree*
la nota *grade*
el (la) rector(a) *president of a university*
el requisito *requirement*
el sistema educativo *educational system*
el título universitario *college degree*

Verbos

aprobar (o:ue) *to pass (a test or a class)*
especializarse (en) *to major (in)*
graduarse *to graduate*
inscribirse *to enroll (i.e., in a class)*
matricularse *to register (at a college or university)*
quedar suspendido(a) (en) *to fail (a test or a class)*

De la escuela elemental a la universidad. **En grupos de tres o cuatro, traten de seguir los pasos de un estudiante desde la escuela elemental hasta que se gradúe de la universidad. Hablen de lo que tiene que hacer en cada etapa y de los títulos que puede obtener.**

Estructura

Expresiones que requieren el subjuntivo o el indicativo

A. Expresiones que siempre requieren el subjuntivo

• Some expressions are always followed by the subjunctive. Here are the most common ones.

a fin de que in order that
a menos que unless
antes (de) que before
con tal (de) que provided that
en caso de que in case
para que so that
sin que without

Tenemos que prepararnos **en caso de que tengan** otra mesa redonda.
We have to prepare ourselves in case they have another round table.

No pueden asistir **a menos que** los padres **tengan** dinero.
They can not attend unless their parents have money.

Para que podamos resolver los problemas de la educación, tendremos que resolver los problemas de la economía.
So that we can solve education problems, we'll have to solve economic problems.

B. Expresiones que requieren el subjuntivo o el indicativo

• The subjunctive is used after certain conjunctions of time when the main clause expresses a future action or is a command. Some conjunctions of time are:

cuando when
después (de) que after
en cuanto, tan pronto como as soon as
hasta que until

• Notice that, in the following examples, the action in the subordinate clause has not yet occurred.

Cuando yo **vuelva** a Guatemala y **sea** ministro de Educación, las cosas **van a cambiar.**
When I return to Guatemala and am secretary of education, things are going to change.

En cuanto llegue a mi casa, **tengo que ponerme** a estudiar.
As soon as I arrive home, I have to start studying.

Voy a hablar con el rector **después de que** los estudiantes **se vayan.**
I am going to speak with the (college) president after the students leave.

Vamos a esperar hasta que él termine el examen.
We are going to wait until he finishes the exam.

If there is no indication of a future action, the indicative is used:

Cuando yo **hablo** con personas norteamericanas, **siempre** me preguntan eso.
When I speak with American people, they always ask me about that.

Siempre me pongo a estudiar **en cuanto llego** a mi casa.
I always start studying as soon as I get home.

- The conjunctions **quizás** and **tal vez** (*perhaps*) and **aunque** (*even though* or *even if*) are followed by the subjunctive when they express doubt or uncertainty. If they do not, they are followed by the indicative.

Quizás David **consiga** una beca, pero **lo dudo.**
Perhaps David will get a scholarship, but I doubt it.

Tal vez sus padres **pueden** pagarle los estudios, porque tienen muchísimo dinero.
Perhaps his parents can pay for his schooling, because they have a lot of money.

- When **aunque** means *even if*, it is followed by the subjunctive.

No sé si Carlos se va a graduar o no pero, **aunque se gradúe,** no va a conseguir trabajo.
I don't know if Carlos is going to graduate or not but, even if he graduates, he's not going to get a job.

- When **aunque** is the equivalent of *even though*, it is followed by the indicative.

Aunque Selena tiene sólo once años, asiste a la escuela secundaria.
Even though Selena is only eleven years old, she attends junior high school.

Actividades

A. ***La vida universitaria.*** **Rosario Mercado es una estudiante mexicana que asiste a la UNAM[1]. Tiene mucho trabajo y muchos problemas. A continuación se presentan algunos de ellos. En parejas, túrnense para terminar cada oración, usando verbos en el presente de subjuntivo o de indicativo.**

1. Tendrá que estudiar para un examen en cuanto...
2. No podrá matricularse sin que sus padres...
3. No se va a graduar a menos que...
4. Va a hablar con su consejera para que...
5. Se va a inscribir en una clase de literatura tan pronto como...
6. Siempre llama a su novio en cuanto...
7. Tiene que trabajar tiempo completo aunque...
8. Va a aprobar el examen de matemáticas con tal que...

[1]Universidad Nacional Autónoma de México

9. No tiene dinero para libros, pero quizás...
10. Siempre estudia en la biblioteca hasta que...
11. Va a hablar con sus padres cuando...
12. Esta noche va a estudiar hasta que su compañera de cuarto...

B. *Entrevista.* **Entreviste a un(a) compañero(a), haciéndole las siguientes preguntas.**

1. Generalmente, ¿qué haces cuando llegas a la universidad?
2. Cuando tomes el próximo examen, ¿crees que lo vas a aprobar o que vas a quedar suspendido(a)?
3. ¿Tú estás trabajando ya o vas a esperar hasta que te gradúes?
4. ¿Tú puedes pagar la matrícula sin que te ayuden tus padres?
5. Generalmente, ¿hablas con tu consejero para que te diga qué clases debes tomar?
6. ¿Qué vas a hacer en cuanto termine esta clase?
7. ¿Qué vas a hacer en cuanto llegues a tu casa?
8. ¿Qué piensas hacer tan pronto como termine este semestre?

En general

A. *¿Qué piensa Ud.?* **En parejas, túrnense para decir si las siguientes afirmaciones son verdaderas o falsas. Si son falsas, corríjanlas.**

1. A veces los padres regañan a sus hijos.
2. Muchos dicen que las abuelas malcrían a sus nietos.
3. A las nueras les encanta que las suegras se metan en todo lo que ellas hacen.
4. Cuando un hombre y su esposa no se comprenden, son muy felices.
5. Cuando una mujer se enoja con su esposo, generalmente le da un beso.
6. En el cuento "Cenicienta" ("Cinderella"), la madrastra era una mujer buenísima.
7. Después de la boda, generalmente los recién casados van de luna de miel.
8. Siempre se celebra el compromiso después del casamiento.
9. Por lo general, los padres están encargados de la crianza de sus hijos.
10. En una boda, el centro de atención es la novia.
11. Un problema que existe en las escuelas secundarias es la deserción escolar.
12. Una de las causas de la pobreza es el desempleo.
13. Primero asistimos a la escuela secundaria y después a la escuela elemental.
14. Generalmente, los catedráticos tienen doctorado.
15. Los estudiantes se ponen muy contentos cuando sacan una mala nota en un examen.
16. Siempre les dan las becas a los estudiantes que quedan suspendidos en todas sus clases.

B. *Opiniones y experiencias.* **En grupos de dos o tres, hablen de sus experiencias o sus opiniones con respecto a lo siguiente.**

1. recuerdos de la escuela primaria
2. recuerdos de la escuela secundaria
3. su primer novio (su primera novia)
4. la comunicación entre las generaciones
5. los parientes políticos
6. un examen muy difícil
7. la delincuencia juvenil
8. la violencia en los Estados Unidos

C. *Conversaciones.* **En parejas, hagan el papel de las siguientes personas.**

1. un(a) consejero(a), que habla con un(a) estudiante
2. un(a) catedrático(a), que habla con un(a) estudiante que ha quedado suspendido(a) en un examen
3. dos sociólogos(as), que hablan de los problemas de la juventud
4. dos amigos(as), que hablan del papel de la mujer y el del hombre en la sociedad norteamericana

LECTURAS PERIODÍSTICAS

El credo de la mujer casada

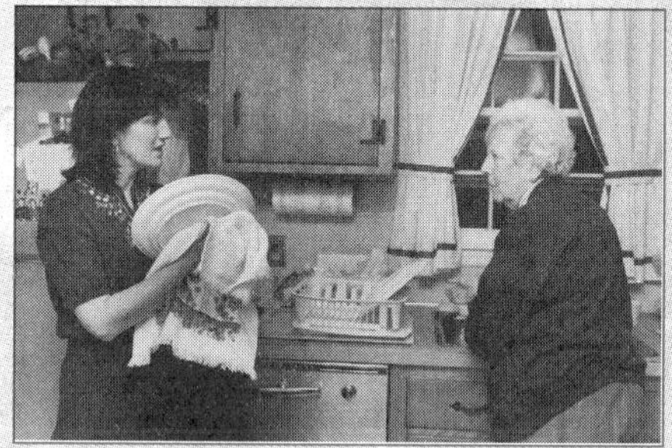

(En su artículo "El credo de la mujer casada", Elizabeth Subercaseaux presenta dos "credos": uno, escrito por su abuela, que representa a la mujer de otros tiempos y otro, escrito por su tía, que representa a la mujer moderna.)

EL CREDO DE LA ABUELA

Creo en un solo amor todopoderoso y en la sagrada institución del matrimonio, su natural consecuencia.

Creo en la santa paciencia con los maridos, en la comunión de los intereses y en que nunca ¡jamás! hay que soltarles los pocos ahorros que una tiene, porque se los gastan con otras mujeres.

Creo en la resurrección del romanticismo y en que más vale una flor que un insulto.

Creo que cuando viene la depresión hay que tomar rápido un avión a España y quedarse allá hasta que la depresión ceda el paso[1] a las ganas de volver.

Creo en la verdad, pero estoy completamente segura de que mi esposo no me la dice nunca.

Creo en la fidelidad conyugal, creo que el amor y el sexo forman un binomio indestructible y también creo que los maridos se comportan como si creyesen[2] lo contrario.

Creo que el matrimonio es un sacramento sólo de dos y que cuando entra un tercero hay que excomulgarlo[3] sin misericordia.

Creo que la vida juntos sigue siendo mejor que la vida separados.

EL CREDO DE LA TÍA

Creo en un solo amor todopoderoso, pero siempre y cuando el solo amor todopoderoso crea exactamente lo mismo que yo.

Creo en el matrimonio, pero no creo que una mujer tenga que cargar[4] para siempre con un marido machista y egoísta.

Creo que a un marido abusador hay que abandonarlo de inmediato.

Creo en la tolerancia y en la paciencia, pero no creo en la estupidez.

Creo en la confianza, pero también creo en el valor de los secretos.

Creo que cuando viene la depresión hay que tomar un avión a España y no regresar, a menos que el marido vuele a buscarla.

Creo en que hay que tener un espacio propio, un trabajo propio, un financiamiento propio y, por supuesto, una dignidad propia.

Y creo con firmeza que si el marido cree honestamente en estas mismas cosas, el matrimonio no tiene por qué no funcionar.

[1]*ceda...* yields / [2]*como...* as if they believed
[3]excommunicate him / [4]put up

Ahora...

En grupos de tres o cuatro, hablen de los dos "credos". ¿Con qué ideas se identifica Ud.? ¿Y su mamá? ¿Y su mejor amiga? ¿Y su esposa o novia? ¿Qué ideas creen Uds. que son las más acertadas? ¿Cuáles no les gustan? ¿Cuáles creen Uds. que tendrán validez en el futuro? ¿Pueden Uds. añadir algunas ideas al "credo" de la mujer moderna?

Cruzando fronteras

Otra vez de viaje...

Llegamos a Honduras, donde nos quedamos por unos días, para después visitar Guatemala y, finalmente, México.

Honduras

Cuando Colón llegó a las costas de esta región de Centroamérica, quedó soprendido por la profundidad de las aguas junto a la tierra, así que la llamó "Honduras°". Aquí floreció° el imperio maya unos 500 años antes de la llegada de los conquistadores. Hoy Honduras, con una superficie poco mayor que la del estado de Tennessee, tiene más de cinco millones de habitantes.

"Depths" / flourished

Honduras es el único país centroamericano que no tiene volcanes, pero esto no le ha favorecido, pues las tierras volcánicas son, por lo general, fértiles y buenas para la agricultura. Como la economía del país se basa en la agricultura y el 60 por ciento de la población depende de esta actividad, Honduras es hoy uno de los países más pobres de América.

Por otra parte, la pobreza de la tierra ha dado lugar a la agricultura migratoria y esto, y la explotación maderera°, han ocasionado la pérdida de casi la tercera parte de los bosques° del país en los últimos 25 años. A pesar de esto, Honduras cuenta hoy con el mayor bosque de pinos del mundo.

lumber
forests

La capital de Honduras es Tegucigalpa, palabra compuesta de dos voces indígenas que significan "colina° de plata". La mayor atracción turística del país es Copán, nombre que en el idioma indígena significa "puente° de madera". Los orígenes de esta ciudad se remontan a° hace unos dos mil años y de ella sólo quedan ruinas que, si no tan grandes como las de Tikal en Guatemala y Chichén Itzá en México, éstas no pueden igualar el encanto° de su detallado trabajo artístico.

hill
bridge
se... go back to
charm

Guatemala

Guatemala es otro de los países centroamericanos cuyo territorio fue parte del imperio maya que floreció, por más de mil años, en lo que hoy es Guatemala, Honduras y parte de México. De estos tres países, Guatemala fue el foco cultural más importante de la civilización de este imperio.

Éste es un país de grandes contrastes: en la capital misma°, Guatemala, alternan centros comerciales de lujo° y residencias millonarias con chozas humildes. En el interior del país, la situación es a veces peor: en las aldeas° de las costas del lago Atitlán, los descendientes de los mayas viven casi de la misma forma como vivían sus antepasados° hace 500 años.

itself
de... luxury
villages
ancestors

El lenguaje oficial del país es el español, pero la mayor parte de los indígenas hablan sus propias lenguas. Los hombres hablan un poco de español, pero no así las mujeres, que tienen menos oportunidades de educación y menos contacto con el mundo exterior.

El 40 por ciento del territorio del país está cubierto de bosques. La región de Petén, al noroeste, es una selva° tropical en medio de la cual se conservan las ruinas de la ciudad maya de Tikal, uno de los sitios arqueológicos más interesantes de toda América. La primera ciudad colonial de Guatemala, construida sobre la base del Volcán de Agua, fue totalmente destruida por una erupción del volcán. Entonces los conquistadores se trasladaron° al valle de Panchoy y la ciudad creció hasta convertirse en la capital de la región de Guatemala y, cuando el país se independizó, en la capital de la Federación Centroamericana. Después de una serie de devastadores terremotos, la capital fue trasladada a la actual Ciudad de Guatemala, y la antigua capital pasó a llamarse simplemente Antigua.

jungle
se... moved

En la actualidad°, Antigua es un centro de atracción turística. El escritor inglés Aldous Huxley calificó a Antigua como una de las ciudades más románticas del mundo.

En... Nowadays

Guatemala es un país de volcanes, montañas y bellísimos paisajes. Su clima es extremadamente agradable y, por esta razón, es "el país de la eterna primavera".

México

Con más de 760.000 millas cuadradas de superficie, México tiene una población de unos 96 millones de habitantes. El idioma oficial del país es el español, pero los indígenas todavía hablan entre ellos sus lenguas nativas.

México fue asiento de algunas de las más grandes y tempranas culturas antiguas, cuyas realizaciones° son comparables a las de los egipcios y a las de los europeos primitivos. La cultura maya se desarrolló° unos seis siglos antes de nuestra era y construyó ciudades increíbles en México y en Centroamérica. La cultura que más influyó en México fue la de los aztecas, que entendieron la astronomía, tenían un calendario bastante° preciso, eran artesanos hábiles y construyeron un gran imperio.

accomplishments
se... developed
quite

Hoy México es un país en avanzado proceso de industrialización que, según el *Informe sobre el desarrollo humano* de la Organización de las Naciones Unidas de 1997 ocupa, por su desarrollo, el lugar número 50 entre las 175 naciones del mundo. En 1994, sin embargo, México sufrió una terrible recesión económica que puso al país al borde de la quiebra°. A pesar de que esta crisis económica provocó conflictos sociales aún no resueltos, el país está recuperándose económicamente y la crisis provocó cambios políticos que están haciendo de México una nación más democrática. Desde la firma del Tratado de Libre Comercio de Norteamérica (*NAFTA*, por sus siglas° en inglés), la inversión extranjera aumenta aceleradamente, y más mexicanos encuentran buenos trabajos en las *maquiladoras*[1] y en otras industrias de exportación.

bankruptcy
acronym

México ha invadido el mundo con su música y con sus comidas, y el mundo hispánico y a los Estados Unidos de habla hispana con sus telenovelas. Hoy en día hay restaurantes de comida mexicana en París, se escucha a los mariachis en Japón, y Televisa es la empresa de televisión de habla hispana más poderosa del mundo.

¿Cuánto hemos aprendido?

A. La clase se dividirá en tres grupos. Cada grupo preparará unas diez o doce preguntas sobre uno de los países visitados para hacérselas al resto de la clase.

B. En parejas, establezcan comparaciones entre Honduras, Guatemala y México, con respecto a lo siguiente.

1. su pasado indígena
2. aspectos geográficos
3. su economía

[1]Empresas extranjeras establecidas en México cerca de la frontera con los Estados Unidos, que producen exclusivamente para exportar.

Ventana al mundo literario

NERY ALEXIS GAYTÁN *(Honduras: 1961–)*

Nery Alexis Gaytán, autor hondureño, es conocido por su libro Reloj de arena *(1989). Sus relatos se han publicado en revistas como* Sobrevuelo, Tragaluz *y* Arte. *En algunos de sus relatos se ve la influencia del famoso escritor argentino Jorge Luis Borges.*

Preparación

Lea las primeras cuatro oraciones. ¿Cuál es el problema de la protagonista? ¿Quién la ayuda a resolverlo? ¿Qué sensaciones se describen en estas líneas? ¿De qué cree Ud. que va a tratar el cuento?

Como si fuera la madre

Al acariciarlo, deposita en ese ser° toda la ternura de su alma maternal. Los rizos° dorados del infante se balancean en sus manos como nubes en un cielo de paz. ¡Cuánta felicidad trajo él a su vida! Ahora tiene cómo hacerle frente° a la soledad. El pequeño le tiende los bracitos y, en el calor del abrazo (ese abrazo que te ata° a lo que no te pertenece, no lo olvides) se esfuman los rescoldos° de su desamparo°. Él es su niño. Y evocando el momento de su inmensa alegría, recuerda cómo le llegó a la casa: el timbre° que suena, la canastilla° en la puerta, él, cubierto con una mantita, sufriendo de frío. Sí, es suyo y nadie podrá quitárselo. Por eso lo esconde°, nunca sale a la calle con él, no se arriesgará a que se lo quiten ahora que está grande y sano°; quizás después, en una época cuando ya nadie lo recuerde, pueda pasearse con su chiquillo sin ningún temor°. Sin embargo, sus sentimientos maternales le hacen pensar que si lo dejaron en la puerta de su casa fue porque no lo querían, y deseaban que ella lo protegiera. Quizás lo mejor sería que se fuera a vivir a otro lugar, pero no puede; esa casa es lo único que tiene y no la abandonará; además, ahí están todos sus recuerdos, ¿qué haría ella sin su pasado?, no quiere ni pensarlo. Aunque ya no están, siente la presencia de sus padres, de su hermana Luisa, quien murió de fiebres extrañas —ella sabe la verdadera causa, pero nunca la dirá, no va a traicionar la fe que su hermana le tenía—. Es como si desde el otro mundo estuvieran siempre pendientes de ella todos los que aún la aman. ¡No, ésa es la casa de su familia y nunca la abandonará! Eso es lo único que no haría por su niñito. Pero, cuando la mira y le sonríe, piensa que nunca podrá negarle° nada, en esos momentos él se apodera° de su vida toda. Su vocecita° infantil le estremece°

being
curls
hacerle... face
te... binds / ashes
neglect
doorbell / basket
hides
healthy
fear
deny him / *se...* takes over / little voice / shakes

el alma: "¡Mami, te quiero!... ¡Mami!... ¡Mami!... " Después de todo, ella sólo es una vieja ridícula, tal vez pueda irse a vivir a otro lugar donde no haya ningún peligro de perder a su tesorito°, a su pobre nene°. ¿Quién lo cuidará y protegerá como lo hace ella? ¡Nadie, por supuesto!, en este mundo plagado por la prisa°, ya no hay lugar para los buenos sentimientos. ¡Qué tiempos tan hermosos los de antes, cuando se podía confiar en los demás!, pero ya no existen, la crueldad del hombre de ahora los ha negado. Lo único que le queda° de ese entonces son sus recuerdos, su casa; aunque quiera no la puede abandonar, ¡sería como dejar atrás su corazón, y eso es imposible! Pobre nene, está condenado a vivir aquí para siempre. Entonces piensa que es una mujer cruel, porque le está negando el mundo. Sí, es cierto que es una vida triste la de afuera°, pero él tiene derecho a conocerla, a compartir° ese encuentro de lo cotidiano° con niños de su misma edad. Y sintiendo que él ha de partir,° viene a ella la tristeza, porque sabe que con el paso del tiempo tendrá que enfrentar ese dilema, forzosamente... ¡pero eso ya lo verá después, todavía no existe ese momento!, y asomándole la alegría por una esquinita del alma, abraza a su pequeñito —entre risas tristes— olvidando la soledad y el temor; él, como sabiendo que es el único que le puede brindar° cariño, le replica con su vocecita: "Mami, te quiero!... ¡Mami!... ¡Mami!... " (Sí, te abrazas a ese pequeño, escapando el vacío° de tus días; oyes que te habla, ¡si pudiera, claro!, pero él hace lo mejor que puede y, en sus ladridos°, es seguro que canta el amor.)

little treasure / baby
plagado... burdened by haste
le... is left for her
outside / share
lo... daily life
ha... he will leave
offer
emptiness
barkings

Díganos...

1. ¿Cómo llegó a la mujer el ser que le trajo tanta felicidad?
2. ¿Por qué no sale nunca a la calle con él?
3. ¿Por qué no quiere irse a vivir a otro lugar?
4. ¿Qué presencias siente la mujer?
5. ¿Qué pasa cuando oye la vocecita infantil?
6. ¿Qué piensa la mujer del mundo actual?
7. ¿Por qué piensa ella que es una mujer cruel?
8. ¿Es inesperado (*unexpected*) el final del cuento? ¿Por qué?

Desde su mundo

En grupos de dos o tres, hablen de los animales que Uds. tenían cuando eran niños(as). ¿Qué sentían por ellos? ¿Jugaban con ellos? ¿Tienen animales ahora? Si nunca tuvieron animales, digan por qué.

Algunos animales: gato (*cat*); perro (*dog*); peces de colores (*goldfish*); pájaro (*bird*); loro (*parrot*); periquito (*parakeet*); conejillo de Indias (*Guinea pig*)

Para escribir...

Escriba uno o dos párrafos sobre uno de los siguientes temas:

1. "Cuando yo me siento solo(a)... "
2. La casa de mi infancia

AUGUSTO MONTERROSO *(Guatemala: 1921–)*

Este conocido escritor guatemalteco nació en la Ciudad de Guatemala. Ha sido profesor y diplomático. Sus cuentos son cortos y de carácter irónico. Escribe sobre algunos aspectos de la sociedad contemporánea o sobre momentos históricos de su país.

El cuento que aparece a continuación pertenece al libro La oveja° negra y demás fábulas *(1971). En las fábulas, el autor presenta a los animales como superiores a los seres humanos.*

sheep

Preparación

Sabiendo que David es un personaje bíblico y que venció° al gigante Goliat con su honda° ¿qué habilidad cree Ud. que posee el David del cuento?

defeated
slingshot

La honda de David

Había una vez un niño llamado David N. cuya puntería° y habilidad en el manejo de la honda despertaban tanta envidia° y admiración entre sus amigos de la vecindad° y de la escuela, que veían en él —y así lo comentaban entre ellos cuando sus padres no podían escucharlos— un nuevo David.

Pasó el tiempo.

Cansado del tedioso tiro al blanco° que practicaba disparando sus guijarros° contra latas vacías o pedazos de botella, David descubrió un día que era mucho más divertido ejercer° contra los pájaros la habilidad con que Dios lo había dotado°, de modo que de ahí en adelante la emprendió con° todos los que se ponían a su alcance°, en especial contra pardillos, alondras, ruiseñores y jilgueros[1], cuyos cuerpecitos sangrantes° caían suavemente sobre la hierba, con el corazón agitado aún por el susto° y la violencia de la pedrada°.

David corría jubiloso hacia ellos y los enterraba° cristianamente.

Cuando los padres de David se enteraron de esta costumbre de su buen hijo se alarmaron mucho, le dijeron que qué era aquello, y afearon° su conducta en términos tan ásperos° que, con lágrimas en los ojos, él reconoció su culpa, se arrepintió, sincero, y durante mucho tiempo se aplicó a disparar exclusivamente sobre los otros niños.

Dedicado años después a la milicia°, en la Segunda Guerra mundial, David fue ascendido° a general y condecorado con las cruces más altas por matar él solo a treinta y seis hombres, y más tarde degradado° y fusilado° por dejar escapar viva una paloma mensajera° del enemigo.

aim
jealousy
neighborhood

tiro... target shooting / pebbles
to use / *Dios...* God had endowed him / *la...* he attacked / reach / bleeding
fright / blow with a stone / buried
criticized
harsh
military
promoted
demoted / executed
paloma... carrier pigeon

[1]**pardillos...** linnets, larks, nightingales, goldfinches

Díganos...

1. ¿Qué sentían por David N. sus amigos?
2. ¿Por qué lo llamaban "un nuevo David"?
3. ¿Contra qué disparaba David sus guijarros al principio?
4. ¿Qué descubrió un día?
5. ¿Qué pasó cuando los padres de David se enteraron de lo que hacía su hijo?
6. ¿Qué hizo él después de escuchar a sus padres?
7. ¿Por qué fue ascendido David a general?
8. ¿Qué le pasó a David al final?

Desde su mundo

En grupos de dos o tres, hablen de alguna ocasión en la que sus padres se enojaron mucho por algo que Uds. hicieron.

Para escribir...

Escriba uno o dos párrafos sobre uno de los siguientes temas.

1. A veces los niños son crueles.
2. Cuando era niño(a), mi mejor amigo(a) y yo...

MANUEL GUTIÉRREZ-NÁJERA *(México: 1859–1895)*

Manuel Gutiérrez-Nájera fue uno de los precursores del Movimiento Modernista en la literatura mexicana. Desde muy joven se interesó por la literatura y a muy temprana edad llegó a ser° periodista, escribiendo no sólo artículos sino también versos y cuentos, a través de los cuales adquirió fama. Su obra, que no es muy extensa, comprende versos y prosa. Publicó un solo libro de versos: Poesía *(1896).*

Gutiérrez-Nájera es el creador del cuento modernista en su país, y es en la prosa donde se muestra más innovador, por el sentido poético que utiliza en ella. Publicó dos colecciones de cuentos: Cuentos frágiles *(1883) y* Cuentos de color de humo *(1890–1894). En sus cuentos muestra humorismo, una observación irónica de la vida y una gran imaginación.*

llegó... became

Preparación

La selección que aparece a continuación presenta el caso de un propietario que está hablando con un futuro inquilino°. El propietario° tiene reglas muy estrictas y absurdas para las personas que van a alquilar su casa. Sabiendo que Gutiérrez-Nájera escribe cuentos humorísticos llenos de ironía, ¿cuáles cree Ud. que son esas reglas? Haga una lista de las posibilidades.

tenant / landlord

El alquiler de una casa *(Adaptado)*

Personajes:

EL PROPIETARIO *hombre gordo, de buen color, bajo de cuerpo y de carácter alegre.*

EL INQUILINO *hombre joven y flaco°.* — skinny

Acto único:

EL PROPIETARIO: —¿Es usted, señor, quien desea arrendar° el piso alto de la casa? — to lease

EL ASPIRANTE A INQUILINO: —Un servidor de usted°. — *Un...* At your service

—Ah, tome usted asiento. Voy a interrogarlo brevemente°. — briefly

—¿Interrogarme?

—Espere. Voy a cerrar la puerta para que no entre nadie.

—Yo no quiero molestar°... si usted está ocupado... — to bother

—De ninguna manera°, de ninguna manera. Tome usted asiento. — *De...* Not at all

—Puedo volver...

—De ningún modo. Es cuestión de brevísimos momentos. (*Mirándolo*). La cara no es tan mala... buenos ojos, buena voz.

—Me había dicho el portero°... — doorman

—¡Perdón! Vamos por partes°. ¿Cómo se llama usted? — *Vamos...* One thing at a time

—Carlos Saldaña.

—¿Saldaña a secas°? Bueno, si arrienda usted mi casa, se llamará usted *de Saldaña*. Eso le da alguna distinción al apellido. — *a...* just

—¡Pero, señor!

—Nada, nada. Continuemos.

—Tengo treinta años. Soy soltero.

—¿Soltero? Bueno, bueno... usted me dirá que esto no me atañe° pero le diré que me va a disgustar enormemente si su novia es morena. — *no...* is not my business

—Pero, señor mío...

—Será una debilidad°, yo lo confieso, pero a mí me revientan° las morenas. De modo que, si la casa le conviene, quiero que se obligue, por escrito, a que todas sus amigas sean rubias. ¿Tiene usted profesión? — weakness / *me...* I can't stand

—Ninguna.

—Lo celebro°. Es la mejor garantía de que los inquilinos no harán ruido°. — *Lo...* I'm glad / noise

—Me dedico a cuidar mis intereses...

—Perfectamente, ya hablaremos de eso. Le voy a presentar° a mi abogado. — introduce

—Gracias, tengo el mío.

—No importa°. Cambiará usted en cuanto se mude a esta casa. Yo le he prometido a mi abogado darle la clientela de mis inquilinos. ¿Qué tal de salud? ¡Pues, desnúdese° usted! — *No...* It doesn't matter / take off your clothes

—¿Qué...?

—Por un instante. Es una formalidad necesaria. No quiero que mis inquilinos sean enfermos.

—Pero...

—¡Vamos! La otra manga°. Malo, malo. No parecía usted tan flaco... sleeve
—¿Puedo ponerme el saco°? coat
—Espere un momento. ¿No hace usted ejercicio?
—Doy once vueltas° a la Alameda todas las tardes. laps
—Eso es poco. De hoy en adelante° vivirá usted en el campo tres meses al año. Nosotros siempre viajamos en otoño. *De...* From now on
—En cuanto a la renta... treinta y cinco pesos me parece mucho...
—Pero hombre, vamos por partes...
—Pero...
—¿Cree usted que alquilarme una casa es lo mismo que comprarse un pantalón?
—Yo ignoraba...
—Bueno, voy a leerle mis condiciones de arrendamiento°: lease
Art. 1o.[1] El inquilino se acostará y se levantará a la misma hora que su propietario, para no turbar° el reposo de este último. disturb
Art. 2o.[1] El inquilino se asomará° al balcón por lo menos dos veces al día, frotándose° las manos, satisfecho, para acreditar el excelente servicio de la casa. *se...* will go out / rubbing
Art. 3o. El inquilino invitará a comer al dueño todos los días 15, asegurándose de no llevarlo a ninguna fonda° de segunda clase. inn
Art. 4o. Los artistas y los literatos que vengan a visitar al inquilino, subirán por la escalera de la servidumbre°. servants
—¿Eso es todo, señor?
—Creo que sí. Ah, se me olvidaba... ¿No es usted masón?
—No.
—Pues lo siento. Mi mujer está muy interesada en conocer esos secretos.
—Si usted quiere, puedo hacerme masón...
—Se lo agradecería muchísimo.
—Entonces... treinta pesos...
—Dispense° usted. Olvidé preguntarle. ¿Por qué dejó usted su antiguo° domicilio? Excuse me / former
—¿Yo? ¡Por nada! Porque arrojé° por el balcón al propietario... threw

Díganos...

1. ¿Cómo describe el autor al propietario y al inquilino?
2. ¿Qué es lo primero que hace el propietario?
3. ¿Por qué quiere el propietario que el inquilino se llame "de Saldaña"?
4. ¿Por qué no quiere el propietario que la novia del inquilino sea morena?
5. ¿Qué debe prometer formalmente el inquilino?
6. ¿Qué profesión tiene el inquilino?
7. ¿A quién le presentará el propietario?
8. ¿Qué debe hacer el inquilino de hoy en adelante?
9. Según las condiciones de arrendamiento, ¿a qué hora se acostará y se levantará el inquilino?
10. ¿Qué tendrá que hacer el inquilino cuando se asome al balcón? ¿Para qué?
11. ¿Por qué quiere el propietario que el inquilino se haga masón?
12. ¿Por qué dejó el inquilino su último domicilio?

[1]Artículo primero, segundo, etc.

Desde su mundo

¿Qué condiciones le pondrían Ud. y un(a) compañero(a) a alguien que quisiera alquilar su casa o apartamento?

Para escribir...

Escriba uno o dos párrafos sobre uno de los siguientes temas.

1. La persona más mandona (*bossy*) que yo conozco
2. ¿Cuáles son las ventajas y desventajas de alquilarle su casa a alguien?

LECCIÓN

6

Mirando televisión

OBJETIVOS

Estructura:	El imperativo: **Ud.** y **Uds.** • El imperativo: **tú** • El imperativo de la primera persona del plural • Los pronombres relativos
Temas para la comunicación:	La televisión • Las telenovelas • Las noticias • La política • La publicidad
Cruzando fronteras:	Los mexicoamericanos • Los puertorriqueños • Los cubanoamericanos
Ventana al mundo literario:	Sabine R. Ulibarrí • Julia de Burgos • Josefina González

PASO 1 Los televidentes comentan

Las siguientes cartas fueron recibidas por el director de programación del canal 72 y representan opiniones sobre algunos de los programas que transmite ese canal.

18 de octubre

Señores:

Les escribo para decirles que los programas infantiles que Uds. ofrecen dejan mucho que desear°. Si quieren mejorar su programación hagan lo siguiente:

1. Eviten° la violencia en los dibujos animados.
2. Ofrezcan más programas de tipo educativo.
3. Denle a los niños la oportunidad de escuchar buena música.
4. Limiten el número de anuncios comerciales y no traten de venderles productos que no son adecuados para ellos.

¡No se olviden de que, si los padres no están contentos con la calidad de sus programas pueden, y van a cambiar de canal!

Susana Castañeda

Susana Castañeda
El Paso, Texas

dejan... leave much to be desired / Avoid

20 de octubre

Sr. Director:

Tengo cuatro hijos de entre ocho y catorce años de edad y frecuentemente miran la tele entre las seis y las nueve de la noche. Por eso, quiero hacerle una petición°: ¡No incluya programas que contengan escenas de violencia o de sexo! Tenga en cuenta° que a esas horas muchos niños y adolescentes están frente al televisor ¡Y no me diga que es la responsabilidad de los padres vigilar° los programas que ven los niños! No podemos estar con ellos 24 horas al día.

Julio César Rivas

Phoenix, Arizona

appeal
Tenga.... Keep in mind / to watch

¿Cuánto recuerda?

Indique si los siguientes enunciados sobre las cartas escritas al director del canal 72 son verdaderos (V) o falsos (F).

1. Susana Castañeda está satisfecha con los programas del canal 72.
2. Los programas de dibujos animados no deben ser violentos, según la Sra. Castañeda.
3. La Sra. Castañeda cree que se debe aumentar la cantidad de anuncios comerciales.

4. La Sra. Castañeda desea que haya más programas educativos en la televisión.
5. La Sra. Castañeda cree que los programas musicales no son apropiados para los niños.
6. El Sr. Rivas cree que después de las seis de la tarde ya pueden presentarse programas violentos.
7. El Sr. Rivas opina que son los padres los que tienen que preocuparse de los programas que ven sus hijos.

Vocabulario

La televisión

Nombres

el anuncio comercial, el comercial *ad, commercial*
la cadena (de televisión) *(television) network*
el canal *channel*
la censura *censorship*
el control remoto *remote control*
los dibujos animados *cartoons*
la guía de televisión *T.V. guide*
el programa de concursos *game show*
el programa infantil *children's program*
la programación *programming*
la telenovela *soap opera*
el (la) televidente *T.V. viewer*
el televisor *T.V. set*

Verbos

anunciar *to advertise, to announce*
apagar el televisor *to turn off the T.V.*
mirar la tele *to watch T.V.*
poner (encender) el televisor *to turn on the T.V.*
transmitir *to broadcast*

Los televidentes opinan. **En grupos de dos o tres, hablen de lo siguiente.**

1. los programas de televisión que miran Uds. y otros miembros de su familia
2. lo que hacen durante los anuncios comerciales
3. quién es el "dueño" del control remoto y de la guía de televisión
4. ¿Qué canal creen Uds. que tiene la mejor programación? ¿Por qué? Den detalles.
5. ¿Cuáles son sus programas favoritos? ¿Por qué los prefieren? Den todos los detalles posibles sobre ellos.

Estructura

El imperativo: Ud. y Uds.

As you will recall the command forms for Ud. and Uds. are identical to the corresponding present subjunctive forms.

A. *Formas regulares*

		Ud.	**Uds.**
-**ar** verbs	mirar	mir -**e**	mir -**en**
-**er** verbs	comer	com -**a**	com -**an**
-**ir** verbs	abrir	abr -**a**	abr -**an**

Limite el número de anuncios comerciales. — *Limit the number of commercials.*
Ofrezcan más programas de tipo educativo. — *Offer more educational programs.*

¡ATENCIÓN! Negative **Ud. / Uds.** commands are formed by placing **no** in front of the verb.

No cambien de canal. — *Don't change channels.*

B. *Formas irregulares*

	dar	**estar**	**ser**	**ir**
Ud.	dé	esté	sea	vaya
Uds.	den	estén	sean	vayan

Vayan a la oficina del director. — *Go to the director's office.*

C. *Posición de las formas pronominales con el imperativo*

• With *affirmative commands*, the direct and indirect object pronouns and the reflexive pronouns are *attached to the end of the verb*, thus forming only one word.

Den**les** a los niños la oportunidad de escuchar buena música.
Give the children the opportunity to listen to good music.

ATENCIÓN: Note the use of the written accent mark.

Tráiga**melo**.	*Bring it to me.*
Siénte**se**.	*Sit down.*

- With *negative commands*, the pronouns are placed *before* the verb and *after* **no**.

No **me** diga que ésa es mi responsabilidad.
Don't tell me that that's my responsibility.

No **se** levante. *Don't get up.*

Actividades

A. *En el estudio de televisión.* **La Srta. Esmeralda Villegas es estudiante de comunicaciones en la Universidad de California y este verano está trabajando de aprendiz (*apprentice*) en un estudio de televisión. Éstas son las instrucciones que le da la secretaria del director. En parejas, túrnense para dar las órdenes, usando la forma imperativa Ud.**

1. Venir el lunes y traer las copias de los anuncios. Dejarlos en el escritorio del director.
2. Tratar de llegar antes de las diez y darle todos los mensajes al director.
3. Preparar una lista de las personas que van a tomar parte en el programa de concursos y ponerla en mi escritorio.
4. Ir a la cafetería y comprar sándwiches para el almuerzo.
5. Llamar al Sr. Valdés y decirle que la reunión es esta tarde.
6. Escribir las cartas, pero no enviarlas antes de que las lea el director.
7. No olvidarse de encargar las flores para la Srta. Williams.
8. Estar en el estudio número 8 a las tres y acordarse de llevar las fotografías del Sr. Lanza.

B. *Dos aprendices.* **Ahora imagínense que en lugar de un aprendiz hay dos. Túrnense para darles a ellos las mismas órdenes del ejercicio anterior.**

C. *Órdenes.* **En grupos de dos o tres, denles dos o tres órdenes afirmativas y dos o tres negativas a las siguientes personas.**

1. a un camarero en un restaurante
2. a dos personas que los están ayudando con los quehaceres de la casa
3. a su secretaria
4. a dos niños a quienes Uds. están cuidando
5. a dos compañeros de clase
6. al empleado de una gasolinera

PASO 2 El capítulo de hoy

Magaly y Graciela, dos chicas cubanoamericanas que viven juntas en un apartamento, están listas para ver un nuevo capítulo de su telenovela favorita *Tardes de pasión.*

Magaly —Trae el control remoto y siéntate. No te pierdas° el principio.

Graciela —¡Ay sí! Hoy el esposo de Laura va a descubrir que ella tiene un amante.

Magaly —La última escena de ayer fue estupenda°. ¡Fernando Lagar es un gran actor! Oye, hazme un favor, ve a la cocina y trae las rositas de maíz°[1].

Graciela —Bueno, enciende el televisor; en seguida vuelvo.

No... Don't miss

great

rositas... popcorn

(*Durante los anuncios comerciales*)

Magaly —¿Cómo se llama la actriz que hace el papel de la hermana de Laura?

Graciela —Marisol Ferrari... Yo la vi en otra telenovela en la que ella tenía el papel principal. Es muy buena actriz.

Magaly —¡Ah! No te olvides de que mañana tenemos la cena en casa de Adolfo. Acuérdate de grabar el próximo capítulo.

Graciela —No te preocupes. Lo grabo sin falta°.

sin... without fail

¿Cuanto recuerda?

Indique si los siguientes enunciados sobre el diálogo entre Magaly y Graciela son verdaderos (V) o falsos (F).

1. Los padres de Magaly y Graciela nacieron en Cuba.
2. Magaly y Graciela son fanáticas de las telenovelas.
3. Laura, la protagonista de la telenovela, es soltera.
4. Según Magaly, Fernando Lagar no es un buen actor.
5. Las chicas van a comer algo mientras ven la telenovela.
6. Marisol Ferrari solamente ha hecho una telenovela.
7. Magaly y Graciela tienen un aparato de video y una grabadora.

[1] Llamadas también *palomitas de maíz.*

Vocabulario

Las telenovelas

Nombres

el actor *actor*
la actriz *actress*
la actuación *acting*
el (la) amante *lover*
el aparato de video, la videocasetera *V.C.R.*
el capítulo *chapter, episode*
el diálogo *dialogue*
la escena *scene*
el guión *script*
el papel *role*
— principal *leading role*
el personaje *character*
la trama *plot*

Otras palabras y expresiones

actuar *to act*
grabar *to tape, to record*

Selecciones. **En grupos de tres o cuatro, imaginen que están encargados de seleccionar a todas las personas que van a trabajar en la creación de una telenovela. Usando a los miembros de la clase, digan quiénes van a hacer lo siguiente y expliquen por qué escogen a esas personas.**

1. escribir el guión
2. tener el papel principal
3. ser actores y actrices
4. dirigir las escenas
5. aprobar la trama y los diálogos

Estructura

El imperativo: tú

- The affirmative command form for **tú** has the same form as the third-person singular of the present indicative

Verb	Present indicative	Familiar command (tú)
hablar	él habla	**habla**
comer	él come	**come**
abrir	él abre	**abre**
empezar	él empieza	**empieza**
contar	él cuenta	**cuenta**
servir	él sirve	**sirve**

Trae el control remoto. *Bring the remote.*

- Eight verbs have irregular affirmative **tú** command forms.

poner	**pon**	salir	**sal**
tener	**ten**	decir	**di**
venir	**ven**	ser	**sé**
hacer	**haz**	ir	**ve**

Ve a la cocina. *Go to the kitchen.*

- The negative **tú** command uses the corresponding forms of the present subjunctive.

no **hables** no **comas** no **abras**

No **traigas** el control remoto. *Don't bring the remote.*

¡ATENCIÓN! Object and reflexive pronouns used with **tú** commands are positioned just as they are with formal commands.

Affirmative: Siéntate. *Sit down.*
Negative: **No te** sientes. *Don't sit down.*

Actividades

A. *Mandatos.* **A veces damos una sugerencia, en vez de (*instead of*) usar un imperativo. Por ejemplo. "¿Por qué no hablas con el director?" en vez de "Habla con el director". En parejas, túrnense para cambiar las siguientes sugerencias a imperativos.**

1. ¿Por qué no entrevistas a esos actores?
2. ¿Por qué no lees la guía de televisión?

3. ¿Por qué no grabas el programa?
4. ¿Por qué no te encargas de los anuncios comerciales?
5. ¿Por qué no vienes a verme?
6. ¿Por qué no vas con ellos al estudio?
7. ¿Por qué no me haces un favor?
8. ¿Por qué no sales con tus amigos?
9. ¿Por qué no les dices a las chicas que vengan?
10. ¿Por qué no pones el guión en mi escritorio?

B. ***¡Hay mucho que hacer!*** **Silvia, una chica puertorriqueña, está pasando unos días en casa de Magaly y Graciela. Magaly le dice a Silvia varias cosas que quiere que ella haga. Graciela nunca está de acuerdo y le dice que haga lo contrario y le sugiere otras posibilidades. En parejas, túrnense para hacer Uds. el papel de Graciela.**

Modelo: Escríbele a Manuel.
No le escribas a Manuel. Escríbele a Marcos.

1. Llama a Jorge por la mañana.
2. Ve al mercado con Gloria.
3. Trae manzanas del mercado.
4. Haz una ensalada para la cena.
5. Dile a Rosalía que traiga pollo.
6. Pon las flores en el comedor.
7. Sal con Alberto.
8. Dale la llave del apartamento a Olga.
9. Invita a Fernando a cenar.
10. Graba el programa de las ocho.

PASO 3 ¡Últimas noticias!

Ana Luisa Fuentes y Alejandro Vargas, presentadores° del Canal 7 en Miami, están listos para presentar el Noticiero de las once con las noticias locales, nacionales e internacionales.

Ana Luisa —Bienvenidos° al telediario de las once. Primero las noticias locales: En una rueda de prensa el alcalde habló hoy sobre los problemas de la delincuencia juvenil. "Unámonos° —dijo— para combatir

presentadores°: anchor persons
Bienvenidos°: Welcome
Unámonos°: Let's unite

el crimen en nuestras ciudades" y agregó° "Ayudemos a nuestros jóvenes a encontrar una vida mejor". — he added

Alejandro —Los bomberos° continúan luchando contra los incendios que consumen los bosques del norte del estado. Esperemos que pronto logren apagarlos°. — firefighters; put them out

Ana Luisa —En California hubo hoy un terremoto, pero fue de poca intensidad y no hubo muertos ni heridos°. También hubo inundaciones en el norte del estado. — wounded

Alejandro —Los empleados ferroviarios° de varias estaciones se declararon en° huelga. Piden aumento de salarios y mejores beneficios. El líder de los huelguistas les dijo hoy a sus compañeros: "Luchemos juntos por nuestros derechos. No nos demos por vencidos°." — railroad; *se...* went on; *No...* Let's not give up.

Ana Luisa —Y ahora hablemos de los acontecimientos internacionales, pero antes pasemos a comerciales con un mensaje de nuestros patrocinadores°. — sponsors

¿Cuánto recuerda?

Conteste lo siguiente con respecto a la información que aparece en el noticiero.

1. ¿Dónde trabajan Ana Luisa Fuentes y Alejandro Vargas? ¿Qué hacen ellos?
2. ¿Qué tipos de noticias se ofrecen a las once en el canal 7?
3. ¿Cuál fue el tema de la rueda de prensa del alcalde?
4. ¿Qué problemas tiene el norte del estado de la Florida?
5. ¿Qué pasó en California?
6. ¿Cree Ud. que llovió mucho en el norte de California? ¿Por qué?
7. ¿Por qué están en huelga los empleados ferroviarios?
8. ¿Qué les pidió el líder de estos empleados a sus compañeros?

Vocabulario

Las noticias (*News*)

Nombres

el acontecimiento *event*
los medios de difusión *media*
el noticiero, el telediario *news program*
la huelga *strike*
el (la) presentador(a), el (la) locutor(a) *announcer, anchor person*
el (la) reportero(a) *reporter*
la rueda (la conferencia) de prensa *press conference*
los titulares *headlines*

La política

Nombres

el alcalde, la alcaldesa *mayor*
la campaña electoral *campaign*
las elecciones *elections*
el (la) gobernador(a) *governor*
el gobierno *government*
la manifestación *demonstration*

Verbos

elegir (e:i) *to elect*
postularse (para) *to run (for)*

Los desastres

Nombres

el huracán *hurricane*
el incendio, el fuego *fire*
la inundación *flood*
el terremoto *earthquake*
el tornado *tornado*

El telediario de las once. **Ud. y un(a) compañero(a) son locutores(as) del canal 33 y están encargados(as) del noticiero. Uno(a) va a dar las noticias que se refieren a la política y el otro (la otra) va a hablar sobre los últimos desastres naturales ocurridos en el mundo. Traten de dar la mayor información posible inclusive nombres, fechas y lugares.**

Estructura

El imperativo de la primera persona del plural

A. Usos y formas

- The first person plural of an affirmative command (*let's* + verb) is expressed by using the first person plural of the present subjunctive.[1]

    Hablemos de los acontecimientos internacionales.
    Let's talk about international events.

[1]It can also be expressed by using **vamos a** + *infinitive*: **Vamos a hablar** de los acontecimientos internacionales.

- To express a negative first person plural command, the subjunctive is also used.

  No hablemos de los acontecimientos internacionales.
  Let's not talk about international events.

- With the verb **ir**, the present indicative is used for the affirmative command; the subjunctive is used only for the negative.

Vamos.	*Let's go.*
No vayamos.	*Let's not go.*

B. Posición de las formas pronominales

- As with any other command forms, direct and indirect object pronouns and reflexive pronouns are attached to an affirmative command, but precede a negative command.

Affirmative:	Pidámos**les** ayuda a ellos. *Let's ask them for help.*
Negative:	No **les** pidamos ayuda a ellos. *Let's not ask them for help.*

- When the first person plural command is used with a reflexive verb, the final **s** of the verb is dropped before adding the reflexive pronoun **nos**.

  unamo~~s~~ + **nos** **unámonos**

- The final **s** is also dropped before adding the indirect object pronoun **se**.

  demo~~s~~ + **se** + lo démos**elo**

Actividades

A. *En el canal de televisión.* **Diego y Gustavo trabajan para un canal de televisión hispano. Éstas son las sugerencias que Diego le hace a Gustavo sobre lo que tienen que hacer hoy. En parejas, túrnense para cambiarlas al imperativo de la primera persona del plural.**

1. pedirle una entrevista al gobernador
2. mandarle un fax al secretario del gobernador con una lista de las preguntas
3. asistir a la rueda de prensa del presidente, pero no ir con los fotógrafos
4. preparar los titulares para esta noche y dárselos al director
5. mandar a un reportero a entrevistar a los huelguistas
6. escribirle una carta al Sr. Palacios y preguntarle si podemos entrevistarlo
7. llamar a la alcaldesa y decirle que necesitamos hablar con ella
8. pedirle una entrevista al Dr. Bustamante y preguntarle si piensa postularse para senador en las próximas elecciones
9. buscar información sobre las inundaciones en California
10. entregarle a los reporteros la información sobre el huracán Diana

B. *¡Nos visitan!* **Graciela y Magaly van a ir a visitar el lugar donde Uds. viven. En grupos de tres o cuatro, hagan planes para la visita de las chicas. Den sugerencias sobre todo lo que van a hacer; incluyan los lugares adonde las van a llevar, fiestas que van a dar en su honor, etc. Si uno de Uds. no está de acuerdo con lo sugerido, dé otras sugerencias. Usen el imperativo de la primera persona del plural.**

PASO 4 En una agencia de publicidad en Miami

La Sra. Rojas, que es la dueña de una tienda en Miami, visita una agencia publicitaria. El agente con quien está hablando en este momento tiene mucha experiencia en el campo de la publicidad.

Sra. Rojas —Quiero hacerle publicidad a los productos de mi negocio. Importo ropa hecha.

Agente —¿Tiene alguna marca que esté registrada?

Sra. Rojas —Sí, *Carolina*. Hace un año que está en el mercado, pero no se vende muy bien.

Agente —El problema es que hay muchos negocios que compiten con el suyo. Ud. necesita una buena campaña publicitaria.

Sra. Rojas —Yo había pensado poner un anuncio en los periódicos locales o en una revista.

Agente —Sí, pero eso no basta. No olvide que los productos cuyos anuncios aparecen en la televisión se venden más.

Sra. Rojas —Eso es verdad. Bueno, ¿puede darme un estimado de lo que costaría el anuncio?

Agente —Sí, lo tendré listo para la semana que viene.

¿Cuánto recuerda?

Conteste lo siguiente con respecto a lo que pasa (*happens*) en la agencia de publicidad.

1. ¿Qué tipo de negocio tiene la Sra. Rojas?
2. ¿Con quién habla la Sra. Rojas y qué sabe Ud. de él?
3. ¿Cuál es la marca de la ropa que vende la Sra. Rojas?
4. Según el agente, ¿por qué no se vende bien la ropa?
5. ¿Qué necesita hacer la Sra. Rojas para mejorar sus ventas?
6. ¿Qué había pensado hacer la Sra. Rojas para resolver su problema?
7. ¿Qué productos son los que se venden mejor?
8. ¿Qué va a tener listo el agente y cuándo va a tenerlo listo?

Vocabulario

La publicidad
Nombres

la campaña de promoción publicitaria *publicity (promotional) campaign*
la competencia *competition*
el (la) dibujante comercial *commercial artist*
el emblema *emblem*
la envoltura *wrapper, packaging*
la investigación de la opinión pública *public opinion survey*
el lema *slogan*
la marca *brand*
el mercado *market*
el negocio *business*
el poder adquisitivo *buying power*
el producto *product*
la propaganda *advertising*

Los consumidores. **En grupos de dos o tres, hablen de lo siguiente.**

1. los productos que Uds. usan, sus marcas favoritas, los lemas que Uds. conocen: ¿Cuáles prefieren, cuáles no les gustan?
2. las campañas publicitarias que Uds. consideran que son eficaces: Expliquen por qué.
3. el poder adquisitivo que Uds. tienen ahora y el poder adquisitivo que esperan tener en el futuro.

Estructura

Los pronombres relativos

Relative pronouns are used to combine and relate two sentences that have a common element, usually a noun or pronoun.

A. El pronombre relativo que

common element

Hay **muchos negocios.** **Muchos negocios** compiten con el suyo.

Hay muchos negocios **que** compiten con el suyo.
There are many businesses that compete with yours.

common element

El Sr. Paz es dibujante comercial. **El Sr. Paz** trabaja aquí.

El Sr. Paz es el dibujante comercial **que** trabaja aquí.
Mr. Paz is the commercial designer who works here.

• Note that the relative pronoun **que** helps combine each pair of sentences above by replacing the common element **muchos negocios** in the first case and **el Sr. Paz** in the second.

• The relative pronoun **que** is invariable and is used for both persons and things. It is the Spanish equivalent of *who, that,* or *which.* Unlike its English equivalents **que** is never omitted.

B. El pronombre relativo quien (quienes)

El agente **con quien** habla tiene mucha experiencia.
The agent with whom she is speaking has a great deal of experience.

El hombre **de quien** te hablé es el nuevo locutor.
The man about whom I spoke to you is the new announcer.

• The relative pronoun **quien** is only used with people.

• The plural of **quien** is **quienes. Quien** does not change for gender, only for number.

• **Quien** is generally used after prepositions: for example, **con quien, de quienes, para quien,** etc. **Quien** is the Spanish equivalent of *whom, that,* or *who.*

C. El pronombre relativo cuyo

El señor **cuya** hija está en el hospital es el dueño de la tienda.
The gentleman whose daughter is in the hospital is the store owner.

La compañía **cuyos** productos anunciamos es muy importante.
The company whose products we advertise is very important.

• The relative pronoun **cuyo** (**cuya, cuyos, cuyas**) means *whose.* It agrees in gender and number with the noun that follows it, not with the possessor.

¡ATENCIÓN! In a question, the interrogative *whose?* is expressed by **¿de quién** (es) ...?

¿**De quién** es esta carta? *Whose letter is this?*

Actividad

En una compañía publicitaria. **La Srta. Valverde es la secretaria de uno de los ejecutivos de una compañía publicitaria. Éste es el mensaje electrónico que le dejó a su jefe hoy. Complételo, usando los pronombres relativos correspondientes.**

Sr. Valles:

El señor ______ tenía la entrevista con Ud. a las tres no puede venir.
Los documentos ______ Ud. tiene que firmar están en la gaveta del escritorio.
La dibujante comercial de ______ le hablé ayer lo va a llamar esta tarde.
El Sr. Torres, ______ campaña publicitaria Ud. aprobó, ya ha empezado a trabajar en ella.
Los señores con ______ Ud. tenía una cita mañana llamaron para cancelarla.
Los dibujantes ______ van a diseñar la envoltura del nuevo jabón quieren hablar con Ud. mañana.

En general

A. *Preguntas y respuestas.* **En parejas, busquen en la columna B las respuestas a las preguntas que aparecen en la columna A.**

	A	B
______	1. ¿Qué están mirando los niños?	a. Sí, pero los bomberos lo apagaron.
______	2. ¿Qué es la calle Sésamo?	b. La trama.
______	3. ¿Quieres el control remoto?	c. El gobernador.
______	4. ¿A qué hora pasan la película?	d. De los últimos acontecimientos.
______	5. ¿Quién es tu actriz favorita?	e. Los dibujos animados.
______	6. ¿Qué te gusta de esa telenovela?	f. Sí, voy a mirar la tele.
______	7. ¿De qué habló el presentador anoche?	g. Sí, las elecciones son en noviembre.
______	8. ¿Qué hicieron los trabajadores?	h. Julia Roberts.
______	9. ¿Qué pasó en California ayer?	i. Es un programa infantil.
______	10. ¿Hubo un incendio?	j. Se declararon en huelga.
______	11. ¿Quién dio la conferencia de prensa?	k. Hubo un terremoto.
______	12. ¿Ya empezaron la campaña electoral?	l. No sé. No tengo la guía de T.V.

B. *Frente al televisor.* **En grupos de tres o cuatro, digan si les gustan o no los siguientes tipos de programas. Expliquen por qué.**

1. los telediarios
2. las telenovelas
3. los de concursos
4. los dibujos animados
5. los de entrevistas
6. los de tema político

C. *Conversaciones.* **En parejas, hagan el papel de las siguientes personas.**

1. dos amigos(as) que comentan las noticias del día
2. una persona que está haciendo una encuesta sobre varios productos y otra que contesta sus preguntas
3. dos personas que hablan sobre sus anuncios favoritos y sobre los que detestan, explicando por qué
4. dos personas que inventan la trama de una telenovela

LECTURAS PERIODÍSTICAS

¡Giovanna pregunta...! Responde Angélica Aragón

POR GIOVANNA

Luego de su participación en la novela Mirada de mujer, *la primera actriz*[1] *Angélica Aragón se ha dedicado a seguir promoviéndola en Costa Rica, El Salvador, Estados Unidos, Puerto Rico y en todos los lugares a los que ha llegado, ya que la fuerza de su historia ha impactado a todo el público, pero mucho más a las mujeres, por haber abordado*[2] *otro punto de vista de las relaciones de pareja y de la infidelidad.*

Otros trabajos de Angélica Aragón en televisión han sido Días sin luna, De frente[3] al sol, Más allá[4] del puente *y* Cañaveral[5] de pasiones.

—¿Qué significó trabajar en **Mirada de mujer?**
—Fue una gran responsabilidad porque después de esa telenovela hay que continuar con proyectos de esa altura, y precisamente es lo que estoy buscando.

—¿Cómo ve a las jóvenes actrices?
—Se tiene que hablar de casos particulares porque no podemos generalizar, aunque siento que en un actor, independientemente de su talento y su entrenamiento[6], contribuye a su interpretación su experiencia de la vida, la que sólo dan los años.

—¿Ha pensado dar clases de actuación?
—Las he dado. Hace poco terminé un curso intensivo en Mazatlán. Fue un diplomado de teatro con un grupo de 25 alumnos de todas las edades. Ese tipo de cosas sí puedo hacer, porque debido a que tengo un calendario de actividades muy lleno no podría completar un ciclo escolar.

—¿El actor nace o se hace?
—Las dos cosas son importantes: la preparación y el estudio son invalorables e insustituibles, pero las experiencias y el oficio que da el trabajo constante son esenciales.

—¿En qué medio le gusta trabajar más?
—Me gusta alternar los diferentes medios porque lo que no desarrolla el teatro, te lo aporta la televisión y eso lo llevas al cine y así vas completando tu experiencia.

—¿Qué piensa del momento que vive México?
—Nos preparamos para el nuevo milenio y nos encontramos en una apertura irreversible hacia la democracia, hacia una sociedad más equitativa, donde la condición de la mujer avanza todos los días hacia una mayor equidad.[7]

—¿Cómo describe esta etapa de su vida?
—Estoy en la madurez de mi carrera, con un proyecto detrás de mí que marcó una pauta[8] en nuestro país. Se demostró que el público televidente es inteligente, sensible y discriminador. La gente escoge lo que quiere ver.

—¿Cuál es el papel de los medios masivos de comunicación?
—Más que informar deberían de conformar[9] al público, de influir en la actitud de las personas y en la formación de valores.

—¿Cree en el matrimonio?
—Sí, pero no para toda la vida. El amor dura[10] lo que tiene que durar.

De la revista Siempre *(México)*

[1]*primera...* leading lady / [2]taken / [3]*De...* Facing / [4]*Más...* Beyond / [5]Sugar Cane Plantation / [6]training / [7]equity / [8]*marcó...* set a standard / [9]shape / [10]lasts

Ahora...

En grupos de tres o cuatro, preparen cuatro o cinco preguntas que les gustaría hacerle a Angélica Aragón. ¿Qué querrían Uds. saber sobre la vida personal y profesional de la actriz, que no aparece en el artículo? Comparen sus preguntas con las de otros grupos y seleccionen las mejores para preparar una nueva entrevista.

Cruzando fronteras

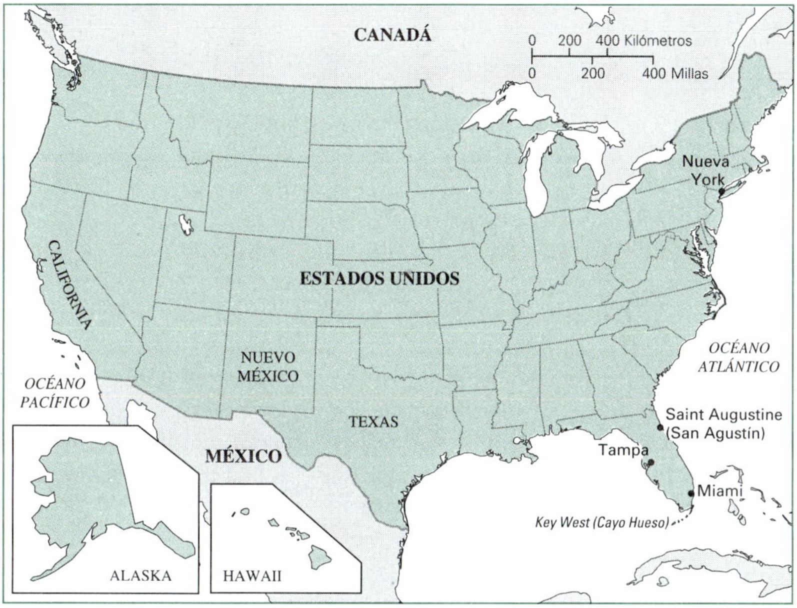

Llegamos a los Estados Unidos...

Nuestro viaje por la América Latina ha concluido, pero nos falta visitar los Estados Unidos, donde 30 millones de hispanos han hecho posible que algunos hablen de los Estados Unidos hispánicos. De estos hispanos, algunos ya estaban aquí cuando llegaron los primeros angloparlantes; otros, la gran mayoría, vinieron por diferentes motivos: unos en busca de libertad, otros por razones económicas, otros, en fin, buscando un cambio para sus vidas o las de sus hijos.

Los nombres *hispano* y *latino*, y el adjetivo *hispánico* son los términos usados más comunmente para referirse a la que en pocos años será la mayor de las minorías de este país. ¿Quiénes son los hispanos, hispánicos o latinos? En realidad, es más fácil comenzar por decir lo que no son.

Los hispanos **no son una raza;** hay hispanos blancos, negros, asiáticos y amerindios. No todos los hispanos hablan español. No todos son católicos. No todos tienen las mismas costumbres y tradiciones, ni comen las mismas comidas, ni pertenecen al Partido Demócrata, y algunos son descendientes de españoles que ya estaban aquí cuando llegó el *Mayflower*. San Agustín (hoy Saint Augustine), en la Florida, fue fundada° por los españoles en 1565, es decir, 55 años antes de la llegada del *Mayflower*. ¿Qué es entonces lo que une a ese grupo tan mal identificado? Una tradición cultural llegada directamente de España, o indirectamente a través de los países de América colonizados por los españoles, pero aun el grado en que esa tradición cultural está presente en los hispanos varía grandemente, de acuerdo con° su país de origen y con la mayor o menor asimilación a la cultura estadounidense.

founded

de... according to

Los mexicoamericanos

El 63 por ciento de todos los "hispanos" residentes en los EE.UU. provienen° de México. Unos residían en Texas, Nuevo México, California y otros estados cuando estos territorios pasaron de México a los Estados Unidos como resultado de la guerra° entre los dos países. Otros llegaron huyendo° de la guerra civil de México[1], los más° impulsados por la falta° de trabajo o los bajos salarios de su país. De estos dos últimos grupos, la mayoría simplemente atravesó la frontera y, últimamente, su presencia en este país ha sido motivo de controversia. Sin embargo, la fuerza laboral barata que estos inmigrantes han proporcionado°, ha sido factor importantísimo en el desarrollo° de la agricultura en este país, y hoy satisface buena parte de las necesidades de mano de obra° en la prestación de servicios.

come

war

fleeing / *los...* the mayority / lack

furnished / development / *mano...* labor

El grado° de asimilación a la cultura americana de los méxicoamericanos es muy diverso. Unos se funden°, más o menos, en el crisol° norteamericano; otros rechazan cuanto pueden la asimilación. Entre uno y otro grupo está la gran mayoría, que sigue viviendo en mexicano en su casa, conservando su lengua, sus tradiciones, su unidad familiar y sus conceptos morales, y que se adapta por necesidad a los usos de este país en relación con su trabajo y sus deberes° cívicos.

degree

Se... melt / melting pot

duties

Muchos méxicoamericanos se han destacado° en la política, en la educación, en las artes y en la literatura. No pocos han ganado merecidos honores en las fuerzas armadas de este país.

se... have been successful

Los puertorriqueños

Los puertorriqueños son el 12 por ciento de los hispanos residentes en los EE.UU. Como° Puerto Rico es un Estado Libre Asociado a este país, los puertorriqueños son ciudadanos norteamericanos, lo que les permite moverse libremente° de un país a otro. Esta movilidad hace que muchos de ellos vean su estancia° aquí como algo temporal, y que no lleguen a integrarse totalmente a esta sociedad.

Since

freely

stay

[1]Revolución mexicana de 1911 a 1920

Nueva York, puerta de entrada tradicional de los inmigrantes europeos, ha sido también el primer destino de los puertorriqueños en este país. Sucesivamente Nueva York se ha beneficiado de la mano de obra barata del último grupo de inmigrantes llegados a la ciudad. Desde la Segunda Guerra Mundial° los puertorriqueños sustituyeron a los italianos y a los judíos como fuente de mano de obra barata, pero en los últimos años muchos han ido subiendo en la escala social, mientras que otros tienen que competir más y más con inmigrantes aún° más pobres que llegan de otros países, principalmente de la República Dominicana. Esto ha hecho que muchos se trasladen a otras ciudades y, aunque la mayoría (el 70 por ciento) sigue viviendo en Nueva York, hoy hay puertorriqueños en todos los estados de la Unión. Al igual que los mexicoamericanos, los puertorriqueños se encuentran en diversos grados de asimilación al modo de vida americano. En general, aquéllos con mejor nivel económico y cultural se han asimilado más, especialmente si viven lejos de Nueva York, mientras los más pobres y con bajo nivel de escolaridad°, que a veces no hablan bien el inglés, están totalmente marginados y se concentran en los barrios hispanos más pobres. Entre ambos grupos están los que dominan el inglés y han logrado incorporarse a trabajos estables y más o menos bien remunerados°, pero que mantienen en casa la lengua, la cultura, las tradiciones y el modo de vida de su país de origen. Por otra parte, gran número de puertorriqueños ingresan todos los años en las fuerzas armadas americanas, y muchos de ellos alcanzan altos grados y distinciones.

Segunda... Second World War

even

education

paid

Los cubanoamericanos

Desde el tiempo de las guerras de independencia de la isla, los cubanos encontraron acogida° en los Estados Unidos. De aquella época, algunos se quedaron y, desde el siglo pasado, había pequeñas "colonias" cubanas en Cayo Hueso°, Tampa y Nueva York, pero estos núcleos aumentaron muy poco antes de 1959, fecha en que la revolución castrista llegó al poder° en Cuba. A partir de entonces comenzó la invasión cubana de Miami. Las confiscaciones de bienes y la supresión de libertades decretadas por el nuevo régimen obligaron a la élite de la vida económica del país a emigrar, y los Estados Unidos le abrieron las puertas a este segmento de la población cuyo valor económico Castro no supo apreciar. A este grupo pertenecen° los cubanos que transformaron a la pequeña ciudad turística que era Miami en 1959, en la gran metrópoli industrial y comercial actual°. Desde luego, como la puerta de entrada quedó abierta a todos los que huían del comunismo, en los años transcurridos desde 1959, se han sumado a la élite inicial cubanos de todos los niveles económicos, sociales y culturales. También se han sumado en cantidad creciente° latinoamericanos de todos los países: nicaragüenses, colombianos, dominicanos, argentinos, puertorriqueños, mexicanos... pero la vida de la ciudad quedó marcada por un sabor° cubano. Los cubanos controlan no sólo la vida económica de la ciudad, sino la política.

Los cubanos son el 5 por ciento de los hispanos de este país, y como buena parte de ellos vinieron por razones políticas, no económicas, son los inmigrantes hispanos más conservadores, con mayor nivel de escolaridad y mayor ingreso° per capita.

encontraron... were welcome

Cayo... Key West (FL)

power

belong

current

growing

flavor

income

¿Cuánto hemos aprendido?

A. La clase se dividirá en cuatro grupos. Cada grupo preparará unas diez preguntas para hacérselas al resto de la clase. El primer grupo hará sus preguntas sobre la introducción; el segundo, sobre los mexicoamericanos; el tercero, sobre los puertorriqueños, y el último, sobre los cubanoamericanos.

B. En parejas, establezcan comparaciones entre los tres grandes grupos hispanos de los Estados Unidos. Hablen de lo siguiente.

1. las diferencias entre los hispanos
2. el porcentaje que cada grupo representa dentro de la población hispana de los Estados Unidos
3. razones por la cuales vinieron a los Estados Unidos
4. su grado de aculturación
5. sus contribuciones a la economía de este país
6. el grado en que conservan su cultura, su lengua y sus tradiciones

Ventana al mundo literario

SABINE R. ULIBARRÍ *(Nuevo México: 1919–)*

Este conocido escritor costumbrista[1] *nació en Tierra Amarilla, Nuevo México. Estudió el bachillerato y la maestría en su estado natal°, y recibió su doctorado en español de la Universidad de California, en Los Ángeles. Se le conoce como escritor de cuentos y de poesía. Entre sus obras merecen citarse las colecciones de cuentos publicadas en* Tierra Amarilla *(1964) y* Mi abuela fumaba puros *(1977), y los poemas "Al cielo se sube a pie" (1966) y "Amor y Ecuador" (1966). También ha publicado libros de texto y de crítica literaria.* native

Preparación

Teniendo en cuenta que el título del relato° es "Se fue por clavos" (*He went for nails*) lea las primeras cinco oraciones. Roberto, el personaje principal, necesita irse de donde está para sentirse libre. ¿Qué cree Ud. que ocurrirá? story

[1]**costumbrista:** Escritor que en su obra presenta las costumbres típicas de un país o de una región.

Se fue por clavos

Estaba Roberto martillando° en el portal°, clava que clava[1]. Rezonga que rezonga[2]. Sentía una honda inquietud°. Ganas de salir andando por esos mundos otra vez. Ya hacía mucho que había levantado ancla°. Roberto había estado en la marina° durante la guerra y había recorrido mucho mundo. Después de la guerra no podía echar raíces° en ninguna parte. Parecía que sus aventuras y experiencias por el planeta lo habían dejado con un ansia° constante de nuevos horizontes. Después de muchas andanzas° por fin volvió a Tierra Amarilla. Creo que la falta de fondos° influyó más que el sentimiento en su regreso. Todos nosotros encantados con el hermano errante°. Él con sus risas°, chistes°, bromas° y sus cuentos de tierras lejanas y gentes extrañas nos divertía y entretenía. Vivía con mi hermana Carmen y su esposo.

Los martillazos se ponían cada vez más° violentos. Las murmuraciones aumentaban. El desasosiego° crecía. De pronto, silencio. El martillo se quedó suspenso en el aire. Él, pensativo. Luego, bajó la escalera°, alzó la herramienta°, se quitó los guantes y se presentó en la puerta.

—Carmen, se me acabaron° los clavos. Voy al pueblo a traer. Pronto vuelvo.

—Bueno, hermanito. Le dices a Eduardo que traiga carne para la cena.

Caminaba despacio°. Iba pensando que tenía que salir de allí. Pero, ¿cómo? No quería pedirle dinero a su cuñado. Él nunca le pedía dinero a nadie. Cuando tenía se lo prestaba al que se lo pidiera.

Compró los clavos en la tienda de don Gregorio y entró en el café a ver si se distraía. Allí encontró a Horacio.

—¿Qué hay°, Roberto?

—Así nomás°.

—¿Qué estás haciendo hoy?

—Nada, como ayer.

—¿Por qué no vas conmigo a Española? Tengo que ir a traer un motor para el tractor. Volvemos esta misma tarde. Y a propósito°, aquí están los diez que te debo°.

—Bueno, vamos. A ver qué vientos nos dan[3]. Roberto le entregó° los clavos a Félix y le dijo que al regreso los recogería°. El billete de a diez le daba una extraña sensación de seguridad. Casi, casi lo podía sentir vibrar en el bolsillo°. Hacía tanto tiempo. Se preguntaba, "¿Me lanzo° con sólo diez? Otras veces he salido sin nada." Estas cavilaciones° le embargaban° el pensamiento y lo mantuvieron un poco más reservado que de costumbre durante el viaje a Española.

Horacio y Roberto entraron en una cantina° a echarse una cerveza[4]. Allí estaba Facundo Martínez.

hammering / porch
restlessness
había... had weighed anchor / navy
echar... settle down
longing
wanderings
funds
wandering / laughter / jokes / pranks
cada... more and more / restlessness
ladder / tool
se... I ran out of
slowly
¿Qué... How's it going / *Así...* So, so
a... by the way
te... I owe you
gave
los... he would pick them up / pocket
me... Shall I leave
speculations / overwhelmed
bar

[1]**clava que clava:** hammering like mad
[2]**Rezonga que rezonga:** Grumbling like mad
[3]**A... dan:** Let's see what happens.
[4]**echarse una cerveza:** to have a beer

—Roberto, ¡qué gusto de verte! ¡Qué bueno que vinieras! Ahora te pago lo que te debo.

—¿Qué hubo, compañero°? — *Qué...* Hello there, pal

—Te debo sesenta y tres dólares, pero te voy a dar setenta y tres por haber esperado tanto.

—Debería decirte que no, pero en este momento setenta y tres me caen como del cielo°. — heaven

Otra vez las ansias. Los ochenta y tres le quemaban° el bolsillo. Pero no, tenía que terminar el portal. Tal vez después. — were burning

Roberto entró en mi casa en Albuquerque como siempre entraba, como un terremoto. Abrazos, risotadas°. — laughter

—Qué bien que hayas venido, Roberto. Me acaban de pagar el último plazo° por el terreno de Las Nutrias que vendimos. Aquí tienes tu parte. — installment

—¡Lindo°, hermano, lindo! ¡Que venga la plata°; que yo sabré qué hacer con ella! — great / money

Se despidió de nosotros con prisa, porque, dijo, tenía que terminar un portal.

Hubo quienes le preguntaran por Roberto a Carmen. Ella les contestaba, "Se fue por clavos".

Roberto volvió ya oscuro°. Entró en la casa con el barullo° de siempre. Bailando con Carmen. Luchando con Eduardo. Dulces° y besos para los niños. — dark / uproar; Candy

—Carmen, aquí están los clavos.

—Sinvergüenza°, ¿por qué tardaste tanto? — Scoundrel

—Hermanita, me entretuve un rato con los amigos.

—Entretenerse un rato está bien. Todos lo hacen, pero nadie como tú. Si me fío° de ti, se cae el portal. — *me...* trust

—Hermanita, no es para tanto.

—¡Qué hermanita, ni qué hermanita! Te fuiste por clavos y volviste después de cuatro años. ¿Te parece poco?

Ahora, en la familia, cuando alquien pregunta por Roberto, todos decimos, "Se fue por clavos".

Díganos...

1. ¿Qué estaba haciendo Roberto en el portal y cómo se sentía?
2. ¿Qué había hecho Roberto durante la guerra y qué pasó después?
3. ¿Por qué volvió a Tierra Amarilla?
4. ¿Cómo era Roberto? ¿Con quiénes vivía?
5. ¿Adónde dijo Roberto que iba y para qué?
6. ¿Qué quería hacer Roberto y por qué no podía hacerlo?
7. ¿Quién fue el primero que le dio dinero y adónde lo invitó a ir?
8. ¿Qué pensaba Roberto durante el viaje a Española?
9. ¿Cuánto dinero le dio Facundo a Roberto?
10. ¿Por qué le dio dinero su hermano?
11. ¿Cómo describe el autor el regreso de Roberto?
12. ¿Cuánto tiempo demoró (*took*) Roberto en volver con los clavos? ¿Qué dicen ahora en la familia cuando alguien pregunta por él?

Desde su mundo

En grupos de tres o cuatro, hablen sobre los lugares que soñaban con visitar cuando eran adolescentes. ¿Tenían espíritu de aventureros(as) o eran más bien cautelosos (*cautious*)? ¿Soñaban con viajar a lugares lejanos y exóticos o se contentaban con visitar los centros turísticos populares?

Para escribir...

Escriba uno o dos párrafos sobre uno de los siguientes temas.

1. Adónde iría yo si tuviera dinero
2. La importancia de tener sentido de responsabilidad

JULIA DE BURGOS *(Puerto Rico: 1917–1953)*

Julia de Burgos está considerada como una de las mejores poetisas de Puerto Rico. Además, fue una ardiente defensora de su cultura y una verdadera patriota. En sus poemas canta las bellezas de su tierra, y su amor por la naturaleza y la libertad. Sus poemas reflejan su sensibilidad° y expresan sus sufrimientos, su amor, su desesperanza° y sus deseos con respecto a su país y a la humanidad. Viajó a diferentes países en busca° de la armonía entre ella y su soledad. Su vida fue siempre una dicotomía entre la esperanza° y la desesperación, la felicidad y la tristeza, la compañía y la soledad. Vivió en el exilio por trece años y murió, triste y sola, en la ciudad de Nueva York. Entre sus obras merecen citarse: Poema en veinte surcos *(1938),* Canción de la verdad sencilla *(1939), que fue premiado por el Instituto de Literatura Puertorriqueña, y* El mar y tú.

sensitivity
despair
en... in search
hope

Preparación

Fíjese Ud. en el título del poema. Si la autora le "habla" a Julia de Burgos, quiere decir que ella se siente dividida en dos personalidades. Teniendo esto en cuenta al leer, vea qué diferencias hay entre las "dos mujeres".

A Julia de Burgos *(Fragmento)*

Ya las gentes murmuran que yo soy tu enemiga,
porque dicen que en versos doy al mundo tu yo.

Mienten, Julia de Burgos. Mienten, Julia de Burgos.
La que se alza° en mis versos no es tu voz; es mi voz,

se.... rises

porque tú eres ropaje° y la esencia soy yo;
y el más profundo abismo se tiende° entre las dos.

clothing
se... stretches

Tú eres fría muñeca° de mentira social,
y yo, viril destello° de la humana verdad.

doll
flash

Tú, miel° de cortesanas° hipocresías; yo no;
que en todos mis poemas desnudo el corazón.

honey / polite

Tú eres como tu mundo, egoísta; yo no;
que todo me lo juego a ser lo que soy yo.

Tú eres sólo la grave señora señorona°;
yo no; yo soy la vida, la fuerza, la mujer.

great lady

Tú eres de tu marido, de tu amo°; yo no;
yo de nadie, o de todos, porque a todos, a todos,
en mi limpio sentir y en mi pensar me doy.

master

Tú te rizas° el pelo y te pintas; yo no;
a mí me riza el viento; a mí me pinta el sol.

curl

Tú eres dama casera°, resignada, sumisa°,
atada a los prejuicios de los hombres; yo no;
que yo soy Rocinante[1] corriendo desbocado°
olfateando° horizontes de justicia de Dios.

dama... lady of the house / meek
wildly
sniffing

Díganos...

1. Según la poetisa, ¿qué murmura la gente?
2. Si la poetisa es la esencia, ¿qué es "la otra"?
3. Según la autora, ¿qué hace ella en sus poemas?
4. Si "la otra" es la señora, ¿qué es la poetisa?
5. ¿A quién pertenece la poetisa y a quién pertenece "la otra"?
6. En la última estrofa, ¿cómo expresa la autora la idea de que ella es libre y "la otra" no lo es?

Desde su mundo

En grupos de tres o cuatro, discutan esta idea: La personalidad de todos los seres humanos (*human beings*) tiene muchas facetas.

Para escribir...

Escriba uno o dos párrafos sobre uno de los siguientes temas.

1. Mis diversas modalidades
2. ¿Qué cosas me hacen sentir verdaderamente libre?

[1]Don Quixote's horse

JOSEFINA GONZÁLEZ *(Cuba: 1945–)*

Josefina González llegó al exilio en 1962, cuando apenas acababa de terminar su primer año de la carrera de medicina, en la Universidad de La Habana. Vivió en Boston, pero no pudo terminar sus estudios hasta que se mudó a Miami en 1970. Las nuevas circunstancias la hicieron cambiar de rumbo° y, en la Universidad Internacional de la Florida, terminó su licenciatura y maestría y se graduó con doctorado en Educación. Actualmente es profesora de The Union Institute y además pertenece a varias organizaciones que favorecen la caída° del régimen comunista en su país de origen. En su única obra publicada, "A pesar de todo", *recoge la lucha y la nostalgia de las mujeres cubanas en el exilio. De ella se ha dicho lo siguiente:*

"A pesar de todo" *es la memoria de una generación arrancada° de su país por la fuerza. Los sueños de juventud se convirtieron en nostalgias, las niñas se convirtieron en mujeres cuando todavía no era tiempo. A pesar de la injusticia, hicieron una vida digna y rodearon de felicidad a sus hijos. No olvidaron a su país y pretenden, a pesar de los muchos años, ocupar el espacio de servicio que les pertenece. No es una historia tranquila, pero sí llena de realizaciones y conquistas. Son "mucha mujer" estas muchachas de ayer que son parte esencial y fecunda del exilio cubano.*

rumbo: direction
caída: fall
arrancada: uprooted

Preparación

Imagínese que Ud. tiene que salir de su país sin dinero, y dejar su casa, su familia, y todo lo que posee, sin saber si podrá regresar algún día. Tiene que ir a tierras extrañas, y convivir con personas cuyo idioma no entiende y cuyas costumbres son diferentes. ¿Qué emociones experimentaría Ud.? ¿Temor, tristeza, angustia...? Ésta es la situación en que se encontró la autora.

A pesar de todo *(Fragmentos)*

" ... Éramos un pueblo pequeño, próspero, orgulloso° y educado. Se vivía con optimismo, se respiraba alegría. Compartíamos° un entusiasmo colectivo que de algún modo llegó a ser parte de la idiosincrasia cubana... "

orgulloso: proud
Compartíamos: We shared

El exilio

Salimos de Cuba con un nudo° en la garganta° y llegamos al exilio con un nudo en el estómago. Las que salieron acompañadas de su familia vieron preocupación y desasosiego° a su alrededor. Las inquietudes normales de una joven pasaron a convertirse en la incertidumbre° de no saber cómo ni de dónde saldría el dinero necesario para subsistir°. Había que buscar colegios, un medio de transporte, vivienda, y sobre todo trabajo.

nudo / garganta: knot / throat
desasosiego: unrest
incertidumbre: uncertainty
subsistir: survive

Vimos a los "mayores" (aquellos de la edad de nuestros padres) aceptar comida del gobierno y aceptar trabajos muy por debajo° de sus carreras o profesiones. La mantequilla de maní°, tan ajena a la dieta criolla hasta entonces, se convirtió en fuente° de proteína. Los quesos y el "casi jamón" enlatado° llegaron a ser bienvenidos en la mesa de comer. La leche en polvo° parecía hasta cremosa. El Refugio[1] se convirtió en lugar de tertulias°. Con orgullo, esos "mayores" se vistieron de uniforme; se convirtieron en choferes o camioneros°; lavaron platos, y recogieron cosechas°. Poco a poco los vimos buscar medios de usar su educación o de invertir los poquitos dólares que quizás algunos cuantos habían podido mantener en los Estados Unidos o traer consigo antes del cierre total de las salidas de divisas°. Los vimos compartir° con otros lo poco que tenían y recibir en sus casas a hijos ajenos para darles albergue° temporal. Los sofás-camas y las "colombinas[2]" florecían en los pequeños apartamentos donde en vez de dos o tres inquilinos°, había una docena de refugiados.

por... beneath
peanut
source / canned
La... Dry milk
conversations
truck drivers
harvest
hard currency
share
housing
renters

Son miles y miles las historias individuales y colectivas de acciones de rechazo° por parte de los norteamericanos que detestaban la llegada masiva de refugiados. Otras tantas de acciones nobles por parte de los que veían a los cubanos con lástima°. Muchos ofrecieron ayuda y acogieron° a sus nuevos vecinos; otros se negaban° incluso a alquilarles apartamentos disponibles°.

rejection
pity / received
se... refused / available

En medio de ese ambiente, aquéllos que tenían que proveer para sus hijos comenzaron a salvar los obstáculos uno por uno. Buscaban apoyo°, comprensión y consuelo en los que pasaban por lo mismo. Los vimos sentirse orgullosos° y compadecer° a los que consideraban ignorantes de nuestra cultura y nuestra historia. El no tener dinero no los hacía inferiores, sino más desafiantes°. De ellos aprendimos el valor de poseer una buena educación y cómo sacarle partido° a las circunstancias utilizando la cooperación y la unión de los que resultan afines°.

support
proud
feel sorry
defying
sacarle... take advantage / close

Díganos...

1. ¿Cómo describe la autora a su gente?
2. Según la autora, ¿cómo se vivía en Cuba antes de Fidel Castro?
3. ¿Cómo se sentían los cubanos cuando salían para el exilio?
4. ¿Qué es lo único que trajeron con ellos?
5. ¿Cuáles fueron los primeros problemas que los exiliados tuvieron que resolver en los Estados Unidos?
6. ¿Cómo cambió la vida de los "mayores"?
7. ¿Qué tipos de alimentos recibían los cubanos del gobierno?
8. ¿Cómo se ayudaban los cubanos unos a otros?
9. ¿Cuáles fueron las reacciones de los norteamericanos ante la llegada de estos inmigrantes?
10. ¿Qué aprendieron los jóvenes de sus mayores?

[1]U.S.A. Cuban Relief Agency
[2]Folding bed (Cuba)

Desde su mundo

En grupos de dos o tres, discutan lo siguiente: Imaginen que dentro de seis meses Uds. tienen que dejar su país e ir a vivir a un país extranjero cuyo idioma no hablan y cuyas costumbres no conocen. ¿Qué harían Uds. para prepararse para esto?

Para escribir...

Escriba uno o dos párrafos sobre uno de los siguientes temas.

1. El momento más difícil de mi vida
2. ¿Qué problemas tendría yo si tuviera que vivir en un país extranjero?

LECCIÓN 7

¡Viva España!

OBJETIVOS

Estructura:	El imperfecto de subjuntivo • Los tiempos compuestos del subjuntivo • Algunas expresiones idiomáticas
Temas para la comunicación:	Fiestas navideñas • Comidas típicas • Ferias • Fiestas de carnaval
Cruzando fronteras:	España
Ventana al mundo literario:	Ramón Mesonero Romanos • Antonio Machado • Ana María Matute

PASO 1 Navidad en Madrid

Hace dos semanas que Pablo, un muchacho de Buenos Aires, visita a sus abuelos. Ahora está escribiéndoles a sus padres.

Madrid
28 de diciembre

Queridos padres:

Sé que Uds. me pidieron que les escribiera en seguida, pero desde que llegué no he parado° un momento. La verdad es que no esperaba que mis abuelos tuvieran tanta energía, pero me han llevado a todas partes: a ver una obra navideña, a cantar villancicos en la iglesia, a varias fiestas en casa de sus amigos, a comprar juguetes° para los niños de la familia... También quisieron que los ayudara a preparar el nacimiento que pusimos en la sala y que quedó magnífico.

El 24 de diciembre —la Nochebuena— tuvimos una cena que estuvo riquísima. La abuela preparó varios platos° típicos y comimos muchas nueces°, castañas° y avellanas° y por supuesto turrones[1]. Después fuimos a la Misa del Gallo.

Ahora nos estamos preparando para celebrar el Año Nuevo. Vamos a cenar aquí y después voy a ir con los primos y unos amigos a una discoteca a bailar. A la medianoche vamos a comer las tradicionales uvas°. Aquí los niños están muy ilusionados° preparándose para la llegada de los Reyes Magos: les van a poner hierba° y agua a los camellos, pero a Melchor, Gaspar y Baltasar no les piensan dejar nada.

Aquí me siento como si yo fuera español y les he prometido a los abuelos que si tengo bastante dinero volveré en el verano. ¡Me encanta España! Si pudiera me quedaría más tiempo, pero como saben, voy a estar de vuelta para el 10 de enero. ¡Ojalá no tuviera que volver tan pronto!

Cariños,
Pablo

no... I haven't stopped
toys
dishes / nuts / chestnuts / hazelnuts
grapes / enthused
grass

¿Cuánto recuerda?

Conteste lo siguiente con respecto a la carta de Pablo.

1. ¿Qué dice Pablo de sus abuelos?
2. ¿Qué vio Pablo en el teatro y qué hizo en la iglesia?
3. ¿Qué comió Pablo el 24 de diciembre y quién cocinó?
4. ¿Qué va a hacer Pablo el 31 de diciembre?
5. ¿Quiénes son Melchor, Gaspar y Baltasar?
6. ¿Qué piensa Pablo de España?
7. ¿Cuándo va a volver Pablo a Argentina?
8. ¿Piensa él volver a España? ¿Cuándo?

[1]Traditional Spanish almond-based sweets.

Vocabulario

La Navidad

Nombres

el árbol de Navidad *Christmas tree*
la celebración *celebration*
el coro *chorus, choir*
la época de Navidad *Christmas season*
la Misa del Gallo *Midnight Mass*
el nacimiento, el pesebre *nativity scene*
el Niño Jesús *Baby Jesus*
la Nochebuena *Christmas Eve*
la obra navideña *Christmas play*
los Reyes Magos *the Three Wise Men*
los villancicos *Christmas carols*

Costumbres y tradiciones. **En grupos de dos o tres, hablen sobre lo siguiente.**

1. Lo que hizo Pablo en Madrid y las experiencias que tuvo durante la época de Navidad. ¿Qué les pareció más interesante? ¿Qué aprendieron sobre las costumbres y tradiciones de España?
2. ¿Qué fiestas celebran Uds. y cómo las celebran?

Estructura

El imperfecto de subjuntivo

A. Formas y usos

• The imperfect subjunctive of all verbs is formed by dropping the **-ron** ending of the third person plural of the preterit and adding the corresponding endings.

-ra endings[1]	
-ra	**-´ramos**[2]
-ras	**-rais**
-ra	**-ran**

[1]The imperfect subjunctive has an alternative set of endings: the **-se** endings **-se, -ses, -se, -´semos, -seis, -sen.**
[2]Notice the written accent mark on the first person plural form: **habláramos, comiéramos.**

Third person plural			First-person singular imperfect
verb	**preterit**	**stem**	**subjunctive**
hablar	hablaron	**habla-**	habla**ra**
comer	comieron	**comie-**	comie**ra**
salir	salieron	**salie-**	salie**ra**
ser	fueron	**fue-**	fue**ra**
caber	cupieron	**cupie-**	cupie**ra**
poder	pudieron	**pudie-**	pudie**ra**
traer	trajeron	**traje-**	traje**ra**
pedir	pidieron	**pidie-**	pidie**ra**
tener	tuvieron	**tuvie-**	tuvie**ra**

- The imperfect subjunctive is used:

1. When the verb in the main clause is in a past tense (preterit, imperfect, or pluperfect) or in the conditional (or conditional perfect) and requires the subjunctive in the subordinate clause.

   Uds. me **pidieron** que les **escribiera** en seguida.
   You asked me to write to you right away.

   No **esperaba** que mis abuelos **tuvieran** tanta energía.
   I didn't expect my grandparents to have so much energy.

2. When the verb in the main clause is in the present, but the subordinate clause refers to the past.

   Siento que tú no **pudieras** ir a la fiesta ayer.
   I'm sorry you weren't able to go to the party yesterday.

3. To express an impossible or improbable wish.

   ¡Ojalá no **tuviera** que volver tan pronto!
   I wish I didn't have to return so soon!

B. El imperfecto de subjuntivo en oraciones condicionales

- Conditional sentences that contain a subordinate clause starting with **si** (*if*) require the use of the imperfect subjunctive when the verb of the main clause is in the conditional tense. In this construction, the *if*-clause may express:

1. a contrary-to-fact situation (one that is not true)
2. a hypothetical situation

3. a supposition

COND. IMP. SUBJ.		IMP. SUBJ. COND.
Iría si **tuviera** dinero.	**OR**	Si **tuviera** dinero, iría.
I would go if I had money.		*If I had money I would go.*

Subordinate clause		Main clause
si + imperfect subjunctive	←→	conditional

Si yo **pudiera** me quedaría más tiempo.
If I could, I would stay longer.

¡ATENCIÓN! When the *if*-clause expresses something that is real or likely to happen, the indicative is used after **si** in the subordinate clause, and the present or the future is used in the main clause.

IND. — FUTURE
Si **tengo** bastante dinero **volveré** en el verano.
If I have enough money, I will come back in the summer.

IND. — PRESENT
Si **tengo** bastante dinero **vuelvo** en el verano.
If I have enough money, I will come back in the summer.

- The imperfect subjunctive is used after the expression **como si...** *(as if...)* because this expression implies a contrary-to-fact condition.

Aquí me siento **como si** yo **fuera** español.
Here I feel as if I were a Spaniard.

Actividades

A. ***Recomendaciones y consejos.*** **En parejas, túrnense para combinar los elementos para formar oraciones completas. Usen el imperfecto de subjuntivo de los verbos entre paréntesis. Den varias pasibilidades.**

1. Mi papá me sugirió que (llegar temprano)
2. Nuestros padres querían que nosotros (ser más pacientes)
3. Tu consejero te recomendó que (traer el diccionario)
4. Mi hermana me dijo que (venir solo/a)
5. Su amigo le pidió que (no conducir su coche)
6. Mi mamá esperaba que yo (ir a la biblioteca)
7. El profesor les ordenó que (tomar cinco clases)
8. Mi novio(a) dudaba que yo (darle mi dirección)
9. Allí no había nadie que (decir nada)
10. Ellos buscaban a alguien que (poner el dinero en el banco)

B. ***Un viaje a España.*** **Ud. y un(a) compañero(a) están haciendo planes para viajar a España. Terminen lo siguiente según sus circunstancias. Usen verbos en el presente de indicativo o en el imperfecto de subjuntivo según corresponda.**

1. Podemos salir para Madrid a fines de mayo si...
2. Tendremos suficiente dinero para el viaje si...
3. Invitaríamos a nuestros amigos(as) a ir con nosotros(as) si...
4. Podríamos quedarnos en España por tres meses si...
5. Vamos a visitar varias ciudades de España si...
6. Pensamos viajar por tren si...
7. Nos hospedaríamos en hoteles de lujo si...
8. Vamos a visitar varios museos si...
9. Vamos a tomar muchas fotografías si...
10. Tomaríamos clases en la universidad de Salamanca si...
11. Pasaríamos una semana en las Islas Canarias si...
12. No volveríamos a los Estados Unidos hasta octubre si...

C. *Consejos de nuestros padres.* **En grupos de tres o cuatro, hablen de las cosas que sus padres les dijeron que hicieran o que no hicieran la primera vez que Uds. solicitaron un trabajo o la primera vez que viajaron solos.**

PASO 2 ¡Qué sabroso está todo!

Pablo y Marisol, una chica madrileña°, están comiendo en uno de los muchos restaurantes típicos que hay en la ciudad.

Marisol —Me alegro de que hayas podido venir a comer hoy conmigo. ¿Qué te parece la paella?

Pablo —¡Sabrosísima! Es una lástima que tu hermano no haya venido con nosotros, porque yo sé que éste es su restaurante preferido°.

Marisol —Si no hubiera tenido que trabajar, habría venido porque aquí preparan todos sus platos favoritos: gazpacho, tortilla, empanada gallega°, caldo gallego y la mejor ensaladilla rusa de Madrid.

Pablo —Esta mañana fui con José Luis a comer tapas[1]. Había camarones, albóndigas, aceitunas, calamares fritos, bocadillos de chorizo...

Marisol —Y tú probaste° un poco de todo, ¿verdad?

Pablo —Sí, y ahora estoy comiendo como si no hubiera comido nada, pero bueno, ya son las dos de la tarde.

Marisol —Y esta noche tenemos la cena en casa de los Quiroga[2]. Piensas ir, ¿verdad?

madrileña° from Madrid
preferido° favorite
gallega° from Galicia
probaste° tried

[1]Snacks consisting of small portions of different types of food.
[2]Last names in Spanish are not made plural, as they are in English.

Pablo —Sí, esta tarde voy a ir a la florería° a comprarle un ramo° de flores a la Sra. Quiroga. — flower shop / bouquet

Marisol —¡Buena idea! Oye, ¿fuiste el sábado a la tertulia[1] de la Srta. Espinosa?

Pablo —Sí, y fue una lástima que no hubieras estado allí porque me aburrí como una ostra°. ¿Quieres postre? — *me...* I was bored to death

Marisol —Sí, y después tomamos un café.

¿Cuánto recuerda?

Indique si los siguientes enunciados sobre el diálogo entre Marisol y Pablo son verdaderos (V) o falsos (F).

1. Marisol está cenando en el restaurante con su hermano.
2. Marisol está comiendo un plato típico mexicano.
3. El hermano de Marisol no trabaja.
4. A Pablo le gusta comer tapas.
5. Hoy Pablo y Marisol van a cenar en casa de unos amigos.
6. Marisol piensa que Pablo no debe llevarle flores a la Sra. Quiroga.
7. A Pablo le encantó la tertulia de la Srta. Espinosa.
8. A Marisol y a Pablo les gusta tomar café después de las comidas.

Vocabulario

Las comidas

Nombres

la aceituna *olive*
la albóndiga *meatball*
el bocadillo *sandwich (Spain)*
el calamar *squid*
el caldo gallego *type of soup*
el camarón, la gamba *shrimp*
el cangrejo *crab*
el chorizo *sausage*
la empanada gallega *type of pie stuffed with ham, sausage, or fish*
la ensaladilla rusa *potato salad with peas, carrots, and pimento*
el gazpacho *cold vegetable soup*
la langosta *lobster*
los mariscos *shellfish*

[1]A gathering of people who meet regularly for conversation.

la ostra *oyster*
la paella *typical Spanish rice dish prepared with chicken, seafood, and saffron* (azafrán)
el pulpo *octopus*
la tortilla (española) *omelette made with potatoes, onions, and eggs*

¡Buen provecho! **En grupos de dos o tres, fíjense en la lista de comida que aparece en las págs. 190–191.**

1. ¿Cuáles han comido Uds. y cuáles no han comido nunca?
2. De las que no han probado, ¿cuáles les gustaría probar?
3. De las que conocen, ¿cuáles son sus favoritas? ¿Por qué?

Estructura

Los tiempos compuestos del subjuntivo

A. El pretérito perfecto de subjuntivo

- The present perfect subjunctive is formed with the present subjunctive of the auxiliary verb **haber** + *the past participle of the main verb.* It is used in the same way as the present perfect in English, but only in sentences that require the subjunctive in the subordinate clause.

		Present subjunctive of **haber**	Past participle of main verb
que	yo	**haya**	**hablado**
	tú	**hayas**	**comido**
	Ud., él, ella	**haya**	**salido**
	nosotros(as)	**hayamos**	**roto**
	vosotros(as)	**hayáis**	**puesto**
	Uds., ellos, ellas	**hayan**	**dicho**

Me alegro de que **hayas podido** venir. *I'm glad you've been able to come.*

Es una lástima que tu hermano no **haya venido** con nosotros. *It's a pity that your brother hasn't come with us.*

Actividad

Opiniones. **En parejas, túrnense para hacer comentarios sobre lo siguiente. Usen expresiones como: me alegro de, siento, dudo, no creo, me sorprende, es una lástima, temo, lamento, espero, ojalá, no es verdad.**

Modelo: Los chicos se han divertido.
Me alegro de que los chicos se **hayan** divertido.

1. Los niños han preparado una paella.
2. Me han llevado a mi restaurante favorito.
3. A mi amiga no le ha gustado el gazpacho.
4. Pablo ha visitado a sus abuelos.
5. Nos han traído flores.
6. La comida ha estado sabrosísima.
7. Mario no ha podido venir con nosotras.
8. Ellos se han aburrido mucho.
9. Han dicho que no pueden ir a España.
10. Nosotros no hemos visto a nuestros amigos.

B. El pluscuamperfecto de subjuntivo

• The pluperfect subjunctive is formed with the imperfect subjunctive of the auxiliary verb **haber** + *the past participle of the main verb.* It is used in the same way as the past perfect tense in English, but only in sentences that require the subjunctive in the subordinate clause.

		Imperfect subjunctive of **haber**	Past participle of the main verb
que	yo	**hubiera**	**hablado**
	tú	**hubieras**	**leído**
	Ud., él, ella	**hubiera**	**pedido**
	nosotros(as)	**hubiéramos**	**puesto**
	vosotros(as)	**hubierais**	**dicho**
	Uds., ellos, ellas	**hubieran**	**roto**

Fue una lástima que tú no **hubieras estado** allí.
It was a pity that you hadn't been there.

• The pluperfect subjunctive is used instead of the imperfect subjunctive in an *if*-clause when the verb in the main clause is in the conditional perfect.

> **Habría venido** si no **hubiera tenido** que trabajar.
> *I would have come if I hadn't had to work.*

• The pluperfect subjunctive is used after the expression **como si...** to refer to a contrary-to-fact action in the past. This is expressed in English by the past perfect indicative (*had + past participle*).

> Estoy comiendo **como si** no **hubiera comido** nada.
> *I'm eating as if I hadn't eaten anything.*

Actividades

A. *¿Qué pasó...?* **Éstas son las cosas que habrían ocurrido si las circunstancias hubieran sido diferentes. En parejas, túrnense para decir cuáles creen Uds. que fueron las causas que lo impidieron.**

1. Los padres de Pablo habrían ido a España si...
2. La hermana de Pablo lo habría llevado al aeropuerto si...
3. Marisol habría ido a la tertulia si...
4. Pablo no habría ido a la tertulia si...
5. Marisol habría invitado a Pablo a cenar si...
6. Nosotros habríamos llamado a nuestros amigos si....
7. Tú habrías comprado juguetes si...
8. Los abuelos de Pablo habrían comido postre si...
9. Yo habría ido a la Misa de Gallo si...
10. Uds. habrían cantado villancicos si...

B. *Los abuelos de Pablo.* **Pablo volvió a Buenos Aires y sus abuelos comentaban lo que había ocurrido durante su estancia en Madrid. En parejas, túrnense para decir lo que ellos sentían con respecto a lo siguiente. Usen frases como esperaban, dudaban, no creían, lamentaban, temían, se alegraban.**

> *Modelo:* el gazpacho
> **No creían** que le **hubiera gustado** el gazpacho.

1. la comida de España
2. Marisol
3. las tertulias de la Srta. Espinosa
4. los niños de la casa
5. la obra navideña que fueron a ver
6. las fiestas en las casas de sus amigos
7. la cena de Nochebuena
8. el baile en la discoteca

PASO 3 ¡Vamos a la feria!

Irma Velasco, una chica mexicana, que estudia en la universidad de Salamanca, está conversando con Álvaro de la Torre, un muchacho español.

Irma —Una de las cosas que no me quiero perder° es la Feria de Sevilla. Creo que empieza la semana que viene. ¿Tú piensas ir?

Álvaro —Esta vez° no puedo ir, pero te aseguro que no hay nada tan magnífico ni tan colorido en ninguna otra parte°. A lo largo° del Guadalquivir[1] ponen quioscos adornados con flores y allí se congrega° la gente para cantar y bailar.

Irma —Yo he visto fotos de las mujeres sevillanas con sus trajes regionales. ¡Ay!, me parece mentira° tener la oportunidad de ver todo eso.

Álvaro —Otra cosa digna de verse° son las procesiones de la Semana Santa en Sevilla. Las cofradías[2] salen de las iglesias con los "pasos" que son escenas de la vida de Cristo en tamaño° natural lujosamente° representadas, y recorren la ciudad.

Irma —¡Qué interesante! Otra cosa, ¿te parece una buena idea ir a Pamplona en julio para la Feria de San Fermín[3]?

Álvaro —Depende. ¿Te gustan las muchedumbres°? Como sabrás, ése es un evento internacional, y todo el mundo° va a estar allí.

Irma —(*se ríe*) Y bueno… al fin y al cabo° yo estoy aquí para verlo todo. ¿Tú has corrido alguna vez delante de los toros?

Álvaro —De ninguna manera°. ¡Todavía no me he vuelto loco! Eso sí, he visto las corridas de toros que hay por la tarde.

Irma —Pues yo no pienso perderme nada de eso. Oye, Álvaro, ¿me acompañas° a las tiendas? Quiero comprar un regalo para mi prima, que tiene su fiesta de quinceañera el mes próximo.

Álvaro —¿Qué es eso?

Irma —Es una fiesta que se les da en México y en otros países hispanos a las chicas cuando cumplen 15 años. Es un día muy importante para ellas porque es cuando las presentan en sociedad.

Álvaro —Bueno, vámonos entonces. Así puedo matar dos pájaros de un tiro° porque yo también tengo que comprar un regalo.

miss

Esta… This time

en… nowhere else / *A…* Along / *se…* meet

me… it seems incredible to me / *digna de…* worth seeing / size / luxuriously

crowds

todo… everybody

al… after all

De… No way

me… will you come with me

matar… to kill two birds with one stone

[1]River in Seville
[2]Brotherhoods and sisterhoods of devout catholics
[3]The patron saint of Pamplona

¿Cuánto recuerda?

Indique si los siguientes enunciados sobre el diálogo entre Irma y Álvaro son verdaderos (V) o falsos (F).

1. Irma Velasco es latinoamericana.
2. A Irma no le interesa ir a la Feria de Sevilla.
3. En la Feria de Sevilla las sevillanas usan trajes regionales.
4. Los "pasos" son escenas de la vida de Cristo.
5. La Feria de San Fermín se celebra en Sevilla.
6. Muy poca gente asiste a la Feria de San Fermín.
7. La prima de Irma va a cumplir 15 años el próximo mes.
8. Álvaro no va a ir de compras hoy.

Vocabulario

Festividades

Nombres

el carnaval *Mardi Gras, carnival*
la carroza *float*
la corrida de toros *bullfight*
el desfile *parade*
el disfraz *costume*
la feria *fair*
la procesión *procession*
el quiosco *booth*
el santo patrón, la santa patrona *patron saint*
la Semana Santa *Holy Week*
el torero, el matador *bullfighter*
el traje de luces *bullfighter's garb*
el traje regional *typical costume*
el toro *bull*

Turistas en España. **En parejas, fíjense en las palabras que se presentan en esta pagina y hablen sobre lo que van a ver en las siguientes celebraciones y actividades.**

1. en una procesión de Semana Santa
2. durante el carnaval
3. en una feria
4. en una corrida de toros

Estructura

Algunas expresiones idiomáticas

You have learned many phrases or expressions that can not be translated literally into English. Following are the ones that appear in the dialogue.

acompañar a alguien *to go with someone*
al fin y al cabo *after all*
de ninguna manera, de ningún modo *no way*
digno(a) de verse *worth seeing*
en ninguna otra parte *nowhere else*
matar dos pájaros de un tiro *to kill two birds with one stone*
parecer mentira *to seem incredible*
perderse algo *to miss out on something*
todo el mundo *everybody*
volverse loco(a) *to go crazy*

Otras expresiones idiomáticas comunes

a la larga *in the long run*
al contrario *on the contrary*
caerle bien (mal) a uno *(not) to like someone*
cambiar de idea *to change one's mind*
dar en el clavo *to hit the nail on the head*
darle rabia a uno *to make one furious*
en todo caso *in any case*
entre la espada y la pared *between a rock and a hard place*
hacer una pregunta *to ask a question*
no tener pelos en la lengua *to be outspoken*
no ver la hora de *not to be able to wait*
por otro lado *on the other hand*
tener la culpa *to be one's fault*
tomarle el pelo a alguien *to pull somebody's leg*

Actividades

A. ***Expresiones.*** **En parejas, túrnense para decir qué expresiones idiomáticas pueden sustituir las frases que aparecen en bastardilla (*italics*).**

1. *Después de todo,* ellos son mis hijos.
2. Elena siempre *dice exactamente lo que piensa.*
3. *No puedo creer* que Marcelo haya dicho eso.
4. Visité a mis amigos madrileños y vi una corrida de toros. *Hice dos cosas a la vez.*
5. Tengo que *preguntarle muchas cosas.*
6. Hagas lo que hagas, *tus dos alternativas son malas.*
7. *Con el paso del tiempo* verás que tengo razón.
8. Los chicos siempre *se burlan de él.*

B. *A ver...* **En parejas, túrnense para contestar las siguientes preguntas. Usen en sus respuestas las expresiones idiomáticas aprendidas.**

1. ¿Tienes muchas ganas de que lleguen las vacaciones?
2. ¿Te gustaría ver el carnaval de Brasil?
3. ¿Tú correrías delante de los toros en Pamplona?
4. ¿Tú crees que te aburrirías si fueras a la Feria de Sevilla?
5. ¿Has ido a todas las fiestas a las que te han invitado?
6. La última vez que fuiste al cine, ¿había mucha gente?
7. ¿Puedes ir conmigo a la tienda?
8. ¿Tú crees que los estudiantes de esta clase son simpáticos?
9. ¿Hay algo que te ponga furioso(a)?
10. Cuando tomas una decisión, ¿siempre la mantienes?

En general

A. *Verdadero o falso.* **En parejas, túrnense para decir si las siguientes afirmaciones son verdaderas o falsas.**

1. El 24 de diciembre los cristianos celebran la Nochebuena.
2. Los Reyes Magos les traen juguetes a los niños el 25 de diciembre.
3. La empanada gallega no es un plato español.
4. El cangrejo es un marisco.
5. La tortilla española y la tortilla mexicana son iguales.
6. La gente usa disfraces durante el carnaval.
7. En las corridas de toros el torero usa un traje de luces.
8. En Navidad se cantan villancicos.
9. Las albóndigas se hacen con frutas.
10. El gazpacho es un tipo de sopa.
11. La aceituna es un pescado.
12. Los toros visten trajes regionales en las ferias.

B. *Celebraciones.* **En grupos de tres o cuatro, hablen sobre lo que Uds. harían o no harían con respecto a lo siguiente. Expliquen por qué.**

1. la Misa de Gallo
2. la cena de Nochebuena
3. el árbol de Navidad
4. el nacimiento
5. una obra navideña
6. los villancicos

C. *Conversaciones.* **En parejas, hagan el papel de las siguientes personas.**

1. Dos personas que están tratando de decidir si van a la Feria de Sevilla o a la Feria de San Fermín. Expliquen por qué prefieren ir a una o a otra.
2. Dos personas que están hablando del tipo de comida española que van a preparar para un grupo de amigos. Incluyan los ingredientes que necesitan usar.
3. Un(a) norteamericano(a) y un(a) español(a) que están hablando de cómo se celebra la Navidad y la víspera (*eve*) de Año Nuevo en sus respectivos países.

LECTURAS PERIODÍSTICAS

Carnaval

DON CARNAL LLAMA A LA FIESTA

POR MARISA CASADO

Es hora de olvidar las penas, ponerse la máscara y dejarse llevar por la locura de Don Carnal. No hace falta viajar a Río de Janeiro. En España todo el mundo lo celebra. Ciudades, pueblos, playas… la fiesta está a la vuelta de la esquina[1].

Para disfrutar del carnaval no hace falta irse muy lejos. España tiene una gran tradición carnavalesca, y cualquier opción merece la pena[2]. Las grandes ciudades, con sus multitudinarias cabalgatas[3], sus bailes y sus fuegos artificiales[4], y también los pueblos, que celebran curiosos y divertidos rituales. Eso sí, hay que darse prisa[5] y aprovechar al máximo, antes de que llegue Doña Cuaresma*.

Fiesta en la ciudad

Quedarse en la gran ciudad en estas fiestas no es mala idea. Hay actos suficientes para tener ocupado a todo el que quiera divertirse. Lugares como Madrid o Barcelona celebran el carnaval, con gran éxito, desde hace años.

Madrid, que se pondrá su primer disfraz[6] el día 12, tiene en la Plaza Mayor el centro de la fiesta. Allí se celebra el tradicional concurso[7] de disfraces para adultos (viernes, 12) y allí termina el gran desfile de carnaval que comienza en la Gran Vía de San Francisco. La Plaza Mayor es, durante el fin de semana, lugar de encuentro de grupos musicales y orquestas, que hacen de la tardenoche madrileña un divertido e improvisado baile de carnaval, noche ideal para lucir[8] el mejor disfraz.

En Barcelona, los protagonistas de la fiesta son los mercados municipales, encargados de organizar todos los actos. De jueves a sábado, no hay mercado que no se vista de carnaval (vendedores incluidos). Por eso resulta habitual comprarle jamón a Tarzán o naranjas a Drácula. Seguro que ir de compras estos días, ya no es tan aburrido. Estos mercados también organizan carnavales infantiles y un concurso de tortillas[9] de fantasía digno de verse… y de comerse. Y fuera, en la calle, el gran desfile de carrozas (sábado), seguido del tradicional baile de máscaras.

No obstante, toda ciudad tiene también sus carnavales "no oficiales" en bares y discotecas, que también merece la pena descubrir. La noche, como siempre, es la mejor aliada de la fiesta.

Carnavales de lujo

Hay dos ciudades españolas que viven el carnaval en una forma muy especial: Santa Cruz de Tenerife y Cádiz. Son el paraíso de la fiesta en estas fechas. Lugares en los que disfrutar del carnaval es una obligación y un deber de todo ciudadano.

El de Tenerife es el segundo carnaval más popular y conocido internacionalmente, después del de Río de Janeiro (Brasil). Es un gran espectáculo que tiene la calle como escenario principal y que se distingue, tanto por la fantasía y originalidad de los disfraces como por la actitud de un pueblo que paraliza por completo la actividad laboral para vivir de lleno el loco mundo de Don Carnal. "Déjalo para mañana, que hoy es carnaval", es la máxima que preside la ciudad en estos días.

En las plazas, bailes, máscaras, música y diversión. Los amantes de la fiesta no regresan al hogar hasta que llega el miércoles de Ceniza y se encuentran, cara a cara, con la vieja y austera Doña Cuaresma.

En Cádiz, la calle también es reina del

carnaval. Durante dos semanas, la ciudad entera rebosa alegría y buen humor. Para los gaditanos** salir a la calle disfrazados es casi obligatorio. De vez en cuando, es aconsejable salirse del programa oficial y recorrer los callejones[10], que también tienen sus propias fiestas.

De la revista *Cambio 16* (España)

[1]*a...* around the corner / [2]*merece...* is worth it [3]horseback riding / [4]*fuegos...* fireworks / [5]*darse...* hurry up / [6]costume / [7]contest / [8]show off / [9]omelets [10]alleys

*Período de cuarenta y seis días que, desde el miércoles de ceniza (*ash Wednesday*) precede al Domingo de Resurrección. / **la gente de Cádiz

Ahora...

Imaginen que Uds. tienen la oportunidad de estar en España para la época de carnaval. En grupos de tres o cuatro, hablen de lo siguiente.

1. Lo que Uds. van a ver y a escuchar, y lo que van a hacer. ¿Qué actividades les parecen más interesantes o divertidas?
2. De las cuatro ciudades mencionadas en el artículo, ¿en cuál preferirían pasar más tiempo? ¿Por qué?
3. ¿Saben Uds. algo sobre el carnaval de Nueva Orleans? ¿Cómo se compara con el de España?

Cruzando fronteras

Finalmente, estamos en España. Nuestro viaje, que comenzó en los Andes, termina en los Pirineos. Al igual que hemos hecho con los otros países, vamos a hablar un poco de España que es, para muchos hispanoamericanos, la madre patria.

España

España, que ocupa la mayor parte de la Península Ibérica, está separada de Francia por los Pirineos. Tiene una superficie° de poco menos de 195.000 millas cuadradas° y una población de unos treinta millones de habitantes.

Gracias al descubrimiento de América, España llegó a ser la primera potencia° mundial, pero a partir del siglo° XVII su posición comenzó a declinar y llegó a su punto más bajo en el período que va desde la pérdida° de sus últimas colonias (Cuba, Puerto Rico y las Filipinas), en 1898, hasta la guerra civil de 1936. A la guerra civil siguió la larga dictadura de Franco, que dio lugar al aislamiento° del país pero, desde la restauración de la democracia, España ha progresado a ritmo acelerado hasta volver a ocupar un sitio entre las naciones más prósperas del mundo. Actualmente a España, por su desarrollo humano, le corresponde el lugar número 11 entre los 175 países del mundo, de acuerdo con° el *Informe sobre el desarrollo humano* publicado por la Organización de las Naciones Unidas en 1997. Además, actualmente es uno de los miembros de la Unión Europea y de la Organización del Tratado del Atlántico Norte (OTAN°).

Hoy, España es una monarquía constitucional. Su rey°, Juan Carlos, es el símbolo de la nación, pero el verdadero gobierno es elegido por el pueblo democráticamente. Casi todos los españoles hablan español, pero ésta no es la primera lengua de todos ellos. Los catalanes y los vascos tienen sus propios° idiomas; el catalán y el vascuence son las lenguas habladas con preferencia en sus respectivas regiones. En menor grado°, en las regiones de Galicia y Asturias también se escuchan las respectivas lenguas autóctonas.

España fue, tradicionalmente, un país agrícola, y todavía es el mayor proveedor de productos agrícolas de la Unión Europea, y uno de los mayores productores mundiales de vino y de aceite de oliva. Sin embargo°, actualmente sólo el 11 por ciento de los españoles trabajan en la agricultura, mientras que el 21 por ciento lo hace en la industria, y el sector de los servicios emplea casi el 60 por ciento de la población. El turismo ha pasado a ser° una de las grandes fuentes de ingresos° del país y, tanto en Madrid, la capital, como en Barcelona, Granada, Córdoba, Sevilla y otras ciudades españolas, los hoteles, los museos y otros lugares de interés están llenos de turistas de todas partes del mundo que visitan España todos los años. Van atraídos por su historia y sus tradiciones, por la arquitectura de sus ciudades, por la pintura de sus museos, por la variedad de su música y de sus comidas regionales, por su sol, sus playas y paisajes, por los magníficos servicios que se les brindan y, sobre todo, por la tradicional hospitalidad del pueblo español.

A través de° toda su historia España ha contribuido grandemente a la cultura universal. Bajo el dominio de los moros (árabes), Córdoba se convirtió en la segunda ciudad más importante de Europa, superada sólo por Constantinopla. En sus grandes universidades se estudió medicina, matemáticas y filosofía a niveles° más altos que los del resto de Europa. Aristóteles y otros sabios de la antigüedad griega fueron leídos en Córdoba mucho antes de que fueran conocidos por el resto de la Europa cristiana, sobre todo gracias a los traductores de Toledo quienes sirvieron de puente° entre la cultura oriental y el mundo europeo. La Universidad de Salamanca, fundada en el siglo XIII, sirvió de modelo para la fundación de las universidades latinoamericanas, cuatro siglos después. Además, España se ha distinguido en la pintura, en la música y en la literatura. Goya, Velázquez, Dalí, Picasso..., Falla,

area
square
power
century
loss
isolation
de... according to
NATO
king
own
degree
Sin... However
ha... has become / *fuentes...* sources of income
A... Throughout
levels
bridge

Albéniz, Casals..., Cervantes, Machado, García Lorca..., son nombres que evocan belleza° en toda persona culta°.

beauty / educated

¿Cuánto hemos aprendido?

A. La clase se dividirá en cuatro grupos. Cada grupo preparará de ocho a diez afirmaciones sobre uno de los párrafos de la lectura. Algunas de estas afirmaciones serán verdaderas y otras falsas. Cada grupo leerá lo que ha escrito, y el resto de la clase decidirá si las afirmaciones son verdaderas o falsas.

B. En parejas, completen la siguiente información sobre España.

ESPAÑA

Capital: ____________________

Superficie: ____________________

Población: ____________________

Lugar que ocupa en el mundo: ____________________

____

Forma de gobierno: ____________________

Lengua nacional: ____________________

Otras lenguas: ____________________

____

Principales productos: ____________________

____

Porcentaje que trabaja en:

a) la agricultura ____________________

b) la industria ____________________

c) el sector de los servicios ____________________

____

Pintores famosos: ____________________

____

Músicos famosos: ____________________

____

Escritores famosos: ____________________

____

Ventana al mundo literario

RAMÓN MESONERO ROMANOS *(España: 1803–1882)*

Ramón Mesonero Romanos es uno de los escritores costumbristas más importantes de su época. El costumbrismo es un tipo de literatura que pertenece al período romántico, en el cual se presentan tipos y costumbres propios de la región en que vive el autor. Para Mesonero Romanos Madrid fue el centro de su vida artística y profesional. Sus mejores obras son Panorama matritense *y* Escenas matritenses. *En esta última° —de tipo humorístico— trató de corregir la imagen estereotipada que tenían los extranjeros acerca de España, y de presentarle al público escenas de costumbres reales del país.*

esta... the latter

Preparación

Lea las primeras dos oraciones. El personaje *Mauricio* es corto de vista, y no quiere usar anteojos. ¿Qué problemas cree Ud. que pueden surgir° a causa de esto?

come up

El amante corto de vista

A. El primer encuentro

El joven Mauricio, por desgracia, tenía un defecto capital, y era... ser muy corto de vista°.

Mauricio, a la edad de veintitrés años, no podía dejar de bailar, pero le molestaban° tanto los anteojos moviéndose en el baile que no deseaba ponérselos. El amor vino por fin a atravesar su corazón y una noche en que bailaba con la bella Matilde de Laínez en casa de la Marquesa de... no pudo menos° que hacer una declaración. La joven, en quien sin duda los atractivos de Mauricio hicieron efecto, la aceptó. Ya nuestros amantes habían hablado largamente y Mauricio averiguó la hora y el minuto en que Matilde saldría al balcón; los paseos y las tertulias que frecuentaba, las óperas favoritas de la mamá; todos los detalles en que piensan los jóvenes en tales° casos. Pero el inexperto Mauricio se olvidó de reconocer bien a la mamá y a una hermana mayor de Matilde que estaban en el baile; no observó a su padre, coronel de caballería; y por último, no se atrevió a decirle a su amada que era corto de vista.

corto... nearsighted

le... bothered him

no... he couldn't help

such

B. Bajo el balcón

Al día siguiente, a la hora indicada, corrió Mauricio a la calle donde vivía Matilde, buscando cuidadosamente las señas° de la casa. Matilde le había dicho que era el

directions

número 12, y que estaba en una esquina. Pero la otra esquina que era el número 72, le pareció 12 al desafortunado amante y allí se quedó para esperarla. Matilde, que lo vio venir, salió pronto al balcón, sonriendo°. Fue en vano, porque Mauricio, en la otra esquina, tenía los ojos fijos en el balcón de la casa de enfrente. Este desdén inesperado hirió° el amor propio de Matilde. Ella tosió° dos veces, sacó su pañuelo blanco, pero todo fue inútil porque el amante miraba al otro balcón. Una hora duró la escena, hasta que el muchacho, desesperado, y creyéndose abandonado de su novia, sintió fuertes tentaciones de hablar con la otra vecina que todavía estaba en el balcón.

smiling

wounded / coughed

Dicho y hecho. Cruza la calle, se detiene bajo el balcón y alza° la cabeza para hablarle. Pero en el mismo momento ella le tira° a la cara el pañuelo que tenía en la mano y, sin decir una palabra, entra en la casa y cierra el balcón. Mauricio tomó el pañuelo y reconoció en él las mismas iniciales que había visto en el que llevaba Matilde la noche del baile... Miró después la casa, y vio el número 12. ¿Cómo describir su desesperación?

lifts up

throws

C. En el teatro

Tres días y tres noches paseó Mauricio en vano enfrente de la casa, el balcón siempre cerrado... La tercera noche se presentaba en el teatro una de las óperas favoritas de la mamá y en uno de los palcos° el joven creía verla, acompañada de Matilde. No hay duda... son ellas... Trata de llamarles la atención pero en vano. Por último, se acaba la ópera y en la parte más oscura de la escalera se acerca a la joven y le dice:

boxes (at the theater)

—Señorita, perdone usted mi error... si sale usted al balcón le diré... entretanto° tome usted el pañuelo.

meanwhile

—Caballero, ¿qué dice usted? —le contestó una voz extraña.

—Señora...

—¡Calle°! El pañuelo es de mi hermanita.

Quiet

—¿Qué es eso, hija?

—Nada, mamá. Este caballero me ha dado un pañuelo de Matilde.

—¿Y cómo tiene este caballero un pañuelo de Matilde?

—Señora... yo... la otra noche, quiero decir... en el baile de la Marquesa de...

—Es verdad, mamá. El señor bailó con mi hermana, y no es extraño que olvidara el pañuelo.

—De veras es extraño. En fin, caballero, le damos a usted las gracias.

Un rayo° caído a sus pies no hubiera turbado más al pobre Mauricio, y lo peor era que había atado° en el pañuelo un mensaje en que hablaba de su amor, de la equivocación de la casa, en fin de todo el drama, y él no sabía quién iba a leer el papel.

flash of lightning

knotted

Trémulo° siguió de lejos a las damas, hasta que entraron en su casa. En vano esperó escuchar algunas palabras. Pero al fin, a las doce de la noche, cansado de esperar, se fue a su casa.

Trembling

D. La nota de la mamá

Entretanto, la mamá, que tomó el pañuelo para reprender° a la niña, había descubierto la nota. Pasados los primeros momentos de su enojo°, decidió callar y escribir una respuesta muy terminante° para que el joven no tuviera ganas de volver. Así lo

to reprimand

anger

respuesta... cutting answer

hizo, y firmó la nota con el nombre de Matilde. Hecho esto, se fue a dormir. A las ocho ya estaba Mauricio en el portal. Oyó abrirse el balcón... y... una mano blanca arrojó° un papelito. Corrió a recogerlo°, y encontró que el balcón se había cerrado ya, y la esperanza° de su corazón también.

threw / pick it up
hope

E. El paseo

Mauricio renunció para siempre al amor. Pero como era joven, a los quince días pensó de otra manera, y una hermosa noche de julio salió al Paseo del Prado con un amigo y le contó su última aventura. Pero al acabar su historia observó sentados a un militar y a una joven. Sacó sus anteojos y vio que la joven que estaba sentada a sus espaldas oyendo su conversación era la hermosa Matilde.

—¡Ingrata!... —fue lo único° que pudo decir.

lo... the only thing

—Yo no he escrito esa nota —contestó ella.

—¿Pues quién?

—No sé... A las doce estaré en el balcón.

F. El disgusto del papá

Lleno de esperanza, el pobre Mauricio aguardó° bajo el balcón. Pero aquella noche el papá de Matilde había decidido tomar el fresco° y allí estaba sentado.

waited
tomar... get some air

—Querida —dijo Mauricio— ¿es usted?

—Matilde —le dice el padre en voz baja— ¿te llama a ti?

—No, papá; yo no sé...

—Para que vea usted —continúa el joven— si yo tuve motivo para enojarme. Ahí va la nota...

—A ver, muchacha. Trae la luz, que voy a leerla...

Dicho y hecho. Entra en la sala mirando a su hija con ojos amenazadores°. Abre el sobre y lee. "*Caballero, si la noche del baile de la Marquesa le hice concebir esperanzas locas...*[1]"

threatening

—Cielos°, ¡pero qué veo! Es la letra de mi mujer...

Heavens

—¡Ay, papá!

—¡Infame! ¡A los cuarenta años haciendo concebir esperanzas locas!

—Pero, papá...

—¡Déjame que la despierte!

G. Todo se explica

En efecto, así lo hizo, y por más de una hora se oyeron voces y gritos. Al fin el joven, lleno de susto°, decidió averiguar° lo que pasaba. Llamó a la puerta para que el padre saliera al balcón.

fear / find out

—Caballero, haga usted el favor de esperar un momento. El padre toma dos pistolas y baja rápidamente. Abre la puerta y dice:

—Escoja° usted.

Choose

—Cálmese usted —contesta el joven—. Yo soy un caballero. Mi nombre es

[1]**si... le hice concebir esperanzas locas:** if... I led you to build up wild hopes

Mauricio N. Déjeme explicar la confusión que me ha hecho turbar° la tranquilidad de su familia. *upset*

Explicó todos los hechos y se calmó la agitación del celoso coronel que, informado de todo, no se opuso al amor de los jóvenes.

La historia de estos amores siguió más tranquila. Al poco tiempo se casaron Mauricio y su novia, aunque Matilde, mirada de cerca, y con anteojos, no le pareció tan bella. Sin embargo, sus cualidades morales eran muy apreciables, y Mauricio, para olvidar sus defectos, no tenía más que hacer algo muy sencillo°... quitarse los anteojos. *simple*

Díganos...

A. *El primer encuentro*

1. ¿Cuál es el defecto de Mauricio?
2. ¿Qué necesitaba usar y no usaba?
3. ¿De quién se enamoró Mauricio? ¿Dónde?
4. ¿Qué averiguó Mauricio? ¿De qué se olvidó?
5. ¿Qué no le dijo a Matilde?

B. *Bajo el balcón*

1. ¿Adónde fue Mauricio al día siguiente?
2. ¿Se dio cuenta de que se había equivocado de balcón?

C. *En el teatro*

1. ¿Dónde vio Mauricio a la mamá de Matilde?
2. ¿Qué pasó en la escalera?
3. ¿Qué había atado en el pañuelo que le dio a la hermana de Matilde?

D. *La nota de la mamá*

1. ¿Qué hizo la mamá después de leer la nota de Mauricio?

E. *El paseo*

1. ¿Qué decidió hacer Mauricio y cuándo cambió de idea?
2. ¿Quiénes escucharon la conversación de Mauricio con su amigo?

F. *El disgusto del papá*

1. ¿Qué dijo el papá de Matilde cuando vio la nota?
2. ¿Qué pensó él al ver la letra de su mujer?

G. *Todo se explica*

1. ¿Qué hizo el padre de Matilde cuando Mauricio llamó a la puerta?
2. ¿Qué pasó al final?
3. ¿Cómo era Matilde mirada de cerca?
4. ¿Qué tenía que hacer Mauricio para olvidar los defectos de Matilde?

Desde su mundo

En grupos de tres o cuatro, hablen de los buenos y de los malos momentos que pasaron con su primer(a) novio(a).

Para escribir...

Escriba uno o dos párrafos sobre uno de los siguientes temas.

1. Por qué miento a veces
2. La actitud de mis padres con respecto a mi primer(a) novio(a)

ANTONIO MACHADO *(España: 1875–1939)*

Antonio Machado nació en Sevilla, pero a los ocho años se trasladó a Madrid, y allí se educó. Machado está considerado como uno de los grandes poetas españoles. Los temas de su poesía son los recuerdos de su juventud, el paso del tiempo, el amor y, sobre todo, España, la muerte y Dios. Aunque su obra no es muy extensa, incluye libros notables como Soledades, galerías y otros poemas, Campos de Castilla *y* Nuevas canciones.

Al terminar la Guerra Civil Española el poeta huyó de su país, y fue a refugiarse en un pequeño pueblo de Francia, donde murió.

Preparación

En este poema el poeta recuerda lo que sueña. Cuando Ud. se despierta ¿recuerda lo que sueña? Lea los dos primeros versos de cada estrofa. Piense lo que el sueño significa para el poeta.

Anoche, cuando dormía...

Anoche, cuando dormía,
soñé, ¡bendita° ilusión!, — blessed
que una fontana fluía° — flowed
dentro de mi corazón,
Di: ¿por qué acequia° escondida, — canal
agua vienes hasta mí,
manantial° de nueva vida — spring
en donde nunca bebí?

Anoche, cuando dormía,
soñé, ¡bendita ilusión!,
que una colmena° tenía — beehive
dentro de mi corazón;
y las doradas abejas° — bees
iban fabricando en él,
con las amarguras° viejas, — bitterness
blanca cera° y dulce miel°. — wax / honey

Anoche, cuando dormía,
soñé, ¡bendita ilusión!,
que un ardiente sol lucía
dentro de mi corazón.
Era ardiente porque daba
calores de rojo hogar°, — hearth
y era sol porque alumbraba° — illuminated
y porque hacía llorar°. — cry

Anoche, cuando dormía,
soñé, ¡bendita ilusión!,
que era Dios° lo que tenía — God
dentro de mi corazón.

Díganos...

1. ¿Qué significado tiene el agua en la primera estrofa?
2. En la segunda estrofa, ¿qué sueña el poeta que tiene en su corazón?
3. ¿Qué hacen las abejas con las amarguras del poeta?
4. ¿Qué dice el poeta del sol?
5. Al final del poema, ¿a quién dice el poeta que tiene en el corazón?

Desde su mundo

En parejas, hablen de sus sueños. ¿Los recuerdan cuando se despiertan? ¿Tienen pesadillas (*nightmares*) a veces? ¿Sueñan despiertos(as) a veces? ¿Qué sueñan?

Para escribir...

Escriba uno o dos párrafos sobre uno de los siguientes temas.

1. "Una vez, soñé que..."
2. Sueños que se repiten

ANA MARÍA MATUTE *(España: 1926–)*

Ana María Matute nació en Barcelona, y está considerada por la crítica como una de las mejores escritoras españolas de la postguerra. Ha recibido varios premios literarios, entre ellos Café Gijón, por su novela Fiesta al noroeste *(1952); Planeta, por* Pequeño teatro*; el Nacional de Literatura, por* Los hijos muertos, *y el Nadal por* Primera memoria. *Además de novelas, es autora de numerosos cuentos. En ellos ha creado un mundo infantil dominado por la sensibilidad. Entre sus mejores colecciones de cuentos merecen mencionarse* Los niños tontos *(1956) e* Historias de la Artámila. *La muerte y la soledad son temas frecuentes en sus obras.*

Preparación

Lea las tres primeras oraciones del cuento. ¿Cómo cree Ud. que se siente un niño pequeño a quien se le muere un amigo? ¿Triste? ¿Confundido? ¿Temeroso°?

fearful

El niño al que se le murió el amigo

Una mañana se levantó y fue a buscar al amigo, al otro lado de la valla°. Pero el amigo no estaba, y, cuando volvió, le dijo la madre: "El amigo se murió. Niño, no pienses más en él y busca otros para jugar". El niño se sentó en el quicio° de la puerta, con la cara entre las manos y los codos° en las rodillas°.

"Él volverá", pensó. Porque no podía ser que allí estuviesen las canicas°, el camión° y la pistola de hojalata°, y el reloj aquel que ya no andaba°, y el amigo no viniese a buscarlos. Vino la noche, con una estrella muy grande, y el niño no quería entrar a cenar. "Entra niño, que llega el frío", dijo la madre. Pero, en lugar de° entrar, el niño se levantó del quicio y se fue en busca del amigo, con las canicas, el camión, la pistola de hojalata y el reloj que no andaba. Al llegar a la cerca°, la voz del amigo no lo llamó, ni lo oyó en el árbol, ni en el pozo°. Pasó buscándolo toda la noche. Y fue una larga noche casi blanca, que le llenó de polvo° el traje y los zapatos. Cuando llegó el sol, el niño, que tenía sueño y sed, estiró° los brazos, y pensó: "Qué tontos y pequeños son estos juguetes. Y ese reloj que no anda, no sirve para nada°." Lo tiró todo al pozo, y volvió a la casa, con mucha hambre. La madre le abrió la puerta, y dijo: "Cuánto ha crecido° este niño, Dios mío, cuánto ha crecido." Y le compró un traje de hombre°, porque el que llevaba le venía muy corto°.

hedge
doorway / elbows / knees / marbles
truck / tin / *ya no...* no longer worked
en... instead of
fence
well
dust
stretched
no... it's no good
Cuánto... How he has grown / *traje...* man's suit / *le...* was too short for him

Díganos...

1. ¿A quién fue a buscar el niño? ¿Adónde?
2. ¿Qué le dijo su mamá que le había pasado a su amigo?
3. ¿Qué le aconsejó que hiciera?

4. ¿Qué hizo el niño? ¿Qué pensó?
5. ¿Qué pasó cuando vino la noche?
6. ¿Qué hizo el niño en vez de entrar en su casa?
7. ¿Cuáles eran las cosas que tenían los niños para jugar?
8. ¿Qué hizo durante toda la noche?
9. ¿Cómo se sentía el niño cuando llegó el sol?
10. ¿A qué conclusión llegó el niño con respecto a sus juguetes? ¿Qué hizo con todo?
11. ¿Qué dijo la madre cuando le abrió la puerta al niño?
12. ¿Qué le compró a su hijo? ¿Por qué?

Desde su mundo

En parejas, hablen de los juguetes que tenían cuando eran niños y de cuáles preferían. ¿A qué edad decidieron que Uds. eran ya muy grandes para jugar con ellos? ¿Se los dieron a alguien? ¿Tienen algunos todavía?

Para escribir...

Escriba uno o dos párrafos sobre uno de los siguientes temas.

1. El día que me separé de mi mejor amigo(a)
2. Mi mejor amigo(a) de la infancia (*childhood*) y mi mejor amigo(a) hoy en día

LECCIONES 4–7 Compruebe cuánto sabe

Lección 4

A. El futuro perfecto

Diga lo que cada persona habrá hecho antes de que se abra la exposición de pintura.

1. Yo ______ (limpiar) el local.
2. Mis amigos ______ (abrir) las puertas y las ventanas.
3. El pintor ______ (traer) varios de sus dibujos.
4. Uds. ______ (colocar) los cuadros en las paredes.
5. Mis compañeros y yo ______ (ponerles) precio a los cuadros.
6. Tú ______ (preparar) las bebidas que vamos a servir.
7. Ud. ______ (invitar) a los periodistas a la exposición.

B. El condicional perfecto

Use el condicional perfecto para indicar lo que Ud. y otras personas de su familia habrían hecho antes de salir de viaje.

1. yo / poner dinero en el banco
2. Uds. / comprar cheques de viajero
3. mi familia y yo / hacer reservaciones en el hotel
4. mi hermano / ir a la agencia de viajes
5. tú / conseguir folletos turísticos

C. Algunas preposiciones

Complete lo siguiente con la preposición correspondiente: a, de, en o con.

1. Hoy vamos ______ ir ______ la exposición de pintura ______ Guido Llinás que empieza ______ las ocho ______ la noche. Vamos ______ invitar ______ Marcela porque ella opina que este pintor es el mejor ______ esta época. La exposición es ______ la universidad. Marcela sueña ______ ser una gran pintora, pero yo siempre le digo que no basta ______ soñar y que tiene que empezar ______ tomar clases. Ella piensa asistir ______ la clase ______ arte que ofrecen ______ la universidad el próximo semestre.

2. Mi hermano Alberto está muy enamorado ______ Marta, una chica venezolana. Ella es morena ______ ojos verdes y es muy inteligente. Él acaba ______ comprometerse ______ Marta, pero no piensa casarse ______ ella hasta el año que viene. Yo me alegro ______ que ellos esperen hasta que él termine sus clases.

D. La voz pasiva

Cambie lo siguiente a la voz pasiva.

1. Picasso pintó ese cuadro.
2. Él vende las esculturas.
3. Ellos entrevistaron al pintor.
4. Elvira ha contratado al pianista.
5. Mirta Vargas recitaba los poemas de Lorca.
6. Nosotros pagaríamos las entradas para el concierto.

E. El se pasivo

Vuelva a escribir las siguientes oraciones usando el se pasivo.

1. Los cuadros fueron pintados el año pasado.
2. Las esculturas serán expuestas aquí.
3. Todos los dibujos han sido terminados.
4. La exposición va a ser presentada en enero.
5. Las entradas son vendidas en el teatro.

F. Vocabulario

¿Qué palabra o palabras corresponden a lo siguiente?

1. pintura de agua
2. exposición
3. lo uso para pintar
4. lienzo
5. pintura de aceite
6. exhibir
7. grupo musical de cuatro personas
8. persona que canta
9. instrumento musical que tocan en las iglesias
10. argumento
11. autor teatral
12. lo opuesto de prosa
13. personaje principal en una obra teatral
14. persona que hace estatuas
15. grupo musical de tres personas

Lección 5

A. El subjuntivo usado con verbos y expresiones de voluntad y emoción

Complete lo siguiente usando el infinitivo o el presente de subjuntivo de los verbos entre paréntesis.

1. Mis padres quieren que yo ______ (ir) a Venezuela con ellos, pero yo prefiero ______ (ir) a México con mi hermano. Espero que él también ______ (poder) tomar vacaciones en junio.

2. Mi mamá me aconseja que ______ (estudiar) medicina, pero yo deseo ______ (estudiar) para dentista. Ojalá que yo ______ (ser) capaz de convencerla porque necesito que ella ______ (pagarme) la universidad. Temo que no me ______ (dar) una beca porque mis notas no son muy buenas.
3. Mis abuelos me piden que no ______ (enojarme) con mis hermanos y lamentan que no ______ (llevarnos) bien. Ellos insiten en que ______ (comunicarnos) mejor y yo espero ______ (poder) complacerlos.

B. El subjuntivo para expresar duda, incredulidad y negación

Cambie lo siguiente de acuerdo con la nueva frase inicial.

1. Siempre salimos con una chaperona.
No es verdad ______________________________.
2. En los pueblos pequeños las chicas tienen más libertad que en las grandes ciudades. Dudamos ______________________________.
3. En Latinoamérica las chicas no asisten a la universidad.
No creo ______________________________.
4. La mujer tiene los mismos derechos que el hombre.
Es cierto ______________________________.
5. Las jóvenes de hoy son menos independientes que sus abuelas.
Negamos ______________________________.

C. El subjuntivo para expresar lo indefinido y lo no existente

Complete con el presente de indicativo o el presente de subjuntivo de los verbos entre paréntesis.

1. Carmen busca un empleo que ______ (pagar) bien. Ahora tiene uno que ______ (pagar) muy poco, pero es difícil que ______ (encontrar) otro porque aquí hay mucho desempleo.
2. No hay nadie aquí que ______ (poder) entrenarme en el uso de las computadoras, pero hay muchas personas que ______ (querer) ayudarme a encontrar otro trabajo.
3. Hay muchos programas que ______ (ayudar) a combatir la deserción escolar, pero no hay muchos que ______ (servir) para buscarles trabajo a los jóvenes.
4. Conozco a varias personas aquí que ______ (estar) interesadas en rehabilitar a los delincuentes, pero no conozco a nadie que ______ (tener) programas especiales para hacerlo. Hay muchas personas que ______ (desear) ayudarlos, pero no hay ninguna que ______ (saber) cómo lograrlo.

D. Expresiones que requieren el subjuntivo o el indicativo

Complete lo siguiente, usando el equivalente español de las palabras que aparecen entre paréntesis.

1. No vas a recibir buenas notas en los exámenes ______________________________.
(unless you study more)
2. Elsa va a hablar con su consejero ______________________________.
(as soon as she sees him)

3. Siempre llamo a mis padres ______________________________.
(*as soon as I get home*)
4. Necesito comprar unos libros. Voy a llamar a Mirta ______________.
(*so that she brings me the money*)
5. Voy a pagar la matrícula ______________________________.
(*when my dad gives me the money*)
6. Hablé con mi profesor ______________________________.
(*as soon as he arrived*)
7. Vamos a esperar al catedrático ______________________ la clase.
(*until he finishes*)
8. Siempre hablo con mis amigos ______________________________
a la universidad. (*when I arrive*)

E. Vocabulario

Busque en la columna B las respuestas a las preguntas que aparecen en la columna A.

	A	B
______	1. ¿Ana es tu hermanastra?	a. El mes próximo.
______	2. ¿Te dio un abrazo?	b. Sí, pronto van a contraer matrimonio.
______	3. ¿Te enojaste con ellos?	c. No, porque no estudié mucho.
______	4. ¿Por qué lo regañó su papá?	d. No, quedó suspendida.
______	5. ¿Cuándo es la boda?	e. Sí, es catedrático.
______	6. ¿Héctor es tu yerno?	f. No, tengo una beca.
______	7. ¿Dónde van a pasar la luna de miel?	g. Es drogadicto.
______	8. ¿Están comprometidos?	h. Sí, es la hija de mi padrastro.
______	9. ¿Hay desempleo en ese país?	i. Porque no respeta a su mamá.
______	10. ¿En qué vas a especializarte?	j. No, un beso.
______	11. ¿Tienes que pagar la matrícula?	k. Sí, y mucha pobreza.
______	12. ¿Esperas recibir buenas notas?	l. No, es mi cuñado.
______	13. ¿Raúl se gradúa este año?	m. No, el próximo.
______	14. ¿Tu hijo es profesor?	n. En psicología.
______	15. ¿Rita aprobó el examen?	o. Sí, porque se llevan mal.
______	16. ¿Qué problema tiene tu hijastro?	p. En Cancún.

Lección 6

A. El imperativo: Ud. y Uds.

Cambie lo siguiente a órdenes usando las formas del imperativo para Ud. o Uds., según corresponda.

1. Ud. tiene que hacer una lista de los programas. Tiene que ir a ver al director y tiene que dársela.

2. Uds. tienen que estar aquí a las tres, tienen que traer los anuncios y tienen que ponerlos en la mesa de la secretaria.
3. Ud. tiene que buscar la guía de televisión, tiene que encender el televisor, tiene que ver el programa infantil del canal cuatro y tiene que escribir un informe sobre el programa.

B. El imperativo: tú

Ud. quiere que algunos de sus amigos hagan ciertas cosas. Cambie lo siguiente a órdenes usando la forma imperativa de tú.

1. Esto es lo que va a ordenarle a Rosaura: Ir a la sala y traer el control remoto; encender el televisor y poner el canal que tiene la telenovela. Llamar a su hermana y decirle que grabe el programa de las ocho en el canal 7 porque Ud. no puede verlo a esa hora.
2. A Alicia va a ordenarle lo siguiente: Venir a su casa el lunes y traerle el aparato de vídeo, pero no traerle las cintas.
3. Las órdenes para Carlos son: Invitar a Teresa para la fiesta del sábado, pero no decirle que viene Raúl. Comprar las bebidas para la fiesta, pero no ponerlas en el refrigerador.

C. El imperativo de la primera persona del plural

Conteste las siguientes preguntas usando el imperativo de la primera persona del plural y las palabras que aparecen entre paréntesis.

1. ¿Qué hacemos hoy? (ir al cine)
2. ¿Llevamos a alguien con nosotros? (sí, a Eva)
3. ¿Invitamos a Silvia también? (no)
4. ¿A qué hora salimos para el cine? (a las siete)
5. ¿Qué hacemos después? (ir al restaurante)
6. ¿Dónde nos sentamos en el restaurante? (cerca de la salida)
7. ¿Qué comemos? (comida mexicana)
8. ¿Cuánto le dejamos de propina al mozo? (el diez por ciento)
9. ¿A qué hora regresamos a casa? (a las once)
10. ¿Qué hacemos cuando lleguemos? (mirar televisión)
11. ¿Qué programa vemos? (el telediario)
12. ¿A qué hora nos acostamos? (a las doce)

D. Los pronombres relativos

Complete lo siguiente, usando el equivalente español de las palabras que aparecen entre paréntesis.

1. Los productos ______ son muy buenos. *(that we sell)*
2. El hombre ______ es un famoso dibujante. *(about whom I spoke to you)*
3. Las señoras ______ tienen muchos negocios aquí. *(with whom I'm speaking)*
4. El señor ______ es el dueño del negocio. *(who called)*
5. La compañía ______ está en México. *(whose products we sell)*
6. El muchacho ______ es un empleado de la agencia. *(who brought the wrappers)*

E. Vocabulario

Complete lo siguiente, usando el vocabulario aprendido en la Lección 6.

1. El programa de Mickey Mouse es un programa de dibujos ______. Es un programa ______.
2. Necesito el control ______ para encender el ______.
3. Harrison Ford es un famoso ______ de cine y Julia Roberts es una famosa ______.
4. Elsa Aguirre tiene el ______ principal en la obra.
5. No puedo ver la telenovela ahora, pero la voy a ______ para verla después.
6. Los empleados no vinieron a trabajar hoy porque se declararon en ______.
7. El gobernador va a ofrecer una ______ de prensa que se va a transmitir por todos los ______ de difusión.
8. Las ______ para alcalde son el sábado y ayer terminó la ______ electoral.
9. La Dra. Varela va a ______ para alcaldesa.
10. Hay desastres en muchos estados: En California ______, en la Florida ______ y en Kansas ______.
11. Necesitamos preparar una campaña de ______ publicitaria para aumentar las ventas.
12. Folgers es una ______ de café muy conocida.
13. Jorge Vázquez fue el ______ comercial que diseñó el emblema.
14. La investigación de la ______ pública es muy necesaria.

Lección 7

A. El imperfecto de subjuntivo

Complete los siguientes minidiálogos con el imperfecto de subjuntivo de los verbos dados.

1. —¿Qué te dijeron tus padres que ______ (hacer) cuando ______ (estar) en España?
   —Me pidieron que les ______ (escribir) todos los días, pero ellos dudaban que yo ______ (poder) hacerlo porque saben que no me gusta escribir.
   —¿Qué te pidieron entonces?
   —Me pidieron que los ______ (llamar) todas las semanas.
2. —¿Adónde querían tus amigos que tú ______ (ir) el domingo?
   —Querían que yo ______ (ir) a la iglesia con ellos y que ______ (cantar) villancicos.
   —¿Fuiste?
   —No, y ellos sintieron mucho que no ______ (poder) hacerlo.
   —¿Adónde fuiste?
   —A ver una obra navideña porque mi hermana me rogó que la ______ (acompañar).
3. —¿Vas a ir a Madrid esta Navidad?
   —No, ojalá ______ (tener) dinero para hacer el viaje, pero no tengo.
   —Fue una lástima que no ______ (conseguir) el trabajo que pediste.

B. El imperfecto de subjuntivo en oraciones condicionales

Complete los siguientes minidiálogos, usando el imperfecto de subjuntivo o el presente de indicativo de los verbos dados.

1. —¿Qué te gustaría hacer este fin de semana?
   —Si ______ (tener) tiempo me gustaría ir a la playa, pero tengo que trabajar.
2. —¿Dónde pasarás la Nochebuena?
   —Si mis padres no ______ (poder) venir, iré a Colorado a visitarlos.
3. —¿Compró Elvira muchos regalos para su familia?
   —Sí, gastó dinero como si ______ (ser) millonaria.
   —Si yo ______ (ser) su padre no le permitiría gastar tanto dinero.
4. —¿A qué hora saldrás para ver la procesión?
   —Si ______ (terminar) de trabajar temprano, saldré a las cuatro.
5. —¿Los chicos fueron a la discoteca?
   —Sí, y bailaron muchísimo, como si no ______ (estar) cansados de trabajar todo el día.

C. Cambie las siguientes oraciones al presente perfecto o al pluscuamperfecto de subjuntivo de acuerdo con la nueva frase inicial.

1. Marisol no fue a la corrida de toros.
   Dudo que ______________________________.
2. Ester compró un disfraz muy elegante.
   Ellos esperaban que ______________________________.
3. La feria fue un fracaso.
   No creemos que ______________________________.
4. Ofelia fue a ver la procesión.
   Me alegro de que ______________________________.
5. Trajeron el árbol de Navidad.
   No hay nadie que ______________________________.
6. Mis hijos fueron al carnaval de Río.
   No creía que ______________________________.
7. No pusieron el nacimiento en la sala.
   Temíamos que ______________________________.
8. Los niños no vieron las carrozas.
   Sentimos que ______________________________.
9. Mis hijastros cantaron en el coro de la iglesia.
   Me alegré de que ______________________________.
10. El desfile terminó muy tarde.
    Lamenté que ______________________________.

D. Algunas expresiones idiomáticas

Busque en la columna B las expresiones idiomáticas que corresponden a las afirmaciones que aparecen en la columna A.

	A	B
______	1. Mi esposo llegó muy tarde anoche.	a. Sí, no tiene pelos en la lengua.
______	2. No sé qué decisión tomar.	b. Se perdió de un gran espectáculo.
______	3. La fiesta estuvo magnífica.	c. Me cae muy mal.
______	4. Elsa siempre dice lo que piensa.	d. Cambió de opinión.
______	5. En este viaje voy a ver a mis abuelos y a conocer Madrid.	e. Sí, son dignas de verse.
______	6. Jorge no pudo ir a la Feria de Sevilla.	f. Me dio mucha rabia.
______	7. Las procesiones de Semana Santa son impresionantes.	g. No veo la hora de estar allí.
______	8. No quiero salir con Carlos.	h. Todo el mundo vino.
______	9. Este verano voy a viajar a Madrid.	i. Voy a matar dos pájaros de un tiro.
______	10. Me dijo que quería ir al cine, pero ahora quiere ir al teatro.	j. Estoy entre la espada y la pared.

E. Vocabulario

¿Qué palabra o palabras corresponden a lo siguiente?

1. nacimiento
2. la noche antes del día de Navidad
3. Melchor, Gaspar y Baltasar
4. canciones típicas de Navidad
5. misa que se da el 24 de diciembre a las doce de la noche
6. camarón
7. sopa fría hecha de vegetales
8. langosta, camarones, cangrejo
9. plato típico español hecho con arroz, pollo, etc.
10. traje que usan los toreros
11. animal que matan en las corridas
12. torero
13. traje típico de un lugar
14. sándwich, en España

Apéndices

Apéndice A: Algunas reglas generales

Separación de palabras

A. Vocales

1. A vowel or a vowel combination can constitute a syllable.

   e-ne-ro a-cuer-do Eu-ro-pa ai-re-a u-no

2. Diphthongs and triphthongs are considered single vowels and cannot be divided.

   vie-ne Dia-na cue-ro es-tu-diáis bui-tre

3. Two strong vowels (**a**, **e**, or **o**) do not form a diphthong and are separated into two syllables.

   em-ple-o le-an ro-e-dor tra-e-mos lo-a

4. A written accent mark on a weak vowel (**i** or **u**) breaks the diphthong; thus the vowels are separated into two syllables.

   rí-o dú-o Ma-rí-a Ra-úl ca-í-mos

B. Consonantes

1. A single consonant forms a syllable with the vowel that follows it.

   mi-nu-to ca-sa-do la-ti-na Re-na-to

   ¡ATENCIÓN! **ch**, **ll** and **rr** are considered single consonants.

   co-che a-ma-ri-llo ci-ga-rro

2. Consonant clusters composed of **b**, **c**, **d**, **f**, **g**, **p**, or **t** with **l** or **r** are considered single consonants and cannot be separated.

   su-bli-me cre-ma dra-ma flo-res gra-mo te-a-tro

3. When two consonants appear between two vowels, they are separated into two syllables.

   al-fa-be-to mo-les-tia me-ter-se

¡ATENCIÓN! When a consonant cluster composed of **b, c, d, f, g, p,** or **t** with **l** or **r** appears between two vowels, the cluster joins the following vowel.

so-bre o-tra ca-ble te-lé-gra-fo

4. When three consonants appear between two vowels, only the last one goes with the following vowel.

ins-pec-tor trans-por-te trans-for-mar

¡ATENCIÓN! When there is a cluster of three consonants in the combinations described in rule 2, the first consonant joins the preceding vowel and the cluster joins the following vowel.

es-cri-bir im-plo-rar ex-tran-je-ro

El acento ortográfico

In Spanish, all words are stressed according to specific rules. Words that do not follow the rules must have a written accent mark to indicate the change of stress. The basic rules for accentuation are as follows:

1. Words ending in a vowel, **n**, or **s** are stressed on the next to the last syllable.

ver- de re-**ten**-go ro-**sa**-da es-**tu**-dian co-**no**-ces

2. Words ending in a consonant, except **n** or **s**, are stressed on the last syllable.

es-pa-**ñol** pro-fe-**sor** pa-**red** tro-pi-**cal** na-**riz**

3. All words that do not follow these rules, and also those that are stressed on the second from the last syllable, must have a written accent mark.

ca-**fé** co-**mió** ma-**má** sa-**lón** fran-**cés**
án-gel **lá**-piz **mú**-si-ca de-**mó**-cra-ta

4. The interrogative and exclamatory pronouns and adverbs have a written accent mark to distinguish them from the relative forms.

¿Qué comes? **¡Qué** calor hace!

5. Words that have the same spelling but different meanings have a written accent mark to accentuate one from another.

el	*the*	él	*he, him*
mi	*my*	mí	*me*
tu	*your*	tú	*you*
te	*you, yourself*	té	*tea*
si	*if*	sí	*yes*
mas	*but*	más	*more*
solo	*alone*	sólo	*only*

6. The demonstrative pronouns have a written accent mark to distinguish them from the demonstrative adjectives.

éste	ésta	ése	ésa	aquél	aquélla
éstos	éstas	ésos	ésas	aquéllos	aquéllas

7. Affirmative commands with object pronouns have written accent marks if the word has two or more syllables after the stress.

   Tráigamela. Cómpralo. Pídasela.

Uso de las mayúsculas

In Spanish, only proper nouns are capitalized. Nationalities, languages, days of the week, and months of the year are not considered proper nouns.

Jaime Ballesteros es de Buenos Aires, pero sus padres no son argentinos; son de España. El sábado, tres de junio, Jaime y sus padres, el doctor[1] Juan Ballesteros y su esposa, la señora[1] Consuelo Ballesteros, salen para Madrid.

Puntuación

1. Inverted question marks and exclamation marks must be placed at the beginning of questions and exclamations.

   —¿Tú quieres ir con nosotros?
   —¡Por supuesto!

2. A comma is not used before **y** or **o** at the end of a series.

   Estudio francés, historia, geografía y matemáticas.

3. In a dialogue, a dash is frequently used instead of quotation marks.

   —¿Cómo estás, Pablo?
   —Muy bien, ¿y tú?

Estudio de cognados

A. Cognates

Cognates are words that are the same or similar in two languages. It is extremely valuable to be able to recognize them when learning a foreign language. Following are some principles of cognate recognition in Spanish.

1. Some words are exact cognates; only the pronunciation is different.

general	terrible	musical	central	humor	banana
idea	mineral	horrible	cultural	natural	terror

2. Some cognates are almost the same, except for a written accent mark, a final vowel, or a single consonant in the Spanish word.

región	comercial	arte	México	posible	potente
personal	península	oficial	importante	conversión	imposible

[1]These words are capitalized only when they are abbreviated: **Dr., Sra.**

3. Most nouns ending in *-tion* in English end in **-ción** in Spanish.

   conversación solución operación cooperación

4. English words ending in *-ce* and *-ty* end in **-cia, cio, -tad,** and **-dad** in Spanish.

   importancia precipicio libertad ciudad

5. The English ending *-ous* is often equivalent to the Spanish ending **-oso(a).**

   famoso amoroso numeroso malicioso

6. The English consonant *s-* is often equivalent to the Spanish **es-.**

   escuela estado estudio especial

7. English words ending in *-cle* end in **-culo** in Spanish.

   artículo círculo vehículo

8. English words ending in *-y* often end in **-io** in Spanish.

   laboratorio conservatorio

9. English words beginning with *ph-* begin with **f-** in Spanish.

   farmacia frase filosofía

10. There are many other easily recognizable cognates for which no rule can be given.

    millón deliberadamente estudiar millonario mayoría
    ingeniero norte enemigo monte

B. False cognates

False cognates are words that look similar in Spanish and English, but have very different meanings. Some common ones are as follows:

English Word	Spanish Equivalent	False Cognate
actually	realmente	actualmente (*nowadays*)
application	solicitud	aplicación (*diligence*)
card	tarjeta	carta (*letter*)
character (*in lit.*)	personaje	carácter (*personality, nature*)
embarrassed	avergonzado(a)	embarazada (*pregnant*)
exit	salida	éxito (*success*)
library	biblioteca	librería (*bookstore*)
major (*studies*)	especialidad	mayor (*older, major in armed services*)
minor (*studies*)	segunda especialidad	menor (*younger*)
move (*from one home to another*)	mudarse	mover (*move something*)
question	pregunta	cuestión (*matter*)
subject	asunto, tema	sujeto (*subject of a sentence*)

Apéndice B: Verbos

Verbos regulares: Modelos de los verbos que terminan en *-ar, -er, -ir*

Infinitive		
amar (*to love*)	comer (*to eat*)	vivir (*to live*)

Present Participle		
amando (*loving*)	comiendo (*eating*)	viviendo (*living*)

Past Participle		
amado (*loved*)	comido (*eaten*)	vivido (*lived*)

A. Simple Tenses

Indicative Mood

Present		
(*I love*)	(*I eat*)	(*I live*)
amo	como	vivo
amas	comes	vives
ama	come	vive
amamos	comemos	vivimos
amáis	coméis	vivís
aman	comen	viven

Imperfect		
(*I used to love*)	(*I used to eat*)	(*I used to live*)
amaba	comía	vivía
amabas	comías	vivías
amaba	comía	vivía
amábamos	comíamos	vivíamos
amabais	comíais	vivíais
amaban	comían	vivían

Preterit		
(*I loved*)	(*I ate*)	(*I lived*)
amé	comí	viví
amaste	comiste	viviste
amó	comió	vivió
amamos	comimos	vivimos
amasteis	comisteis	vivisteis
amaron	comieron	vivieron

Future		
(*I will love*)	(*I will eat*)	(*I will live*)
amaré	comeré	viviré
amarás	comerás	vivirás
amará	comerá	vivirá
amaremos	comeremos	viviremos
amaréis	comeréis	viviréis
amarán	comerán	vivirán

Conditional		
(*I would love*)	(*I would eat*)	(*I would live*)
amaría	comería	viviría
amarías	comerías	vivirías
amaría	comería	viviría
amaríamos	comeríamos	viviríamos
amarías	comeríais	viviríais
amarían	comerían	vivirían

Subjective Mood

Present		
(*[that] I [may] love*)	(*[that] I [may] eat*)	(*[that] I [may] live*)
ame	coma	viva
ames	comas	vivas
ame	coma	viva
amemos	comamos	vivamos
améis	comáis	viváis
amen	coman	vivan

Imperfect		
	(two forms: -ra, -se)	
(*[that] I [might] love*)	(*[that] I [might] eat*)	(*[that] I [might] live*)
amara -ase	comiera -iese	viviera -iese
amaras -ases	comieras -ieses	vivieras -ieses
amara -ase	comiera -iese	viviera -iese
amáramos -ásemos	comiéramos -iésemos	viviéramos -iésemos
amarais -aseis	comierais -ieseis	vivierais -ieseis
amaran -asen	comieran -iesen	vivieran -iesen

Imperative Mood		
(*love*)	(*eat*)	(*live*)
ama (tú)	come (tú)	vive (tú)
ame (Ud.)	coma (Ud.)	viva (Ud.)
amemos (nosotros)	comamos (nosotros)	vivamos (nosotros)
amad (vosotros)	comed (vosotros)	vivid (vosotros)
amen (Uds.)	coman (Uds.)	vivan (Uds.)

B. Compound Tenses

Perfect Infinitive		
haber amado	haber comido	haber vivido

Perfect Participle		
habiendo amado	habiendo comido	habiendo vivido

Indicative Mood

Present Perfect		
(*I have loved*)	(*I have eaten*)	(*I have lived*)
he amado	he comido	he vivido
has amado	has comido	has vivido
ha amado	ha comido	ha vivido
hemos amado	hemos comido	hemos vivido
habéis amado	habéis comido	habéis vivido
han amado	han comido	han vivido

Pluperfect		
(*I had loved*)	(*I had eaten*)	(*I had lived*)
había amado	había comido	había vivido
habías amado	habías comido	habías vivido
había amado	había comido	había vivido
habíamos amado	habíamos comido	habíamos vivido
habíais amado	habíais comido	habíais vivido
habían amado	habían comido	habían vivido

Future Perfect		
(*I will have loved*)	(*I will have eaten*)	(*I will have lived*)
habré amado	habré comido	habré vivido
habrás amado	habrás comido	habrás vivido
habrá amado	habrá comido	habrá vivido
habremos amado	habremos comido	habremos vivido
habréis amado	habréis comido	habréis vivido
habrán amado	habrán comido	habrán vivido

Conditional Perfect		
(*I would have loved*)	(*I would have eaten*)	(*I would have lived*)
habría amado	habría comido	habría vivido
habrías amado	habrías comido	habrías vivido
habría amado	habría comido	habría vivido
habríamos amado	habríamos comido	habríamos vivido
habríais amado	habríais comido	habríais vivido
habrían amado	habrían comido	habrían vivido

Subjunctive Mood

Present Perfect		
(*[that] I [may] have loved*)	(*[that] I [may] have eaten*)	(*[that] I [may] have lived*)
haya amado	haya comido	haya vivido
hayas amado	hayas comido	hayas vivido
haya amado	haya comido	haya vivido
hayamos amado	hayamos comido	hayamos vivido
hayáis amado	hayáis comido	hayáis vivido
hayan amado	hayan comido	hayan vivido

Pluperfect		
	(two forms: -ra, -se)	
(*[that] I [might] have loved*)	(*[that] I [might] have eaten*)	(*[that] I [might] have lived*)
hubiera -iese amado	hubiera -iese comido	hubiera -iese vivido
hubieras -ieses amado	hubieras -ieses comido	hubieras -ieses vivido
hubiera -iese amado	hubiera -iese comido	hibiera -iese vivido
hubiéramos -iésemos amado	hubiéramos -iésemos comido	hubiéramos -iésemos vivido
hubierais -ieseis amado	hubierais -ieseis comido	hubierais -ieseis vivido
hubieran -iesen amado	hubieran -iesen comido	hubieran -iesen vivido

Verbos de cambios radicales

A. Verbos que terminan en -ar *y* -er

Stem-changing verbs are those that have a change in the root of the verb. Verbs that end in **-ar** and **-er** change the stressed vowel **e** to **ie**, and the stressed **o** to **ue.** These changes occur in all persons except the first- and second-person plural of the present indicative, present subjunctive, and imperative.

The* -ar *and* -er *Stem-changing Verbs

Infinitive	Present Indicative	Imperative	Present Subjunctive
cerrar (*to close*)	cierro	——	cierre
	cierras	cierra	cierres
	cierra	cierre	cierre
	cerramos	cerremos	cerremos
	cerráis	cerrad	cerréis
	cierran	cierren	cierren
perder (*to lose*)	pierdo	——	pierda
	pierdes	pierde	pierdas
	pierde	pierda	pierda
	perdemos	perdamos	perdamos
	perdéis	perded	perdáis
	pierden	pierdan	pierdan
contar (*to count, to tell*)	cuento	——	cuente
	cuentas	cuenta	cuentes
	cuenta	cuente	cuente

Infinitive	Present Indicative	Imperative	Present Subjunctive
	contamos	contemos	contemos
	contáis	contad	contéis
	cuentan	cuenten	cuenten
volver	vuelvo	——	vuelva
(*to return*)	vuelves	vuelve	vuelvas
	vuelve	vuelva	vuelva
	volvemos	volvamos	volvamos
	volvéis	volved	volváis
	vuelven	vuelvan	vuelvan

Verbs that follow the same pattern are:

acordarse	*to remember*	llover	*to rain*
acostar(se)	*to go to bed*	mostrar	*to show*
almorzar	*to have lunch*	mover	*to move*
atravesar	*to go through*	negar	*to deny*
cocer	*to cook*	nevar	*to snow*
colgar	*to hang*	pensar	*to think, to plan*
comenzar	*to begin*	probar	*to prove, to taste*
confesar	*to confess*	recordar	*to remember*
costar	*to cost*	rogar	*to beg*
demostrar	*to demonstrate, to show*	sentar(se)	*to sit down*
despertar(se)	*to wake up*	soler	*to be in the habit of*
empezar	*to begin*	soñar	*to dream*
encender	*to light, to turn on*	tender	*to stretch, to unfold*
encontrar	*to find*	torcer	*to twist*
entender	*to understand*		

B. *Verbos que terminan en* -ir

There are two types of stem-changing cerbs that end in **-ir.**

Type I: The -ir *Stem-changing Verbs*

The verbs of this type change stressed **e** to **ie** in some tenses and to **i** in others, and stressed **o** to **ue** or **u**. These changes occur as follows.

Present Indicative: all persons except the first- and second-persons plural change **e** to **ie** and **o** to **ue.**

Preterit: third-person, singular and plural, changes **e** to **i** and **o** to **u.**

Present Subjunctive: all persons change **e** to **i** and **o** to **ue,** except the first- and second-persons plural, which change **e** to **i** and **o** to **u.**

Imperfect Subjunctive: all persons change **e** to **i** and **o** to **u.**

Imperative: all persons except the second-person plural change **e** to **ie** and **o** to **ue**, and first-person plural changes **e** to **i** and **o** to **u**.
Present Participle: changes **e** to **i** and **o** to **u**.

Infinitive	Indicative		Imperative	Subjunctive	
	Present	Preterit		Present	Imperfect
sentir	siento	sentí	——	sienta	sintiera (-iese)
(*to feel*)	sientes	sentiste	siente	sientas	sintieras
	siente	sintió	sienta	sienta	sintiera
Present	sentimos	sentimos	sintamos	sintamos	sintiéramos
Participle	sentís	sentisteis	sentid	sintáis	sintierais
sintiendo	sienten	sintieron	sientan	sientan	sintieran
dormir	duermo	dormí	——	duerma	durmiera (-iese)
(*to sleep*)	duermes	dormiste	duerme	duermas	durmieras
	duerme	durmió	duerma	duerma	durmiera
Present	dormimos	dormimos	durmamos	durmamos	durmiéramos
Participle	dormís	dormisteis	dormid	durmáis	durmierais
durmiendo	duermen	durmieron	duerman	duerman	durmieran

Other verbs that follow the same pattern are:

advertir	*to warn*	mentir	*to lie*
arrepentir(se)	*to repent*	morir	*to die*
consentir	*to consent, to pamper*	preferir	*to prefer*
convertir(se)	*to turn into*	referir	*to refer*
divertir(se)	*to amuse (oneself)*	sugerir	*to suggest*
herir	*to wound, to hurt*		

Type II: The -ir Stem-changing Verbs

The verbs in the second category are irregular in the same tenses as those of the first type. The only difference is that they only have one change: **e** to **i** in all irregular persons.

Infinitive	Indicative		Imperative	Subjunctive	
	Present	Preterit		Present	Imperfect
pedir	pido	pedí	——	pida	pidiera (-iese)
(*to ask for,*	pides	pediste	pide	pidas	pidieras
to request)	pide	pidió	pida	pida	pidiera
Present	pedimos	pedimos	pidamos	pidamos	pidiéramos
Participle	pedís	pedisteis	pedid	pidáis	pidierais
pidiendo	piden	pidieron	pidan	pidan	pidieran

Verbs that follow this pattern are:

competir	*to compete*	reír(se)	*to laugh*
concebir	*to conceive*	reñir	*to fight*
despedir(se)	*to say good-bye*	repetir	*to repeat*
elegir	*to choose*	seguir	*to follow*
impedir	*to prevent*	servir	*to serve*
perseguir	*to pursue*	vestir(se)	*to dress*

Verbos de cambios ortográficos

Some verbs undergo a change in the spelling of the stem in some tenses, in order to keep the sound of the final consonant. The most common ones are those with the consonants **g** and **c.** Remember that **g** and **c** in front of **e** or **i** have a soft sound, and in front of **a, o,** or **u** have a hard sound. In order to keep the soft sound in front of **a, o,** or **u,** we change **g** and **c** to **j** and **z,** respectively. And in order to keep the hard sound of **g** or **c** in front of **e** and **i,** we add a **u** to the **g** (**gu**) and change the **c** to **qu.** The most important verbs of this type that are regular in all the tenses but change in spelling are the following.

1. Verbs ending in **-gar** change **g** to **gu** before **e** in the first-person of the preterit and in all persons of the present subjunctive.

   pagar *to pay*
   Preterit: pagué, pagaste, pagó, etc.
   Imperative: paga, pague, paguemos pagad, paguen
   Pres. Subj.: pague, pagues, pague, paguemos, paguéis, paguen

   Verbs with the same change: **colgar, jugar, llegar, navegar, negar, regar, rogar.**

2. Verbs ending in **-ger** or **-gir** change **g** to **j** before **o** in the first-person of the present indicative and before **a** in all the persons of the present subjunctive.

   proteger *to protect*
   Pres. Ind.: protejo, proteges, protege, etc.
   Imperative: protege, proteja, protejamos, proteged, protejan
   Pres. Subj.: proteja, protejas, proteja, protejamos, protejáis, protejan

   Verbs with the same pattern: **coger, corregir, dirigir, escoger, exigir, recoger.**

3. Verbs ending in -**guar** change **gu** to **gü** before **e** in the first person of the preterit and in all persons of the present subjunctive.

   averiguar *to find out*
   Preterit: averigüé, averiguaste, averiguó, etc.
   Imperative: averigua, averigüe, averigüemos, averiguad, averigüen
   Pres. Subj.: averigüe, averigües, averigüe, averigüemos, averigüéis, averigüen

   The verb **apaciguar** has the same changes as above.

4. Verbs ending in **-guir** change **gu** to **g** before **o** in the first-person of the present indicative and before **a** in all persons of the present subjunctive.

conseguir	*to get*
Pres. Ind.:	consigo, consigues, consigue, etc.
Imperative:	consigue, consiga, consigamos, conseguid, consigan
Pres. Subj.:	consiga, consigas, consiga, consigamos, consigáis, consigan

Verbs with the same change: **distinguir, perseguir, proseguir, seguir.**

5. Verbs ending in **-car** change **c** to **qu** before **e** in the first-person of the preterit and in all persons of the present subjunctive.

tocar	*to touch, to play (a musical instrument)*
Preterit:	to**qu**é, tocaste, tocó, etc.
Imperative:	toca, to**qu**e, to**qu**emos, tocad, to**qu**en
Pres. Subj.:	to**qu**e, to**qu**es, to**qu**e, to**qu**emos, to**qu**éis, to**qu**en

Verbs that have the same pattern: **atacar, buscar, comunicar, explicar, indicar, pescar, sacar.**

6. Verbs ending in **-cer** or **-cir** preceded by a consonant change **c** to **z** before **o** in the first-person of the present indicative and before **a** in all persons of the present subjunctive.

torcer	*to twist*
Pres. Ind.:	tuerzo, tuerces, tuerce, etc.
Imperative:	tuerce, tuerza, torzamos, torced, tuerzan
Pres. Subj.:	tuerza, tuerzas, tuerza, torzamos, torzáis, tuerzan

Verbs that have the same change: **convencer, esparcir, vencer.**

7. Verbs ending in **-cer** or **-cir** preceded by a vowel change **c** to **zc** before **o** in the first-person of the present indicative and before **a** in all persons of the present subjunctive.

conocer	*to know, to be acquainted with*
Pres. Ind.:	conozco conoces, conoce, etc.
Imperative:	conoce, conozca, conozcamos, conoced, conozcan
Pres. Subj.:	conozca, conozcas, conozca, conozcamos, conozcáis, conozcan

Verbs that follow the same pattern: **agradecer, aparecer, carecer, entristecer** (*to sadden*), **establecer, lucir, nacer, obedecer, ofrecer, padecer, parecer, pertenecer, reconocer, relucir.**

8. Verbs ending in **-zar** change **z** to **c** before **e** in the first-person of the preterit and in all persons of the present subjunctive.

rezar	*to pray*
Preterit:	recé, rezaste, rezó, etc.
Imperative:	reza, rece, recemos, rezad, recen
Pres. Subj.:	rece, reces, rece, recemos, recéis, recen

Verbs that have the same pattern: **abrazar, alcanzar, almorzar, comenzar, cruzar, empezar, forzar, gozar.**

9. Verbs ending in **-eer** change the unstressed **i** to **y** between vowels in the third-person singular and plural of the preterit, in all persons of the imperfect subjunctive, and in the present participle.

creer *to believe*
Preterit: creí, creíste, creyó, creímos, creísteis, creyeron
Imp. Subj.: creyera, creyeras, creyera, creyéramos, creyerais, creyeran
Pres. Part.: creyendo
Past Part.: creído

Leer and **poseer** follow the same pattern.

10. Verbs ending in **-uir** change the unstressed **i** to **y** between vowels (except **-quir,** which has the silent **u**) in the following tenses and persons.

huir *to escape, to flee*
Pres. Ind.: huyo, huyes, huye, huimos, huís, huyen
Preterit: huí, huiste, huyó, huimos, huisteis, huyeron
Imperative: huye, huya, huyamos, huid, huyan
Pres. Subj.: huya, huyas, huya, huyamos, huyáis, huyan
Imp. Subj.: huyera(ese), huyeras, huyera, huyéramos, huyerais, huyeran
Pres. Part: huyendo

Verbs with the same change: **atribuir, concluir, constituir, construir, contribuir, destituir, destruir, disminuir, distribuir, excluir, incluir, influir, instruir, restituir, sustituir.**

11. Verbs ending in **-eír** lose one **e** in the third-person singular and plural of the preterit, in all persons of the imperfect subjunctive, and in the present participle.

reír *to laugh*
Preterit: reí, reíste, rio, reímos, reísteis, rieron
Imp. Subj.: riera(ese), rieras, riera, riéramos, rierais, rieran
Pres. Part.: riendo

Sonreír and **freír** have the same pattern.

12. Verbs ending in **-iar** add a written accent to the **i**, except in the first- and second-persons plural of the present indicative and subjunctive.

fiar(se) *to trust*
Pres. Ind.: (me) fío, (te) fías, (se) fía, (nos) fiamos, (os), fiáis, (se) fían
Pres. Subj.: (me) fíe, (te) fíes, (se) fíe, (nos) fiemos, (os) fiéis, (se) fíen

Other verbs that follow the same pattern: **ampliar, criar, desviar, enfriar, enviar, guiar, telegrafiar, vaciar, variar.**

13. Verbs ending in **-uar** (except **-guar**) add a written accent to the **u**, except in the first- and second-persons plural of the present indicative and subjunctive.

actuar *to act*
Pres. Ind.: actúo, actúas, actúa, actuamos, actuáis, actúan
Pres. Subj.: actúe, actúes, actúe, actuemos, actuéis, actúen

Verbs with the same pattern: **acentuar, continuar, efectuar, exceptuar, graduar, habituar, insinuar, situar.**

14. Verbs ending in **-ñir** lose the **i** of the diphthongs **ie** and **ió** in the third-person singular and plural of the preterit and all persons of the imperfect subjunctive. They also change the **e** of the stem to **i** in the same persons.

teñir *to dye*
Preterit: teñí, teñiste, tiñó, teñimos, teñisteis, tiñeron
Imp. Subj.: tiñera(ese), tiñeras, tiñera, tiñéramos, tiñerais, tiñeran

Verbs that follow the same pattern: **ceñir, constreñir, desteñir, estreñir, reñir.**

Verbos irregulares de uso frecuente

adquirir *to acquire*
Pres. Ind.: adquiero, adquieres, adquiere, adquirimos, adquirís, adquieren
Pres. Subj.: adquiera, adquieras, adquiera, adquiramos, adquiráis, adquieran
Imperative: adquiere, adquiera, adquiramos, adquirid, adquieran

andar *to walk*
Preterit: anduve, anduviste, anduvo, anduvimos, anduvisteis, anduvieron
Imp. Subj.: anduviera (anduviese), anduvieras, anduviera, anduviéramos, anduvierais, anduvieran

caber *to fit, to have enough room*
Pres. Ind.: quepo, cabes, cabe, cabemos, cabéis, caben
Preterit: cupe, cupiste, cupo, cupimos, cupisteis, cupieron
Future: cabré, cabrás, cabrá, cabremos, cabréis, cabrán
Conditional: cabría, cabrías, cabría, cabríamos, cabríais, cabrían
Imperative: cabe, quepa, quepamos, cabed, quepan
Pres. Subj.: quepa, quepas, quepa, quepamos, quepáis, quepan
Imp. Subj.: cupiera (cupiese), cupieras, cupiera, cupiéramos, cupierais, cupieran

caer *to fall*
Pres. Ind.: caigo, caes, cae, caemos, caéis, caen
Preterit: caí, caíste, cayó, caímos, caísteis, cayeron
Imperative: cae, caiga, caigamos, caed, caigan
Pres. Subj.: caiga, caigas, caiga, caigamos, caigáis, caigan
Imp. Subj.: cayera (cayese), cayeras, cayera, cayéramos, cayerais, cayeran
Past Part.: caído

conducir *to guide, to drive*
Pres. Ind.: conduzco, conduces, conduce, conducimos, conducís, conducen
Preterit: conduje, condujiste, condujo, condujimos, condujisteis, condujeron
Imperative: conduce, conduzca, conduzcamos, conducid, conduzcan
Pres. Subj.: conduzca, conduzcas, conduzca, conduzcamos, conduzcáis, conduzcan

Imp. Subj.:	condujera (condujese), condujeras, condujera, condujéramos, condujerais, condujeran
	(*All verbs ending in* **-ducir** *follow this pattern.*)
convenir	*to agree* (See **venir**)
dar	*to give*
Pres. Ind.:	doy, das, da, damos, dais, dan
Preterit:	di, diste, dio, dimos, disteis, dieron
Imperative:	da, dé, demos, dad, den
Pres. Subj.:	dé, des, dé, demos, deis, den
Imp. Subj.:	diera (diese), dieras, diera, diéramos, dierais, dieran
decir	*to say, to tell*
Pres. Ind.:	digo, dices, dice, decimos, decís, dicen
Preterit:	dije, dijiste, dijo, dijimos, dijisteis, dijeron
Future:	diré, dirás, dirá, diremos, diréis, dirán
Conditional:	diría, dirías, diría, diríamos, diríais, dirían
Imperative:	di, diga, digamos, decid, digan
Pres. Subj.:	diga, digas, diga, digamos, digáis, digan
Imp. Subj.:	dijera (dijese), dijeras, dijera, dijéramos, dijerais, dijeran
Pres. Part.:	diciendo
Past Part.:	dicho
detener	*to stop, to hold, to arrest* (See **tener**)
elegir	*to choose*
Pres. Ind.	elijo, eliges, elige, elegimos, elegís, eligen
Preterit:	eligí, elegiste, eligió, elegimos, elegisteis, eligieron
Imperative:	elige, elija, elijamos, elegid, elijan
Pres. Subj.:	elija, elijas, elija, elijamos, elijáis, elijan
Imp. Subj.:	eligiera (eligiese), eligieras, eligiera, eligiéramos, eligierais, eligieran
entender	*to understand*
Pres. Ind.:	entiendo, entiendes, entiende, entendemos, entendéis, entienden
Imperative:	entiende, entienda, entendamos, entended, entiendan
Pres. Subj.:	entienda, entiendas, entienda, entendamos, entendáis, entiendan
entretener	*to entertain, to amuse* (See **tener**)
estar	*to be*
Pres. Ind.:	estoy, estás, está, estamos, estáis, están
Preterit:	estuve, estuviste, estuvo, estuvimos, estuvisteis, estuvieron
Imperative:	está, esté, estemos, estad, estén
Pres. Subj.:	esté, estés, esté, estemos, estéis, estén
Imp. Subj.:	estuviera (estuviese), estuvieras, estuviera, estuviéramos, estuvierais, estuvieran
extender	*to extend, to stretch out* (See **tender**)
haber	*to have*
Pres. Ind.:	he, has, ha, hemos, habéis, han
Preterit:	hube, hubiste, hubo, hubimos, hubisteis, hubieron

Future:	habré, habrás, habrá, habremos, habréis, habrán
Conditional:	habría, habrías, habría, habríamos, habríais, habrían
Pres. Subj.:	haya, hayas, haya, hayamos, hayáis, hayan
Imp. Subj.:	hubiera (hubiese), hubieras, hubiera, hubiéramos, hubierais, hubieran
hacer	*to do, to make*
Pres. Ind.:	hago, haces, hace, hacemos, hacéis, hacen
Preterit:	hice, hiciste, hizo, hicimos, hicisteis, hicieron
Future:	haré, harás, hará, haremos, haréis, harán
Conditional:	haría, harías, haría, haríamos, haríais, harían
Imperative:	haz, haga, hagamos, haced, hagan
Pres. Subj.:	haga, hagas, haga, hagamos, hagáis, hagan
Imp. Subj.:	hiciera (hiciese), hicieras, hiciera, hiciéramos, hicierais, hicieran
Past Part.:	hecho
imponer	*to impose, to deposit* (See **poner**)
introducir	*to introduce, to insert, to gain access* (See **conducir**)
ir	*to go*
Pres. Ind.:	voy, vas, va, vamos, vais, van
Imp. Ind.:	iba, ibas, iba, íbamos, ibais, iban
Preterit:	fui, fuiste, fue, fuimos, fuisteis, fueron
Imperative:	ve, vaya, vayamos, id, vayan
Pres. Subj.:	vaya, vayas, vaya, vayamos, vayáis, vayan
Imp. Subj.:	fuera (fuese), fueras, fuera, fuéramos, fuerais, fueran
jugar	*to play*
Pres. Ind.:	juego, juegas, juega, jugamos, jugáis, juegan
Imperative:	juega, juegue, juguemos, jugad, jueguen
Pres. Subj.:	juegue, juegues, juegue, juguemos, juguéis, jueguen
obtener	*to obtain* (See **tener**)
oir	*to hear*
Pres. Ind.:	oigo, oyes, oye, oímos, oís, oyen
Preterit:	oí, oíste, oyó, oímos, oísteis, oyeron
Imperative:	oye, oiga, oigamos, oíd, oígan
Pres. Subj.:	oiga, oigas, oiga, oigamos, oigáis, oigan
Imp. Subj.:	oyera (oyese), oyeras, oyera, oyéramos, oyerais, oyeran
Pres. Part.:	oyendo
Past Part.:	oído
oler	*to smell*
Pres. Ind.:	huelo, hueles, huele, olemos, oléis, huelen
Imperative:	huele, huela, olamos, oled, huelan
Pres. Subj.:	huela, huelas, huela, olamos, oláis, huelan
poder	*to be able*
Pres. Ind.:	puedo, puedes, puede, podemos, podéis, pueden
Preterit:	pude, pudiste, pudo, pudimos, pudisteis, pudieron
Future:	podré, podrás, podrá, podremos, podréis, podrán

Conditional: podría, podrías, podría, podríamos, podríais, podrían
Imperative: puede, pueda, podamos, poded, puedan
Pres. Subj.: pueda, puedas, pueda, podamos, podáis, puedan
Imp. Subj.: pudiera (pudiese), pudieras, pudiera, pudiéramos, pudierais, pudieran
Pres. Part.: pudiendo

poner *to place, to put*
Pres. Ind.: pongo, pones, pone, ponemos, ponéis, ponen
Preterit: puse, pusiste, puso, pusimos, pusisteis, pusieron
Future: pondré, pondrás, pondrá, pondremos, pondréis, pondrán
Conditional: pondría, pondrías, pondría, pondríamos, pondríais, pondrían
Imperative: pon, ponga, pongamos, poned, pongan
Pres. Subj.: ponga, pongas, ponga, pongamos, pongáis, pongan
Imp. Subj.: pusiera (pusiese), pusieras, pusiera, pusiéramos, pusierais, pusieran
Past Part.: puesto

querer *to want, to wish, to love*
Pres. Ind.: quiero, quieres, quiere, queremos, queréis, quieren
Preterit: quise, quisiste, quiso, quisimos, quisisteis, quisieron
Future: querré, querrás, querrá, querremos, querrías, querrán
Conditional: querría, querrías, querría, querríamos, querríais, querrían
Imperative: quiere, quiera, queramos, quered, quieran
Pres. Subj.: quiera, quieras, quiera, queramos, queráis, quieran
Imp. Subj.: quisiera (quisiese), quisieras, quisiera, quisiéramos, quisierais, quisieran

resolver *to decide on, to solve*
Pres. Ind.: resuelvo, resuelves, resuelve, resolvemos, resolvéis, resuelven
Imperative: resuelve, resuelva, resolvamos, resolved, resuelvan
Pres. Subj.: resuelva, resuelvas, resuelva, resolvamos, resolváis, resuelvan
Past Part.: resuelto

saber *to know*
Pres. Ind.: sé, sabes, sabe, sabemos, sabéis, saben
Preterit: supe, supiste, supo, supimos, supisteis, supieron
Future: sabré, sabrás, sabrá, sabremos, sabréis, sabrán
Conditional: sabría, sabrías, sabría, sabríamos, sabríais, sabrían
Imperative: sabe, sepa, sepamos, sabed, sepan
Pres. Subj.: sepa, sepas, sepa, sepamos, sepáis, sepan
Imp. Subj.: supiera (supiese), supieras, supiera, supiéramos, supierais, supieran

salir *to leave, to go out*
Pres. Ind.: salgo, sales, sale, salimos, salís salen
Future: saldré, saldrás, saldrá, saldremos, saldréis, saldrán
Conditional: saldría, saldrías, saldría, saldríamos, saldríais, saldrían
Imperative: sal, salga, salgamos, salid, salgan
Pres. Subj.: salga, salgas, salga, salgamos, salgáis, salgan

ser *to be*
Pres. Ind.: soy, eres, es, somos, sois, son

Imp. Ind.: era, eras, era, éramos, erais, eran
Preterit: fui, fuiste, fue, fuimos, fuisteis, fueron
Imperative: sé, sea, seamos, sed, sean
Pres. Subj.: sea, seas, sea, seamos, seáis, sean
Imp. Subj.: fuera (fuese), fueras, fuera, fuéramos, fuerais, fueran

suponer *to assume* (See **poner**)

tener *to have*
Pres. Ind.: tengo, tienes, tiene, tenemos, tenéis, tienen
Preterit: tuve, tuviste, tuvo, tuvimos, tuvisteis, tuvieron
Future: tendré, tendrás, tendrá, tendremos, tendréis, tendrán
Conditional: tendría, tendrías, tendría, tendríamos, tendríais, tendrían
Imperative: ten, tenga, tengamos, tened, tengan
Pres. Subj.: tenga, tengas, tenga, tengamos, tengáis, tengan
Imp. Subj.: tuviera (tuviese), tuvieras, tuviera, tuviéramos, tuvierais, tuvieran

traer *to bring*
Pres. Ind.: traigo, traes, trae, traemos, traéis, traen
Preterit: traje, trajiste, trajo, trajimos, trajisteis, trajeron
Imperative: trae, traiga, traigamos, traed, traigan
Pres. Subj.: traiga, traigas, traiga, traigamos, traigáis, traigan
Imp. Subj.: trajera (trajese), trajeras, trajera, trajéramos, trajerais, trajeran
Pres. Part.: trayendo
Past Part.: traído

valer *to be worth*
Pres. Ind.: valgo, vales, vale, valemos, valéis, valen
Future: valdré, valdrás, valdrá, valdremos, valdréis, valdrán
Conditional: valdría, valdrías, valdría, valdríamos, valdríais, valdrían
Imperative: vale, valga, valgamos, valed, valgan
Pres. Subj.: valga, valgas, valga, valgamos, valgáis, valgan

venir *to come*
Pres. Ind.: vengo, vienes, viene, venimos, venís, vienen
Preterit: vine, viniste, vino, vinimos, vinisteis, vinieron
Future: vendré, vendrás, vendrá, vendremos, vendréis, vendrán
Conditional: vendría, vendrías, vendría, vendríamos vendríais, vendrían
Imperative: ven, venga, vengamos, venid, vengan
Pres. Subj.: venga, vengas, venga, vengamos, vengáis, vengan
Imp. Subj.: viniera (viniese), vinieras, viniera, viniéramos, vinierais, vinieran
Pres. Part.: viniendo

ver: *to see*
Pres. Ind.: veo, ves, ve, vemos, veis, ven
Imp. Ind.: veía, veías, veía, veíamos, veíais, veían
Preterit: vi, viste, vio, vimos, visteis, vieron
Imperative: ve, vea, veamos, ved, vean
Pres. Subj.: vea, veas, vea, veamos, veáis, vean
Imp. Subj.: viera (viese), vieras, viera, viéramos, vierais, vieran
Past Part.: visto

Apéndice C: Respuestas a las secciones Compruebe cuánto sabe

Lección 1

A. 1. está / ser / es muy aburrido 2. es de / está / Es 3. está / estar de vuelta / está muy enferma / está de acuerdo 4. estoy de vacaciones

B. 1. me quejo / me considero 2. no nos atrevemos / encargarse 3. se atrasan / se preocupan 4. sentarte 5. jubilarse (retirarse)

C. 1. me lo dan 2. prestártela 3. nos las trae 4. comprárselas 5. enviárselo 6. Me los van a entregar (Van a entregármelos)

D. 1. El Sr. Vigo / la Srta. Varela / los viernes 2. La semana próxima / las siete 3. secretaria / mil 4. Los estudiantes / los profesores 5. los zapatos / media hora 6. otro

E. 1. letra 2. conocimientos 3. terremotos 4. automóvil 5. acuerdo 6. entero 7. relaciones 8. recomendación / anterior 9. completo 10. archivo / cajón 11. fotocopiadora 12. textos 13. tablilla 14. amistoso(a) 15. trabajadora / puntual

Lección 2

A. Eran / se levantó / Desayunó / se bañó / se vistió / hacía / se puso / salió / Iba / vio / estaba / saludó / preguntó / estaba / dijo / tenía / estaba / llegó / tomó / dolía

B. 1. conociste / La conocí / conocía 2. Me costaron / costaban 3. No pude ir / no quiso 4. Sabía Ud. / lo supe 5. no quería venir

C. 1. para / por / por / por / para / por / por / por 2. Para / para / para / por / Por / Para 3. Por / Por / Por / por / por / para

D. 1. Ana es tan alta como Raquel. 2. Rhode Island es (mucho) más pequeño que Texas. [Texas es (mucho) más grande que Rhode Island.] 3. El hotel Marriott es (mucho) mejor que el hotel Gerónimo y, por supuesto, es más caro. 4. Sergio es mayor que Elsa pero menor que Carlos. Elsa es la menor de los tres y Carlos es el mayor. 5. El Sr. Villalobos tiene tanto dinero como el Sr. García.

E. 1. l 2. p 3. h 4. b 5. n 6. j 7. a 8. o 9. d 10. f 11. c 12. i 13. e 14. g 15. k 16. m

Lección 3

A. 1. abiertas / cerrado 2. escritos 3. envueltos / hecha 4. puesta 5. dormidas / despiertas

B. 1. No, yo nunca he estado en Colombia. 2. No, mis amigos y yo no hemos ido a México recientemente. 3. No, mi amigo no ha tenido que trabajar mucho últimamente. 4. No, no he hecho nada interesante últimamente. 5. No, mis padres no han visto a mis (sus) amigos.

C. 1. Yo había limpiado la casa. 2. Tú habías lavado el coche. 3. Nosotros habíamos hecho la comida. 4. Elba había vuelto del supermercado. 5. Los chicos habían ido a la tienda. 6. Uds. habían preparado la ensalada.

D. 1. tendré 2. viajarán 3. sabrás 4. saldremos 5. vendrá 6. dirá 7. dirán 8. habrá

E. 1. Yo iría a México. 2. Tú viajarías a Europa. 3. Elba saldría para Colombia el lunes. 4. Nosotros podríamos comprar los billetes. 5. Los muchachos pondrían el dinero en el banco.

F. 1. sería 2. valdrá 3. tendrá 4. estarán trabajando (trabajarán) 5. Querrían

G. 1. asiento 2. vuelta 3. vuelo / escala 4. cancelar 5. pasaporte 6. aduana 7. embarque / abordar 8. cola 9. retraso (atraso) 10. compartimiento 11. fila 12. salvavidas / máscara 13. salida 14. abrocharte / seguridad / aterriza

Lección 4

A. 1. habré limpiado 2. habrán abierto 3. habrá traído 4. habrán colocado 5. les habremos puesto 6. habrás preparado 7. habrá invitado

B. 1. Yo habría puesto dinero en el banco. 2. Uds. habrían comprado cheques de viajero. 3. Mi familia y yo habríamos hecho reservaciones en el hotel. 4. Mi hermano habría ido a la agencia de viajes. 5. Tú habrías conseguido folletos turísticos.

C. 1. a / a / de / a / de / a / a / de / en / con / con / a / a / de / en 2. de / de / de / con / con / de

D. 1. Ese cuadro fue pintado por Picasso. 2. Las esculturas son vendidas por él. 3. El pintor fue entrevistado por ellos. 4. El pianista ha sido contratado por Elvira. 5. Los poemas de Lorca eran recitados por Mirta Vargas. 6. Las entradas para el concierto serían pagadas por nosotros.

E. 1. Se pintaron los cuadros el año pasado. 2. Se expondrán las esculturas aquí. 3. Se han terminado todos los dibujos. 4. Se va a presentar la exposición en enero. 5. Se venden las entradas en el teatro.

F. 1. acuarela 2. exhibición 3. pincel 4. tela 5. óleo 6. exponer 7. cuarteto 8. cantante 9. órgano 10. trama 11. dramaturgo 12. poesía 13. protagonista 14. escultor 15. trío

Lección 5

A. 1. vaya / ir / pueda 2. estudie / estudiar / sea / me pague / den 3. me enoje / nos llevemos / nos comuniquemos / poder

B. 1. No es verdad que siempre salgamos con una chaperona. 2. Dudamos que en los pueblos pequeños las chicas tengan más libertad que en las grandes ciudades. 3. No creo que en Latinoamérica las chicas no asistan a la universidad. 4. Es cierto que la mujer tiene los mismos derechos que el hombre. 5. Negamos que las jóvenes de hoy sean menos independientes que sus abuelas.

C. 1. pague / paga / lo encuentre 2. pueda / quieren 3. ayudan / sirvan 4. están / tenga / desean / sepa

D. 1. a menos que estudies más 2. en cuanto (tan pronto como) ella lo vea 3. en cuanto (tan pronto como) llego a casa 4. para que me traiga el dinero 5. cuando mi papá me dé el dinero 6. en cuanto (tan pronto como) él llegó 7. hasta que él termine 8. cuando llego

E. 1. h 2. j 3. o 4. i 5. a 6. l 7. p 8. b 9. k 10. n 11. f 12. c 13. m 14. e 15. d 16. g

Lección 6

A. 1. Haga una lista de los programas. Vaya a ver al director y désela. 2. Estén aquí a las tres, traigan los anuncios y pónganlos en la mesa de la secretaria. 3. Busque la guía de televisión, encienda el televisor, vea el programa infantil del canal cuatro y escriba un informe sobre el programa.

B. 1. Ve a la sala y trae el control remoto; enciende el televisor y pon el canal que tiene la telenovela. Llama a tu hermana y dile que grabe el programa de las ocho en el canal siete... 2. Ven a mi casa el lunes y tráeme el aparato de vídeo, pero no me traigas las cintas. 3. Invita a Teresa para la fiesta del sábado, pero no le digas que viene Raúl. Compra las bebidas para la fiesta, pero no las pongas en el refrigerador.

C. 1. Vamos al cine. 2. Sí, llevemos a Eva. 3. No, no invitemos a Silvia. (No, no la invitemos.) 4. Salgamos a las siete. 5. Vamos al restaurante. 6. Sentémonos cerca de la salida. 7. Comamos comida mexicana. 8. Dejémosle el diez por ciento. 9. Regresemos a las once. 10. Miremos televisión. 11. Veamos el telediario. 12. Acostémonos a las doce.

D. 1. que (nosotros) vendemos 2. de quien yo te hablé 3. con quienes hablo (estoy hablando) 4. que llamó 5. cuyos productos (nosotros) vendemos 6. que trajo las envolturas

E. 1. animados / infantil 2. remoto / televisor 3. actor / actriz 4. papel 5. grabar 6. huelga 7. rueda (conferencia) / medios 8. elecciones / campaña 9. postularse 10. terremotos / huracanes / tornados 11. promoción 12. marca 13. dibujante 14. opinión

Lección 7

A. 1. hicieras / estuvieras / escribiera / pudiera / llamara 2. fueras / fuera / cantara / pudiera / acompañara 3. tuviera / consiguieras

B. 1. tuviera 2. pueden 3. fuera / fuera 4. termino 5. estuvieran

C. 1. ...Marisol no haya ido a la corrida de toros. 2. ...Ester hubiera comprado un disfraz muy elegante. 3. ...la feria haya sido un fracaso. 4. ...Ofelia haya ido a ver la procesión. 5. ...haya traído el árbol de Navidad. 6. ...mis hijos hubieran ido al carnaval de Río. 7. ...no hubieran puesto el nacimiento en la sala. 8. ...los niños no hayan visto las carrozas. 9. ...mis hijastros hubieran cantado en el coro de la iglesia. 10. ...el desfile hubiera terminado muy tarde.

D. 1. f 2. j 3. h 4. a 5. i 6. b 7. e 8. c 9. g 10. d

E. 1. pesebre 2. Nochebuena 3. los Reyes Magos 4. villancicos 5. Misa de Gallo 6. gamba 7. gazpacho 8. mariscos 9. paella 10. traje de luces 11. toro 12. matador 13. traje regional 14. bocadillo

Vocabulary

The Spanish-English vocabulary list contains all active and passive vocabulary that appears in the student text. Active vocabulary is identified by lesson number and includes words and expressions that appear in the vocabulary lists that follow the dialogues, and in the charts and word lists that are part of the grammar explanations.

Passive vocabulary consists of words and expressions that are given an English gloss in the text at the beginning of each Paso, and in the readings that make up the *Lecturas Periodísticas*, *Cruzando Fronteras*, and *Ventana al mundo literario* features. Only the contextual meaning of these words is provided.

The English-Spanish vocabulary list contains only active vocabulary.

The number following vocabulary items indicates the lesson in which it first appears.

The following abbreviations have been used in the preparation of this glossary:

m. masculine
f. feminine
pl. plural
adj. adjective
adv. adverb
sing. singular
inf. infinitive

SPANISH-ENGLISH

A

a to; at; in, 4
—**alguna parte** somewhere
—**continuación** following
—**la larga** in the long run, 7
—**la vuelta de la esquina** around the corner
—**lo largo** along
—**menos que** unless, 5
—**propósito** by the way
—**secas** just
—**tiempo** on time
—**todas partes** everywhere
—**través de** through, throughout
—**ver** let's see
abandono de los estudios (*m.*) dropping out, 5
abeja (*f.*) bee
abierto(a) open, 3
abordar to get on
—**el avión** to board the plane, 3
aborto (*m.*) miscarriage
abrazo (*m.*) hug, 1
abrocharse el cinturón de seguridad to fasten the seatbelt, 3
aburrido(a) bored, 1; boring, 1
aburrirse to be bored, to become bored, 2
—**como una ostra** to be bored to death
acabar de + inf. to have just done something, 4
acabársele to run out
acampar to camp, 2
acción (*f.*) stock
aceituna (*f.*) olive, 7
acequia (*f.*) canal
acerca de about, 4
acero (*m.*) steel
acertadamente (*adv.*) appropriately
acierto (*m.*) guess
acogedor(a) inviting
acoger to receive
acomodarse to fix
acompañar a alguien to go with someone, 7
aconsejar to give advice, 5
acontecimiento (*m.*) event, 6
acordarse (de) (o:ue) to remember, 1
acordeón (*m.*) accordion, 4
acostumbrarse (a) to get used to, 4

actividad al aire libre (*f.*) outdoor activity, 2
actor (*m*) actor, 6
actriz (*f.*) actress, 6
actuación (*f.*) acting, 6
actual current, of today
actuar to act, 6; to enact
acuarela (*f.*) watercolor, 4
adelantado(a) advanced
administrador(a) (*m., f.*) administrator, 1
aduana (*f.*) customs, 3
aerolínea (*f.*) airline, 3
aeropuerto (*m.*) airport, 3
afear to criticize
afectuosamente affectionately, 1
aficionado(a) (*m., f.*) fan, 2
afilarse to sharpen
afín close
afirmar to assert
afuera outside
agente de relaciones públicas (*m., f.*) public relations agent, 1
agente de seguros (*m., f.*) insurance agent, 1
agregar to add
aguardar to wait
aislamiento (*m.*) isolation
ajetreo (*m.*) busy/hectic time
al
  —contrario on the contrary, 7
  —fin y al cabo after all, 7
  —revés upside down
ala (*f.*) wing
alabado(a) praised
alacrán (*m.*) scorpion
alba (*f.*) dawn
albergue (*m.*) housing
albóndiga (*f.*) meatball, 7
alcalde (*m.*) mayor, 6
alcaldesa (*f.*) mayor, 6
alcance (*m.*) reach
aldea (*f.*) village
aldeano(a) (*m., f.*) villager
alegrarse (de) to be glad, 1
alegre happy
alfarería (*f.*) pottery
alforja (*f.*) saddlebag
algarabía noise
algodón (*m.*) cotton
alma (*f.*) soul
alojamiento (*m.*) lodging, 3
alpinismo (*m.*) mountain climbing, 2
altura (*f.*) altitude
alumbrado(a) illuminated
alumbrar to illuminate
alzar to lift up
alzarse to rise
ama de casa (*f.*) housewife
amable polite, kind, 1
amante (*m., f.*) lover, 6
amar to love, 5
amargo(a) bitter
amargura (*f.*) bitterness
ambos(as) both
amenazador(a) threatening
amigable friendly, 1
amistad (*f.*) friendship
amo (*m.*) master
amor (*m.*) love, 5
anciano(a) (*m., f.*) old man (woman)
anciano(a) elderly
andanzas (*f. pl.*) wanderings
andino(a) Andean
ansia (*f.*) longing
antecedentes académicos (*m. pl.*) academic records, 1
antepasado(a) (*m., f.*) ancestor
antes (de) que before, 5
antiguo(a) former
anunciar to advertise, to announce, 6
anuncio comercial (*m.*) ad, commercial, 6
apagado(a) inactive
apagar to put out
  —el televisor to turn off the T.V., 6
aparato de video (*m.*) V.C.R., 6
apellido de soltera (*m.*) maiden name
apenas barely
apertura (*f.*) opening
apesadumbrado(a) weighed down
apoderarse to take over
apostar (o:ue) to bet
apoyar to support, to be supportive, 5
apoyo (*m.*) support
aprendiz (a) (*m., f.*) apprentice
aprestarse to get ready
aprobar (o:ue) to pass (a test or class), 5
árbitro (*m., f.*) referee, 2
árbol (*m.*) tree
  —de Navidad Christmas tree, 7
archivo (*m.*) file cabinet, 1
arena (*f.*) sand
argumento (*m.*) plot, 4
armadura (*f.*) armor
arpa (*f.*) harp, 4
arrancado(a) uprooted
arrastrar to carry away
arreglo (*m.*) arrangement
arrendamiento (*m.*) lease
arrendar (e:ie) to lease
arrojar to throw
arte por el arte art for art's sake
as (*m.*) ace
ascender (e:ie) to promote
así nomás so-so
asiento (*m.*) seat, 3
  —de pasillo aisle seat, 3
  —de ventanilla window seat, 3
asistir(a) to attend, 4
asomado(a) looking out
asomarse to go out
aspecto personal (*m.*) personal (physical) appearance, 1
áspero(a) harsh
astilla (*f.*) splinter
asuntos (*m. pl.*) affairs
atado(a) knotted, tied
atañerle to be someone's business
atar to bind
atardecer (*m.*) sunset
atentamente respectfully, 1
aterrizar to land, 3
atleta (*m., f.*) athlete, 2
atrasarse to get behind, 1
atravesar (e:ie) to go through
atreverse (a) to dare (to), 1
atropellar to run into
auge (*m.*) popularity
aun even
aunque even though, even if, 5
autor(a) de obras teatrales (*m., f.*) playwright, 4
autorretrato (*m.*) self-portrait, 4
auxiliar (*asistente*) de vuelo (*m., f.*) flight attendant, 3
avellana (*f.*) hazelnut
averiguar to find out
ayudar (a) to help, 4
azafata (*f.*) flight attendant, 3
azafrán (*m.*) saffron

B

balanza (*f.*) scale
balneario (*m.*) beach resort
balón (*m.*) ball, 2
  —de playa beach ball, 2
baloncesto (*m.*) basketball, 2
banco (*m.*) bench
bandera (*f.*) flag
barrizal (*m.*) mire
barullo (*m.*) uproar
básquetbol (*m.*) basketball, 2
bastante quite
bastar (con) to be enough, 4
bastardilla (*f.*) italics
bate (*m.*) baseball bat, 2
batería (*f.*) drums, 4
beca (*f.*) scholarship, 5
béisbol (*m.*) baseball, 2
belleza (*f.*) beauty
bendito(a) blessed
  —sea Dios praise the Lord
beso (*m.*) kiss, 1
bicicleta (*f.*) bicycle, 2

bienvenido(a) welcome
billete (*m.*) ticket, 3
—**de ida** one-way ticket, 3
—**de ida y vuelta** round-trip ticket, 3
bocadillo (*m.*) sandwich (Spain), 7
boda (*f.*) wedding, 5
bolsa de dormir (*f.*) sleeping bag, 2
bolsillo (*m*) pocket
bolsista (*m., f.*) stockbroker, 1
bombero(a) (*m., f*) firefighter
bondad (*f.*) kindness
bono (*m.*) bond
borrar to erase
bosque (*m.*) forest
—**pluvial** rain forest
—**tropical** rain forest
bosquejo (*m.*) sketch, 4
bote de vela (*m.*) sailboat, 2
botín (*m.*) loot
botones (*m. sing.*) bellhop, 3
boxear to box, 2
boxeo (*m.*) boxing, 2
brevemente briefly
brindar to offer
broma (*f.*) joke, fun
bromeando kidding
bronce (*m.*) bronze, 4
broncearse to get a tan
bucear to scuba dive, 2
buena parte a great number
bullicioso(a) noisy

C

cabalgar to ride
cabalgata (*f.*) horseback riding
caballería (*f.*) chivalry
caballero (*m.*) knight
cabellera (*f.*) hair
caber to fit
cada vez más more and more
cadena (*f.*) chain
cadena (de televisión) (*f.*) (television) network, 6
caer to fall
caerle bien (mal) a uno to like (not like) someone, 7
caída (*f.*) fall
caja (*f.*) box
—**de seguridad** safe, safe deposit box, 3
cajero(a) (*m., f.*) cashier, 1
cajón (*m.*) drawer, 1
calamar (*m.*) squid, 7
callejón (*m.*) alley
camarón (*m.*) shrimp, 7
cambiar de idea to change one's mind, 7
camión (*m.*) truck
camionero(a) truck driver
campana (*f.*) bell
campaña electoral (*f.*) campaign, 6
campaña de promoción publicitaria (*f.*) publicity (promotional) campaign, 6
campeón (*m.*) champion, 2
campeona (*f.*) champion, 2
campeonato (*m.*) championship, 2
canal (*m.*) channel, 6
canasta (*f.*) basket, 2
canastilla (*f.*) small basket
cancelar to cancel, 3
cancha (*f.*) ski slope
cangrejo (*m.*) crab, 7
canicas (*f. pl.*) game of marbles
canoa (*f.*) canoe, 2
cansarse to get tired, 2
cantante (*m., f.*) singer, 4
cantar to sing, 4
cantina (*f.*) bar
caña de pescar (*f.*) fishing rod, 2
cañaveral (*m.*) sugar cane plantation; cane thicket
caparazón (*m.*) shell
capítulo (*m.*) chapter, episode, 6
carcajada (*f.*) laughter
cárcel (*f.*) jail
carecer de to lack
cargar con to put up with
cargo (*m.*) position
cariño (*m.*) love, 5
carnaval (*m.*) Mardi Gras, carnival, 7
carne de res (*f.*) beef
carpeta (*f.*) folder, 1
carrera (*f.*) career, 5
—**de caballos** horse race, 2
carroza (*f.*) float, 7
casamiento (*m.*) wedding, 5
casarse (con) to marry, 4
casco (*m.*) helmet, 2
castaña (*f.*) chestnut
castillo (*m.*) castle, 3
castizo(a) pure, genuine
catarata (*f.*) waterfall
catedral (*f.*) cathedral, 3
catedrático(a) (*m., f.*) university professor, 5
cauce (*m.*) river bed
cautela (*f.*) caution
cauteloso(a) cautious
cavilación speculation
cayo (*m.*) islet
cazar to hunt, 2
ceder el paso to yield
celebración (*f.*) celebration, 7
celebrar to be glad about
Cenicienta Cinderella
censura (*f.*) censorship, 6
centavo (*m.*) cent
centinela (*m.*) guard
cera (*f.*) wax
cerca (*f.*) fence
certamen (*m.*) contest
chaleco salvavidas (*m.*) life jacket, 3
chiste (*m.*) joke
chorizo (*m.*) sausage, 7
ciclismo (*m.*) cycling, 2
cielo (*m.*) heaven
¡Cielos! Heavens!
ciencia ficción (*f.*) science fiction, 4
cima (*f.*) top
cine (*m.*) movie theater, 2
clase turista (*f.*) tourist class
clavadista (*m., f.*) cliff diver
clavar to hammer
clave (*adj.*) key
clavo (*m.*) nail
club nocturno (*m.*) night club, 2
cobrar to charge
cobre (*m.*) copper
codo (*m.*) elbow
colina (*f.*) hill
colmena (*f.*) beehive
colmo (*m.*) utmost
colocado(a) placed
comandante (*m.*) major
comercial (*m.*) ad, commercial, 6
como since
—**si** as if, 7
¿Cómo así? How is that?
comodidad (*f.*) comfort
cómodo(a) comfortable
compadecer to feel sorry for
compañero(a) pal
compartimiento de equipaje (*m.*) luggage compartment, 3
compartir to share
competencia (*f.*) competition, 6
complejo (*m.*) resort
composición de textos (*f.*) word processing, 1
compositor(a) (*m., f.*) composer, 4
comprador(a) (*m., f.*) buyer, 1
comprenderse to understand each other, 5
comprensivo(a) understanding, 1
comprometerse (con) to get engaged, 4
comprometido(a) engaged, 5
compromiso (*m.*) engagement, 5
comunicarse to communicate, 5
con with
—**tal (de) que** provided that, 5
—**vista al mar** with an ocean view, 3
concertista (*m., f.*) soloist, 4
concierto (*m.*) concert, 2
concurrido(a) busy

concurso (*m.*) contest
conejillo de Indias (*m.*) Guinea pig
confiar (en) to trust, 4
confirmar to confirm, 3
conformar to shape
conformarse to be satisfied
confrontar to face
confundido(a) confused, 3
confuso(a) confusing, 3
congregarse to meet
conocer to know, 2; to meet, 2
conocido(a) acquaintance
conocimientos de informática (*m., pl.*) knowledge of computers, 1
consabido(a) widely known
consejero(a) (*m., f.*) advisor, counselor, 5
consejo (*m.*) advice
considerarse to consider oneself
consulado (*m.*) consulate, 3
contador(a) (*m., f.*) accountant, 1
contar (o:ue) (con) to count on, 4
contrabajo (*m.*) bass, 4
contraer matrimonio to get married, 5
control remoto (*m.*) remote control, 6
convenir (en) to agree, 4
convertirse (e:ie) en to turn into
cooperar to cooperate, 5
copete (*m.*) high social standing
cordialmente cordially, 1
cordillera (*f.*) mountain range
coro (*m.*) choir, 7
correr to run, 2
corrida de toros (*f.*) bullfight, 7
cortés courteous, 1
cortesano(a) polite
corto de vista nearsighted
cosecha (*f.*) harvest
cosido(a) sewn
costar (o:ue) to cost, 2
costearse to pay for
costumbre (*f.*) custom
cotidiano(a) daily
crecer to grow
creciente growing
crianza (*f.*) raising, education (of children), 5
criar to raise, 5
crimen (*m.*) crime, 5
crin (*f.*) mane
crisol (*m.*) melting pot
crujir to creak
cuadrado(a) square
cuadro (*m.*) painting, picture, 4
cuando when, 5
cuánto how much
cuarteto (*m.*) quartet, 4
cuarto libre (*m.*) vacant room, 3
cubierto(a) closed, 3
cuento (*m.*) short story, 4
cuerda (*f.*) rope; string
cuero (*m.*) leather
cuerpo (*m.*) body
cuervo (*m.*) crow
culto(a) educated
cumbre (*f.*) summit
cuna (*f.*) cradle
cuñada (*f.*) sister-in-law, 5
cuñado (*m.*) brother-in-law, 5
cuyo(a)(os)(as) whose, 6

D

dama casera (*f.*) lady of the house
dar to give
—**consejos** to give advice, 5
—**cuerda a** to wind up
—**de comer** to feed
—**en el clavo** to hit the nail on the head, 7
—**un abrazo** to give a hug, 5
—**un beso** to give a kiss, 5
—**una propina** to give a tip, 3
darle rabia a uno to make one furious, 7
darse to give of oneself
—**cuenta (de)** to realize, 4
—**prisa** to hurry up
—**por vencido** to give up
de of; from; about; with; in, 4
—**acuerdo con** according to
—**buena gana** willingly
—**frente** facing
—**habla hispana** Spanish speaking
—**hoy en adelante** from now on
—**lujo** luxury
—**ningún modo** no way, 7
—**ninguna manera** no way, 7; not at all
—**pocas pulgas** bad tempered
—**primer orden** first class
—**repente** suddenly
—**rigor** essential
—**vez en cuando** once in a while
¿de quién? whose?
deber (*m.*) duty
deber to owe; to be due
debidamente duly
debido a due to
debido(a) due
debilidad (*f.*) weakness
decano(a) (*m., f.*) dean, 5
declararse en (huelga) to go on (*strike*)
degradado(a) demoted
dejar mucho que desear to leave much to be desired
delincuencia (*f.*) delinquency, 5
—**juvenil** juvenile delinquency, 5
delincuente (*m., f.*) delinquent, 5
demás other
demorar to take (time)
deporte (*m.*) sport, 2
derecho (*m.*) right
derrotar to defeat
desafiante defiant
desafío (*m.*) challenge
desamparo (*m.*) neglect
desarrollado(a) developed
desarrollar to develop
desarrollo (*m.*) development
desasosiego (*m.*) restlessness, unrest
desastre (*m.*) disaster, 6
desbocado(a) wildly, uncontrollably
descalzo(a) barefoot
descubierto(a) discovered, 3
desempeñar to hold, to carry out, 1
desempleo (*m.*) unemployment, 5
desenlace (*m.*) ending
deserción escolar (*f.*) dropping out, 5
desesperanza (*f.*) dispair
desfile (*m.*) parade, 7
deshacer to tear up
desigual different
desnudarse to take off one's clothes
desnudo(a) naked
desocupar el cuarto to vacate the room, to check out, 3
despacio slowly
despedida (*f.*) good-bye
despegar to take off (a plane), 3
despertado(a) awakened, 3
despiadado(a) merciless
despierto(a) awake, 3
desposeído(a) indigent
despreciar to scorn
desprenderse to fall off
después (de) que after, 5
destacar to stand out
destacarse to be successful
destello (*m.*) flash
destierro (*m.*) exile
desvelarse to stay awake
detector de metales (*m.*) metal detector, 3
detenerse to stop
detrás de behind
devuelto(a) returned, 3
diablo (*m.*) devil
diablillo (*m.*) little devil
diálogo (*m.*) dialogue, 6
diario(a) daily
dibujante comercial (*m., f.*) commercial artist, 6
dibujar to draw, 4
dibujo (*m.*) drawing, 4
dibujos animados (*m. pl.*) cartoons, 6
dicho(a) said, 3
dichoso(a) happy

digno(a) worthy
—**de verse** worth seeing, 7
Dios (*m.*) God
director(a) (*m., f.*) conductor, 4
dirigir to conduct (an orchestra), 4
disciplinar to discipline, 5
discoteca (*f.*) discotheque, 2
disfraz (*m.*) costume, 7
disfrutar (de) to enjoy, 2
disgusto annoyance, displeasure
dispensar to excuse
disponible available
dispuesto(a) ready
distinguido(a) distinguished, 1
distinto(a) different
divertirse (e:ie) to have a good time, 2
divisas (*f. pl.*) hard currency
docente educational
doctorado (*m.*) doctorate, 5
dominar to master, 1
dorado(a) gold
dotar to endow
dramaturgo (*m.*) playwright, 4
droga (*f.*) drug, 5
drogadicto(a) (*m., f.*) drug addict, 5
duelo (*m.*) mourning
dulce fresh; sweet
dulces (*m., pl.*) candy
dúo (*m.*) duet, duo, 4
durar to last
duro(a) hard

E

echar raíces to settle down
echarse una cerveza to have a beer
economista (*m., f.*) economist, 1
eficiente efficient, 1
ejercer to use
ejercer un cargo to have a position
ejército (*m.*) army
elecciones (*f. pl.*) elections, 6
electo(a) elect, 3
elegido(a) elected, 3
elegir (e:ie) to elect, 6
embajada (*f.*) embassy, 3
embajador(a) (*m., f.*) ambassador
embarazo de las adolescentes (*m.*) teen pregnancy, 5
embargar to overwhelm
emblema (*m.*) emblem, 6
empatar to tie (a score), 2
empedrado(a) (*adj.*) cobblestone
empeñar to pawn
emporcarse to get dirty
emprender a to attack
en at; in; on; inside; over, 4
—**busca** in search
—**caso de que** in case, 5
—**cuanto** as soon as, 5
—**cuanto a** as for
—**el extranjero** abroad, 3
—**la actualidad** nowadays
—**liquidación** on sale
—**lugar de** instead of
—**ninguna otra parte** nowhere else, 7
—**quiebra** bankrupt
—**todo caso** in any case, 7
—**tránsito** in transit, 3
—**vez de** instead of
enamorarse (de) to fall in love (with), 4
encanto (*m.*) charm
encargarse to be in charge, to take charge, 1
encender (e:ie) el televisor to turn on the T.V., 6
encontrar (o:ue) acogida to be welcome
encontrarse (o:ue) (con) to meet (encounter), 4
enfermarse to get sick, 1
enfermedad venérea (*f.*) venereal disease, 5
enlatado(a) canned
enloquecer to go mad
enojarse (con) to get angry (at), 5
enojo (*m.*) anger
ensayo (*m.*) essay, 4
enterarse (de) to find out, 1
enterrar (e:ie) to bury
entre among
—**la espada y la pared** between a rock and a hard place, 7
—**semana** during the week
entregar to give
entrenador(a) (*m., f.*) coach, trainer, 2
entrenamiento (*m.*) training
entretanto meanwhile
entrevistar to interview
entusiasmado(a) excited
enunciado (*m.*) statement
envidia (*f.*) jealousy
envidiar to envy
envoltura (*f.*) wrapper, packaging, 6
envuelto(a) wrapped, 3
época de Navidad (*f.*) Christmas season, 7
equidad (*f.*) equality
equipaje (*m.*) baggage, 3
equipo (*m.*) team, 2
equitación (*f.*) horsemanship, equitation, 2
errancia (*f.*) wandering
errante (*adj.*) 4 wandering
es
—**difícil** it is unlikely, 5
—**dudoso** it is doubtful, 5
—**(im)posible** it is (im)possible, 5
—**(im)probable** it is (im)probable, 5
escalar to climb, 2
escalera (*f.*) ladder
escena (*f.*) scene, 6
escenario (*m*) setting
esclavos de galera galley slaves
escoger to choose
escolaridad (*f.*) education
esconder to hide
escrito(a) written, 3
escuchar música to listen to music, 2
escuela (*f.*) school
—**elemental (primaria)** (*f.*) grade school, 5
—**secundaria** (*f.*) junior high and high school, 5
esculpir to sculpt, 4
escultor(a) (*m., f.*) sculptor, 4
escultura (*f.*) sculpture, 4
esfumarse to disappear
espanto (*m.*) horror
especializarse (en) to specialize, to major (in), 1
esperanza (*f.*) hope
espeso(a) dense
esquí acuático (*m.*) water skiing, 2
esta vez this time
estadio (*m.*) stadium, 2
estado civil (*m.*) marital status, 1
estancia (*f.*) stay
estar to be
—**acostumbrado(a) a** to be used to, 1
—**condicionado(a) a** to be dependent on
—**de acuerdo** to agree, 1
—**de buen (mal) humor** to be in a good (bad) mood, 1
—**de vacaciones** to be on vacation, 1
—**de vuelta** to be back, 1
—**dispuesto(a) a** to be willing to, 1
estatua (*f.*) statue, 4
estilo (*m.*) style, 4
estimado(a) dear, 1
estirar to stretch
estratagema (*f.*) trick
estrechar to embrace
estrecho(a) narrow
estrella (*f.*) star, 3
estremecer to shudder; to shake
estrofa (*f.*) stanza
estropear to ruin
estupendo(a) great
evitar to avoid
examen (*m.*) exam(ination)
—**de ingreso** entrance examination, 5
—**final** final examination
—**parcial (de mitad de curso)** midterm examination, 5
exceso de equipaje (*m.*) excess luggage, 3

excomulgar to excommunicate
excursión (*f.*) excursion, tour, 3
excursionista (*m., f.*) hiker, 2
exhibición (*f.*) exhibition, 4
exhibir to exhibit, 4
exigir to demand, 5
éxito (*m.*) success
—**laboral** (*m.*) career success
exponer to exhibit, 4
exposición (*f.*) exhibition, 4
extranjero(a) foreign
extremadamente very, extremely, 2

F

fabricar to make
fábula (*f.*) fable, 4
facturar el equipaje to check the luggage, 3
facultad (*f.*) school (i.e., school of medicine, engineering, etc.), 5
fallecer to pass away
falta (*f.*) lack
fe (*f.*) faith, 2
feria (*f.*) fair, 7
ferroviario(a) (adj.) railroad
festividades festivities, 7
fiarse to trust
fiel faithful
fiel (*m.*) pointer
fijarse (en) to notice, 4
fila (*f.*) row, 3
final (*m.*) end
firmar el registro to sign the register, to check in, 3
flaco(a) skinny
flauta (*f.*) flute, 4
florecer to flourish
floreciente flourishing
florería (*f.*) flower shop
fluir to flow
folleto (*m.*) brochure, 3
fonda (*f.*) inn
fondos (*m. pl.*) funds
fortaleza (*f.*) fortress
fotocopiadora (*f.*) photocopy machine, 1
frotar to rub
fuego (*m.*) fire, 6
fuegos artificiales (*m. pl.*) fireworks
fuente (*f.*) source
—**de ingresos** source of income
fuerza laboral (*f.*) workforce
fugaz fleeting
fundado(a) founded
fundirse to melt
fusilado(a) executed
fútbol (*m.*) soccer, 2
—**americano** football, 2

G

galán (*m.*) suitor
galera (*f.*) galley
galería de arte (*f.*) art gallery, 4
gallego(a) from Galicia
gamba (*f.*) shrimp, 7
ganadería (*f.*) cattle raising
ganar to win, 2
garganta (*f.*) throat
gastos (*m. pl.*) expenses
gato (*m.*) cat
gaveta (*f.*) drawer, 1
género literario (*m.*) literary genre, 4
gerente (*m., f.*) manager, 1
gimnasia (*f.*) gymnastics, 2
gobernador(a) (*m., f.*) governor, 6
gobierno (*m.*) government, 6
gozar de to enjoy
grabar to tape, to record, 6
grado (*m.*) degree
graduarse to graduate, 5
grapadora (*f.*) stapler, 1
gritar to scream
grito (*m.*) shout
guante de pelota (*m.*) baseball glove, 2
guardia de seguridad (*m.*) security guard, 3
guerra (*f.*) war
guía (*m., f.*) guide, 3
—**de televisión** (*f.*) T.V. guide, 6
guijarro (*m.*) pebble
guión (*m.*) script, 6
guitarra (*f.*) guitar, 4

H

habitación doble (sencilla) (*f.*) double (single) room, 3
hacer to do; to make
—**énfasis** to emphasize
—**escala** to make a stopover, 3
—**una caminata** to hike, 2
—**una fogata** to light a bonfire, 2
—**una pregunta** to ask a question, 7
hacer frente to face
hacerse ilusiones to dream, 1
hasta que until, 5
hazaña (*f.*) feat, exploit
hecho (*m.*) fact
hecho(a) done; made, 3
herido(a) wounded
herir (e:ie) to wound
hermanastra (*f.*) stepsister, 5
hermanastro (*m.*) stepbrother, 5
herramienta (*f.*) tool
hierba (*f.*) grass
hijastra (*f.*) stepdaughter, 5
hijastro (*m.*) stepson, 5
hipódromo (*m.*) race track, 2
hogar (*m.*) hearth
hoja (*f.*) sheet of paper
—**de cálculo** spreadsheet, 1
hojalata (*f.*) tin
hojear to leaf through
hombro (*m.*) shoulder
honda (*f.*) sling
hondo(a) profound
honduras (*f., pl*) depths
honesto(a) honest, 1
honradez (*f.*) honesty
hospedarse to stay (*i.e.*, at a hotel), 3
hoy en día nowadays
huelga (*f.*) strike, 6
huellas (*f., pl.*) tracks
huerto (*m.*) orchard
huésped (*m., f.*) guest
huracán (*m.*) hurricane, 6

I

idolatrar to worship
iglesia (*f.*) church
ilusionado(a) excited
impartir to give
importar to matter
impuesto (*m.*) tax
incapacitado(a) disabled
incendio (*m.*) fire, 6
incertidumbre (*f.*) uncertainty
inesperado(a) unexpected
infancia (*f.*) childhood
infortunio (*m.*) misfortune
ingreso (*m.*) income
ingresos (*m., pl.*) revenues
inquietud (*f.*) restlessness
inquilino(a) (*m., f.*) tenant
inscribirse to enroll (i.e., in a class), 5
inscripción (*f.*) tuition, 5
insistir (en) to insist (on), 4
inundación (*f.*) flood, 6
inversión (*f.*) investment
inversionista (*m., f.*) investor
investigación de la opinión pública (*f.*) public opinion survey, 6
invitado(a) (*m., f.*) guest

ir to go
—**al grano** to get to the point
—**de vacaciones** to go on vacation, 3
—**por partes** one thing at a time

J

jefe(a) (*m., f.*) head (of the department)
—**anterior** former boss (employer), 1
jinete (*m.*) rider
joya (*f.*) jewel
jubilarse to retire, 1
juego (*m.*) match, game, 2
jugador(a) (*m., f.*) player, 2
jugar (*u:ue*) (a) to play, 2
juguete (*m.*) toy
junta (*f.*) meeting
junto a next to
jurar to swear
juventud (*f.*) youth

L

ladrido (*m.*) bark(ing)
lagartija (*f.*) lizard
lago (*m.*) lake
laguna (*f.*) lake
lancha (*f.*) motor boat
langosta (*f.*) lobster, 7
lanzarse to leave
lástima (*f.*) pity
lastimarse to hurt oneself
lavadero (*m.*) washing place
lazo (*m.*) tie
leche en polvo (*f.*) powdered milk
lejano(a) distant
lema (*m.*) slogan, 6
letra de molde (*f.*) printing, 1
levantar ancla to weigh anchor
leve slight
ley (*f.*) law
libre off (free)
libremente freely
lienzo (*m.*) canvas, 4
lindo great
lista de espera (*f.*) waiting list
listo(a) smart, 1; ready, 1
llamada (*f.*) call
llameante flaming
llanura (*f.*) plain
llegada (*f.*) arrival, 3
llegar a ser to become
llevar a cabo carry out
llevarse bien to get along, 5
llorar to cry
llover a cántaros to rain cats and dogs
lo único the only thing
locutor(a) (*m., f.*) announcer, anchor person, 6
lodo (*m.*) mud
loro (*m.*) parrot
los (las) más (*m., f.*) the majority
lucha (*f.*) fight
—**libre** wrestling, 2
lucir to show off
lugar histórico (*m.*) historic site, 3
lujo (*m.*) luxury
lujosamente luxuriously
luna de miel (*f.*) honeymoon, 5

M

madera (*f.*) wood, 4
maderero(a) (adj.) timber, lumber
madrastra (*f.*) stepmother, 5
madrileño(a) from Madrid
maestría (*f.*) master's degree, 5
majadero(a) (*m., f.*) fool
malcriar to spoil, 5
malo(a) bad (mean), 1; sick, 1
manantial (*m.*) spring
mancillar to stain
mandar to order, to command, 5
mandón(*ona*) bossy
manejar to operate, 1
manga (*f.*) sleeve
manifestación (*f.*) demonstration, 6
mano de obra (*f.*) labor
manojo (*m.*) bunch
mantener to support (financially), 5
mantequilla de maní (*m.*) peanut butter
mañana mismo no later than tomorrow
máquina de escribir (*f.*) typewriter, 1
marca (*f.*) brand, 6
marcar to mark
—**un gol** to score a goal, 2
—**una pauta** to set a standard
marina (*f.*) navy
mariscos (*m., pl.*) shellfish, 7; seafood
mármol (*m.*) marble, 4
martillar to hammer
más allá beyond
más que more than, 2
máscara de oxígeno (*f.*) oxygen mask, 3
matador (*m.*) bullfighter, 7
matar dos pájaros de un tiro to kill two birds with one stone, 7
matrícula (*f.*) tuition, 5
matricularse to register, 1
matrimonio (*m.*) marriage; married couple, 5
matutino(a) (adj.) morning
mayor biggest
media hora (*f.*) half an hour
medio día (medio tiempo) part-time, 1
medios de difusión (*m., pl.*) media
mendigo(a) (*m., f.*) beggar
menos except
—**que** less than, 2
¡Menos mal! Thank goodness!
mercado (*m.*) market, 6
mercancía (*f.*) merchandise
merecer to deserve
—**la pena** to be worth it
mérito (*m.*) worthy deed
meseta (*f.*) plateau
mesita (*f.*) tray table, 3
meterse to meddle, 5
mezclado(a) mixed
miel (*f.*) honey
milagro (*m.*) miracle
milicia (*f.*) military
mimar to pamper, 5
ministro(a) (*m., f.*) secretary
mirar la tele to watch T.V., 6
Misa de gallo (*f.*) Midnight Mass, 7
mismo(a) same; itself
mitad (*f.*) half
mochila (*f.*) backpack, 2
modelo (*m., f.*) model, 4
mojada wet
molestar to bother, 5
molino (*m.*) windmill
montar a caballo to ride a horse, 2
montar en bicicleta to ride a bicycle, 2
monumento (*m.*) monument, 3
mostrador (*m.*) counter, 3
mostrar (o:ue) to show
muchedumbre (*f.*) crowd
muerto(a) dead, 3
muestra (*f.*) sample
muñeca (*f.*) doll
murallón (*m.*) wall
museo de arte (*m.*) art museum, 4
músico (*m.*) musician, 4
muy very, extremely, 2
—**señor(a) mío(a)** dear sir (madam), 1

N

nacimiento (*m.*) nativity scene, 7
nadar to swim, 2
natación (*f.*) swimming, 2
natal native
naturaleza muerta (*f.*) still life, 4

navegar to sail, 2
necrología *(f.)* obituary
negar (e:ie) to deny
negarse (e:ie) (a) to refuse, 4
negocio (*m.*) business, 6
nene(a) (*m., f.*) baby
niño(a) de sus ojos (*m., f.*) apple of one's eye
Niño Jesús (*m.*) Baby Jesus, 7
nivel (*m.*) level
—**del mar** sea level
no no
—**fumar** no smoking, 3
—**importar** to not matter
—**más que** only, 2
—**poder menos** to not be able to help
—**querer** (e:ie) to refuse, 2
—**ser para tanto** not to be that important, 2
—**tener pelos en la lengua** to be outspoken, 7
—**tener salida al mar** to be landlocked
—**ver la hora de** to be unable to wait, 7
Nochebuena (*f.*) Christmas Eve, 7
nota (*f.*) grade, 5
noticias (*f., pl.*) news
noticiero (*m.*) news program, 6
novela (*f.*) novel, 4
novia (*f.*) bride, 5
novio (*m.*) groom, 5
nube (*f.*) cloud
nudo (*m.*) knot
nuera (*f.*) daughter-in-law, 5
nuez (*f.*) nut

O

obra (*f.*) work
—**maestra** masterpiece
—**teatral** play, 2
obús (*m.*) type of cannon
oficinista (*m., f.*) office clerk, 1
óleo (*m.*) oil (paint), 4
olfatear to sniff
olor (*m.*) aroma
olvidarse (de) to forget, 1
onda (*f.*) wave
oprimido oppressed
oración (*f.*) prayer
organizado(a) organized, 1
órgano (*m.*) organ, 4
orgulloso(a) proud
orilla (*f.*) shore
oriundo(a) de native (to)
orquesta (*f.*) orchestra, 4
—**sinfónica** symphony orchestra, 4
oscuro(a) dark
ostra (*f.*) oyster, 7
oveja (*f.*) sheep

P

padrastro (*m.*) stepfather, 5
pagar derechos de aduana to pay customs duties, 3
—**por adelantado** to pay in advance, 3
página deportiva (*f.*) sports page, 2
paisaje (*m.*) landscape
pájaro (*m.*) bird
palco (*m.*) box (at the theatre)
paleta (*f.*) palette, 4
palo de escoba (*m.*) broomstick
palo de golf (*m.*) golf club, 2
paloma mensajera (*f.*) carrier pigeon
pantano (*m.*) swamp
pañuelo (*m.*) handkerchief
papel (*m.*) role, 6
—**principal** leading role, 6
par (*m.*) equal
para for; by; in order to; considering, 2
—**colmo** to top it all
—**eso** for that (sarcastically), 2
—**que** in order that, so that, 5
—**qué** what for, 2
—**siempre** forever, 2
paracaídas (*m.*) parachute
parar to stop
parecer to seem
—**mentira** to seem incredible, 7
pareja (*f.*) couple, 5
pares peers
pariente (*m., f.*) relative, 5
parientes políticos (*m.*) in-laws, 5
parrillada (*f.*) barbecue
parsimonia calmness
partido (*m.*) match, game, 2
partir to leave
pasaje (*m.*) ticket, 3
—**de ida** one-way ticket, 3
—**de ida y vuelta** round-trip ticket, 3
pasaporte (*m.*) passport, 3
pasar to happen
—**a ser** to become
—**la voz** to spread the word
pasarlo bien (*mal*) to (not) have a good time, 2
paseo en coche (*m.*) ride, 2
patinar to skate, 2
patria (*f.*) fatherland
patrocinado(a) sponsored
patrocinador(a) (*m., f.*) sponsor
paz (*f.*) peace
pecado (*m.*) sin
pedir (*e:i*) **prestado(a)** to borrow
pedrada (*f.*) blow with a stone
pelear to fight
película (*f.*) movie, 2
peligroso(a) dangerous
pellejo (*m.*) skin
pelota (*f.*) ball, 2
—**de playa** beach ball, 2
pensar (e:ie) (en) to think (about), 4
perder (e:ie) to lose, 2; to miss
perderse (e:ie) **algo** to miss out on something, 7
pérdida (*f.*) loss
perdón (*m.*) forgiveness
perenne constant
perezoso(a) lazy
pérfido(a) evil
periodista (*m., f.*) journalist
periodístico(a) journalistic
periquito (*m.*) parakeet
perro (*m.*) dog
persiana (*f.*) shutter
personaje (*m.*) character, 4
pertenecer to belong
pesadilla (*f.*) nightmare
pesadumbre (*f.*) grief
pesar to be heavy
—**las maletas** to weigh the suitcases, 3
pesar (*m.*) grief
pescar to fish, to catch (a fish), 2
pesebre (*m.*) nativity scene, 7
peso (*m.*) weight
pesquero(a) (adj.) fishing
petición (*f.*) appeal
pez de colores (*m.*) goldfish
piano (*m.*) piano, 4
picado(a) scarred
piedra (*f.*) stone, 4
pieza (*f.*) piece
piloto (*m.*) pilot, 3
pincel (*m.*) brush, 4
pintar to paint, 4
pintura (*f.*) painting, 4
pista (*f.*) trail
plagar to burden
planilla (*f.*) form, 1
planta alta (*f.*) upper floor
plata (*f.*) money; silver
plazo (*m.*) installment
pobreza (*f.*) poverty, 5
poder (*m.*) power
—**adquisitivo** buying power, 6
poder (o:ue) to be able to; to manage, to succeed, 2
poemario (*m.*) book of poems
poesía (*f.*) poetry
política (*f.*) politics, 6

polvo (*m.*) dust
poner to put
—**el televisor** to turn on the T.V., 6
ponerse en la cola to stand in line, 3
por during; in; for; by; per; because of, on account of, on behalf of; in search of; in exchange for; through; around, along, 2
—**aquí** around here, 2
—**completo** completely, 2
—**debajo** beneath
—**desgracia** unfortunately, 2
—**encima** above
—**encima de todo** above all
—**eso** for that reason, that's why, 2
—**lo menos** at least, 2
—**otro lado** on the other hand, 7
—**suerte** luckily, fortunately, 2
—**supuesto** of course, 2
—**tanto** so, therefore
portal (*m.*) porch
portero (*m.*) doorman
portillo (*m.*) gap (in a wall)
postularse (para) to run (for), 6
potencia (*f.*) power
pozo (*m.*) well
practicar to practice, 2
—**deportes** to practice (play) sports, 2
predicar to preach
preferido(a) favorite
prendido(a) arrested, 3
presa (*f.*) dam
presentador(a) (*m., f.*) announcer, anchor person, 6
presentar to introduce
presentimiento (*m.*) hunch
presilladora (*f.*) stapler, 1
preso(a) under arrest, 3
presupuesto (*m.*) budget
previsto(a) expected
primera actriz *(f.)* leading lady
primera clase (*f.*) first class, 3
principio (*m.*) beginning
prisa (*f.*) haste
probar (o:ue) to try
procesión (*f.*) procession, 7
producto (*m.*) product, 6
profesional professional, 1
profesionalismo (*m.*) professionalism, 1
programa (*m.*) program
—**de concursos** game show, 6
—**de hoja de cálculo** spreadsheet program, 1
—**infantil** children's program, 6
—**para la composición de textos** word-processing program, 1
programación (*f.*) programming, 6
promedio (*m.*) average
propaganda (*f.*) advertising, 6
propietario landlord
propio(a) one's own
proporcionar to provide
prosa (*f.*) prose
proscrito(a) prohibited
protagonista (*m., f.*) main character, 4
protector(a) (*m., f.*) keeper
provenir (de.) to come (from)
publicidad (*f.*) publicity, 6
puede ser it may be
puente (*m.*) bridge
puerta de salida *(f.)* gate, 3
puesto (*m.*) position, job, 1
—**desempeñado** position held, 1
puesto(a) put, 3
pulgada (*f.*) inch
pulpo (*m.*) octopus, 7
puntería (*f.*) aim
punto de vista (*m.*) point of view
puntual punctual, 1
puntualidad (*f.*) punctuality, 1
puñal (*m.*) dagger

Q

que that, who, which, 6
qué which, what, how
¿qué hay? how's it going?
¿qué hubo? what's up?
quedar to be (located)
—**en segundo lugar** to finish in second place
—**suspendido(a) (en)** to fail (a test or class), 5
quedarle to be left over
quehaceres de la casa (*m., pl.*) housework
quejarse to complain, 1
quemar to burn
querer (e:ie) to want, 2; to love, 5
querido(a) dear, 1
quicio (*m.*) door jamb
quiebra (*f.*) bankruptcy
quien whom, who, 6
quiosco (*m.*) booth
quizás perhaps, 5

R

ramo (*m.*) bouquet
raqueta (*f.*) racket, 2
rayo (*m.*) bolt of lightning
razón (*f.*) mind
realizaciones (*m., pl.*) accomplishments
recepción (*f.*) lobby, 3
rechazar to reject
rechazo (*m.*) rejection
recién recently
—**casados** (*m., pl.*) newlyweds, 5
recoger to pick up
recomendar (e:ie) to recommend, 1
recorrido (*m.*) journey
rector (*m.*) president of a university
red (*f.*) net, 2
redondo(a) round
refrigerios *(m., pl.)* refreshments
regañar to scold, 5
regla (*f.*) rule
reino (*m.*) kingdom
relampaguear to flash
relicario (*m.*) locket
remar to row, 2
remontar a to go back to
remorder (o:ue) to fill with remorse
remunerado(a) paid
rendir pleitesía to pay tribute
repartir to distribute; to divide
repleto(a) full
reportero(a) (*m., f.*) reporter, 6
reprender to reprimand
requisito (*m.*) requirement, 5
rescoldos (*m., pl.*) embers, hot ashes
reservar to reserve, 3
respetar to respect, 5
respetuoso(a) respectful, 1
responsable responsible, 1
respuesta muy terminante cutting answer
restos (*m., pl.*) remains
retirarse to retire, 1
retozar to frolick
retrato (*m.*) portrait, 4
reunión (*f.*) meeting
reventarle (e:ie) to not be able to stand something
rey (*m.*) king
Reyes Magos (*m. pl.*) Three Wise Men, 7
rezongar to grumble
ribera (*f.*) shore
rincón (*m.*) corner
riquezas naturales (*f. pl.*) natural resources
risa (*f.*) laughter
risotada (*f.*) boisterous laughter
rizo (a) (*m., f.*) curl
rocín (*m.*) old horse, nag
rodeado(a) (de) surrounded (by)
rodilla (*f.*) knee
rogar (o:ue) to beg, 5
ropaje (*m.*) clothing
rositas (***palomitas***) **de maiz** (*f., pl.*) popcorn
rostro (*m.*) face

roto(a) broken, 3
rueda (conferencia) de prensa (*f.*) press conference, 6
ruido (*m.*) noise
rumbo (*m.*) direction

S

sábana (*f.*) sheet
saber to know; to find out, to learn, 2
sabor (*m.*) flavor
sacacopias (*m.*) photocopy machine, 1
sacarle partido to take advantage
saco (*m.*) coat
 —de dormir sleeping bag, 2
salario (*m.*) salary, 1
salida (*f.*) departure, 3
 —de emergencia emergency exit, 3
salir (de) to leave (a place), 4
 —bien to turn out well
saltar to jump
sangrante bleeding
sano(a) healthy
santa patrona (*f.*) patron saint, 7
santo patrón (*m.*) patron saint, 7
saxofón (*m.*) saxophone, 4
sección de (no) fumar (*f.*) (non) smoking section, 3
seda (*f.*) silk
segunda guerra mundial (*f.*) Second World War
seguro (*m.*) insurance, 1
 —contra incendios fire insurance, 1
 —contra inundaciones flood insurance, 1
 —contra terremotos earthquake insurance, 1
 —de accidentes de trabajo worker's compensation insurance, 1
 —de automóviles car insurance, 1
 —de la casa homeowner's insurance, 1
 —de salud health insurance, 1
 —de vida life insurance, 1
selva (*f.*) jungle
Semana santa (*f.*) Holy Week, 7
semejante (*m.*) fellow man
semejanza (*f.*) similarity
sencillo(a) simple
seno (*m.*) bosom
sensibilidad (*f.*) sensitivity
sentido (*m.*) meaning
sentir (e:ie) to feel
señal (*f.*) sign
señas (*f., pl.*) address
señorona (*f.*) great lady
ser unidos(as) to be close, 5
ser (humano) (*m.*) (human) being
servicio de habitación (de cuarto) (*m.*) room service, 3
servidor(a) de usted at your service
servidumbre (*f.*) servants
si if, 7
SIDA (*m.*) AIDS, 5
siglas (*f., pl.*) initials, acronym
siglo (*m.*) century
sin without
 —embargo nevertheless, however
 —falta without fail
 —que without, 5
 —rumbo cierto without knowing one's way
sinvergüenza (*m., f.*) scoundrel
sistema educativo (*m.*) educational system, 5
sistema telefónico (*m.*) telephone (telecommunication) system, 1
sobre about, on, 4
 —todo above all
sobresalir to stand out
soldado (*m.*) soldier
solicitante (*m., f.*) applicant
solicitar to apply, 1
solicitud (*f.*) application, 1
soltado(a) let loose, 3
soltar (o:ue) to let go
sombra (*f.*) shadow
sonreír (e:i) to smile
soñar (o:ue) (con) to dream (about), 4
subasta (*f.*) auction
subempleo (*m.*) underemployment, 5
subsistir to survive
suceso (*m.*) event
suegra (*f.*) mother-in-law, 5
suegro (*m.*) father-in-law, 5
sueldo (*m.*) salary, 1
suelto(a) loose, 3
sueño (*m.*) dream
sumamente very, extremely, 2
sumiso(a) meek
superficie (*f.*) area
surgir to come up
surtido (*m.*) selection
sustituido(a) substituted, 3
sustituto(a) (*m., f.*) substitute, 3
susto (*m.*) fright, fear
susurrar to whisper

T

tabla de mar (*f.*) surfboard, 2
tablilla de avisos (*f.*) bulletin board, 1
tal vez perhaps, 5
tales such
tallar to carve, 4
tallo (*m.*) stem
tamaño (*m.*) size
tan...como as...as, 2
tan pronto como as soon as, 5
tanto (*adv.*) so much
tanto como as much as, 2
tanto(a) so much
tanto(a)...como as much...as, 2
tantos(as) so many
tantos(as)...como as many...as, 2
tarjeta de embarque (embarco) (*f.*) boarding pass, 3
tarjeta de turista (*f.*) tourist card, 3
teatro (*m.*) theater, 2
tela (*f.*) canvas, 4
telediario (*m.*) news program, 6
telenovela (*f.*) soap opera, 6
televidente (*m., f.*) T.V. viewer, 6
televisor (*m.*) T.V. set, 6
tema (*m.*) topic, 4
tembloroso(a) trembling
temeroso(a) fearful
temor (*m.*) fear
temporal temporary
tendero(a) (*m., f.*) shopkeeper
tenderse (e:ie) to stretch
tenedor(a) de libros (*m., f.*) bookkeeper, 1
tener to have
 —en cuenta to keep in mind
 —entendido to understand
 —la culpa to be one's fault, 7
 —lugar to take place
 —retraso (atraso) to be behind schedule, 3
terremoto (*m.*) earthquake, 6
tertulia (*f.*) conversation
tesorito (*m.*) little treasure
tesoro (*m.*) treasure
testigo (*m., f.*) witness
tiburón (*m.*) shark
tiempo completo full time, 1
tienda de campaña (*f.*) tent, 2
tierra (*f.*) land
 —baja lowland
Tierra (*f.*) Earth
tieso(a) stiff
timbre (*m.*) doorbell
timorato(a) fearful
tirar to throw, to pull
tiro al blanco (*m.*) target shooting
titulares (*m., pl.*) headlines, 6
título (*m.*) degree, 1
 —universitario college degree, 5
tocar to play (a musical instrument), 4

todo el mundo everybody, 7
tomar el fresco to get some air
tomarle el pelo a alguien to pull somebody's leg, 7
tonto(a) stupid
torero (*m.*) bullfighter, 7
tornado (*m.*) tornado, 6
tornarse to become
toro (*m.*) bull, 7
tortilla (*f.*) omelette, 7
toscamente cosidas coarsely sewn
toser to cough
trabajador(a) hardworking, 1
traer to bring
traición (*f.*) treason
traje (*m.*) suit
—**de hombre** man's suit
—**de luces** bullfighter's garb, 7
—**regional** typical costume, 7
trama (*f.*) plot, 4
transmitir to broadcast, 6
trapo (*m.*) rag
trasladarse to move
tratar (de) to try, 4
travesura (*f.*) prank
tregua (*f.*) truce
trémulo(a) trembling
trío (*m.*) trio, 4
trombón (*m.*) trombone, 4
trompeta (*f.*) trumpet, 4
trulla (*f.*) crowd
tumba (*f.*) grave
turbar to upset; to disturb
turbio(a) cloudy
turnarse to take turns

U

último(a) latter
un tiempo más a while longer
una especie de a type of
unirse to unite
usurero(a) (*m., f.*) money lender
uva (*f.*) grape

V

vacío (*m.*) emptiness
vagar to wander
vago(a) (*m., f.*) slacker
valla (*f.*) hedge
valor (*m.*) value; courage
vaquero (*m.*) cowboy
vecindad (*f.*) neighborhood
velar to watch
velero (*m.*) sailboat, 2
vencedor(a) (*m., f.*) winner
vencer to defeat
vendedor(a) (*m., f.*) salesperson, 1
venirle corto to be too short
venta (*f.*) inn
verde green (color), 1; unripe, 1
verso (*m.*) verse, line of a poem, 4
vestíbulo (*m.*) lobby, 3
vida nocturna (*f.*) night life, 2
videocasetera (*f.*) V.C.R., 6
vigilar to watch
villancico (*m.*) Christmas carol, 7
violencia (*f.*) violence, 5
violín (*m.*) violin, 4
viruela (*f.*) smallpox
visa (*f.*) visa, 3
víspera (*f.*) eve
visto(a) seen, 3
viudo(a) (*m., f.*) widower (widow)
vivo(a) live
vocecita little voice
voleibol (*m.*) volleyball, 2
volverse (o:ue) to become
—**loco(a)** to go crazy, 7
vuelo (*m.*) flight, 3
—**directo (sin escalas)** direct (nonstop) flight, 3
vuelta (*f.*) lap; ride
vuelto(a) returned, 3

Y

ya no andar to no longer work
¡Ya lo creo! I'll say!
yacer to lay
yerba (*f.*) grass
yerno (*m.*) son-in-law, 5

Z

zanja (*f.*) ditch
zona de estacionamiento (*f.*) parking lot, 3

Vocabulary

ENGLISH-SPANISH

A

about sobre, de, acerca de, 4
abroad en el extranjero, 3
academic records antecedentes académicos (*m., pl.*), 1
accordion acordeón (*m.*), 4
accountant contador(a) (*m., f.*), 1
accustom oneself acostumbrarse (a), 4
act actuar, 6
acting actuación (*f.*), 6
actor actor (*m.*), 6
actress actriz (*f.*), 6
ad anuncio comercial (*m.*), comercial (*m.*), 6
administrator administrador(a) (*m., f.*), 1
advertise anunciar, 6
advertising propaganda (*f.*), 6
advisor consejero(a) (*m., f.*), 5
affectionately afectuosamente, 1
after después (de) que, 5
—**all** al fin y al cabo, 7
agree estar de acuerdo, 1; convenir (en), 4
AIDS SIDA (*m.*), 5
airline aerolínea (*f.*), 3
aisle seat asiento de pasillo (*m.*), 3
along por, 2
anchor person locutor(a) (*m., f.*), presentador(a) (*m., f.*), 6
announce anunciar, 6
announcer locutor(a) (*m., f.*), presentador(a) (*m., f.*), 6
application solicitud (*f.*), 1
apply solicitar, 1
around por, 2
—**here** por aquí, 2
arrested prendido(a), 3
arrival llegada (*f.*), 3
art gallery galería de arte (*f.*), 4
art museum museo de arte (*m.*), 4
as tan, 2
—**as** tan...como
— **if** como si, 7
—**many...as** tantos(as)...como, 2
—**much...as** tanto(a)...como, 2
—**soon as** en cuanto, tan pronto como, 5
ask a question hacer una pregunta, 7
at a, en, 4
—**least** por lo menos, 2
athlete atleta (*m., f.*), 2
attend asistir (a), 4
awake despierto(a), 3
awakened despertado(a), 3

B

Baby Jesus Niño Jesús (*m.*), 7
backpack mochila (*f.*), 2
bad (mean) malo(a), 1
ball pelota (*f.*), balón (*m.*), 2
baseball béisbol (*m.*), 2
—**bat** bate (*m.*), 2
—**glove** guante de pelota (*m.*), 2
basket canasta (*f.*), 2
basketball básquetbol (*m.*), baloncesto (*m.*), 2
bass contrabajo (*m.*), 4
bat bate (*m.*), 2
be ser, 1; estar, 1
—**able to** poder (o:ue), 2
—**back** estar de vuelta, 1
—**behind schedule** tener retraso (atraso), 3
—**close** ser unidos(as), 5
—**enough** bastar (con), 4
—**glad** alegrarse (de), 1
—**in a good (bad) mood** estar de buen (mal) humor, 1
—**in charge** encargarse, 1
—**on vacation** estar de vacaciones, 1
—**one's fault** tener la culpa, 7
—**outspoken** no tener pelos en la lengua, 7
—**supportive** apoyar, 5
—**unable to wait** no ver la hora de, 7
—**used to** estar acostumbrado(a) a, 1
— **willing to** estar dispuesto(a) a, 1
be(come) bored aburrirse, 2
beach ball pelota de playa (*f.*), balón de playa (*m.*), 2
because of por, 2
before antes (de) que, 5
beg rogar (o:ue), 5
bellhop botones (*m., sing.*), 3
between a rock and a hard place entre la espada y la pared, 7
bicycle bicicleta (*f.*), 2
board the plane abordar el avión, 3
boarding pass tarjeta de embarque (embarco) (*f.*), 3
bookkeeper tenedor(a) de libros (*m., f.*), 1
booth quiosco (*m.*), 7
bored aburrido(a), 1
boring aburrido(a), 1
bother molestar, 5
box boxear, 2
boxing boxeo (*m.*), 2
brand marca (*f.*), 6
bride novia (*f.*), 5
broadcast transmitir, 6
brochure folleto (*m.*), 3
broken roto(a), 3
bronze bronce (*m.*), 4
brother-in-law cuñado (*m.*), 5
brush pincel (*m.*), 4
bull toro (*m.*), 7
bulletin board tablilla de avisos (*f.*), 1
bullfight corrida de toros (*f.*), 7
bullfighter torero (*m.*), matador (*m.*), 7
—**'s garb** traje de luces (*m.*), 7
business negocio (*m.*), 6
bust bronce (*m.*), 4
buyer comprador(a) (*m., f.*), 1
buying power poder adquisitivo (*m.*), 6
by por, 2; para, 2

C

camp acampar, 2
campaign campaña electoral (*f.*), 6
cancel cancelar, 3

canoe canoa (*f.*), 2
canvas tela (*f.*), lienzo (*m.*), 4
car insurance seguro de automóviles, 1
career carrera (*f.*), 5
carnival carnaval (*m.*), 7
carry out desempeñar, 1
cartoons dibujos animados (*m., pl.*), 6
carve tallar, 4
cashier cajero(a) (*m., f.*), 1
castle castillo (*m.*), 3
catch (a fish) pescar, 2
cathedral catedral (*f.*), 3
celebration celebración (*f.*), 7
censorship censura (*f.*), 6
champion campeón (*m.*), campeona (*f.*), 2
championship campeonato (*m.*), 2
change one's mind cambiar de idea, 7
channel canal (*m.*), 6
chapter capítulo (*m.*), 6
character personaje (*m.*), 4
check out desocupar el cuarto, 3
check the luggage facturar el equipaje, 3
children's program programa infantil (*m.*), 6
choir coro (*m.*), 7
Christmas Navidad (*f.*), 7
 —carol villancico (*m.*), 7
 —Eve Nochebuena (*f.*), 7
 —tree árbol de Navidad (*m.*), 7
 —season época de Navidad (*f.*), 7
climb escalar, 2
closed cubierto(a), 3
coach entrenador(a) (*m., f.*), 2
college degree título universitario (*m.*), 5
command mandar, 5
commercial anuncio comercial (*m.*), comercial (*m.*), 6
 —designer dibujante comercial (*m., f.*), 6
communicate comunicarse, 5
competition competencia (*f.*), 6
complain quejarse, 1
completely por completo, 2
composer compositor(a) (*m., f.*), 4
concert concierto (*m.*), 2
conduct (an orchestra) dirigir, 4
conductor director(a) (*m., f.*), 4
confirm confirmar, 3
confused confundido(a), 3
confusing confuso(a), 3
considering para, 2
consulate consulado (*m.*), 3
cooperate cooperar, 5
cordially cordialmente, 1
cost costar (o:ue), 2
costume disfraz (*m.*), 7
counselor consejero(a) (*m., f.*), 5
count (on) contar (o:ue) (con), 4
counter mostrador (*m.*), 3
couple pareja (*f.*), 5
courteous cortés, 1
crab cangrejo (*m.*), 7
crime crimen (*m.*), 5
customs aduana (*f.*), 3
cycling ciclismo (*m.*), 2

D

dare (to) atreverse (a), 1
daughter-in-law nuera (*f.*), 5
dead muerto(a), 3
dean decano(a) (*m., f.*), 5
dear estimado(a), querido(a), 1
 —sir (madam) muy señor(a) mío(a), 1
degree título (*m.*), 1
delinquency delincuencia (*f.*), 5
delinquent delincuente (*m., f.*), 5
demand exigir, 5
demonstration manifestación (*f.*), 6
departure salida (*f.*), 3
dialogue diálogo (*m.*), 6
direct (nonstop) flight vuelo directo (sin escalas) (*m.*), 3
disaster desastre (*m.*), 6
discipline disciplinar, 5
discotheque discoteca (*f.*), 2
discovered descubierto(a), 3
distinguished distinguido(a), 1
doctorate doctorado (*m.*), 5
done hecho(a), 3
double room habitación doble (*f.*), 3
draw dibujar, 4
drawer cajón (*m.*), gaveta (*f.*), 1
drawing dibujo (*m.*), 4
dream hacerse ilusiones, 1; (about) soñar (o:ue) (con), 4
dropping out deserción escolar (*f.*), abandono de los estudios (*m.*), 5
drug droga (*f.*), 5
 —addict drogadicto(a) (*m., f.*), 5
drums batería (*f.*), 4
duet dúo (*m.*), 4
duo dúo (*m.*), 4
during por, 2

E

earthquake terremoto (*m.*), 6
 —insurance seguro contra terremotos, 1
economist economista (*m., f.*), 1
education (of children) crianza (*f.*), 5
educational system sistema educativo (*m.*), 5
efficient eficiente, 1
elect electo(a), 3; elegir (e:i), 6
elected elegido(a), 3
elections elecciones (*f., pl.*), 6
embassy embajada (*f.*), 3
emblem emblema (*m.*), 6
emergency exit salida de emergencia (*f.*), 3
engaged comprometido(a), 5
engagement compromiso (*m.*), 5
enjoy disfrutar (de), 2
enroll (i.e., in a class) inscribirse, 5
entrance examination examen de ingreso (*m.*), 5
episode capítulo (*m.*), 6
equitation equitación (*f.*), 2
essay ensayo (*m.*), 4
essential de rigor
even though (if) aunque, 5
event acontecimiento (*m.*), 6
everybody todo el mundo, 7
excess luggage exceso de equipaje (*m.*), 3
excursion excursión (*f.*), 3
exhibit exhibir, exponer, 4
exhibition exposición (*f.*), exhibición (*f.*), 4
extremely muy, sumamente, extremadamente, 2

F

fable fábula (*f.*), 4
fail (a test or class) quedar suspendido(a) (en), 5
fair feria (*f.*), 7
fall in love (with) enamorarse (de), 4
fan aficionado(a) (*m., f.*), 2
fasten the seatbelt abrocharse el cinturón de seguridad, 3
father-in-law suegro (*m.*), 5
festivities festividades, 7
file cabinet archivo (*m.*), 1
final examination examen final (*m.*), 5
find out enterarse (de), 1
fire incendio (*m.*), fuego (*m.*), 6
 —insurance seguro contra incendios, 1
first class primera clase (*f.*), 3
fish pescar, 2
fishing rod caña de pescar (*f.*), 2
flight vuelo (*m.*), 3
 —attendant azafata (*f.*), auxiliar (asistente) de vuelo (*m., f.*), 3
float carroza (*f.*), 7
flood inundación (*f.*), 6
 —insurance seguro contra inundaciones, 1
flute flauta (*f.*), 4
folder carpeta (*f.*), 1
football fútbol americano (*m.*), 2

for por, 2; para, 2
  —that (sarcastically) para eso, 2
  —that reason por eso, 2
forever para siempre, 2
forget olvidarse (de), 1
form planilla (*f.*), 1
former boss (employer) jefe(a) anterior (*m., f.*), 1
fortunately por suerte, 2
friendly amigable, 1
from de, 4
full time tiempo completo, 1

G

game partido (*m.*), juego (*m.*), 2
  —show programa de concursos (*m.*), 6
gate puerta de salida (*f.*), 3
get
  —along llevarse bien, 5
  —angry (at) enojarse (con), 5
  —behind atrasarse, 1
  —engaged comprometerse (con), 4
  —married contraer matrimonio, 5
  —sick enfermarse, 1
  —tired cansarse, 2
give dar, 5
  —a hug dar un abrazo, 5
  —a kiss dar un beso, 5
  —a tip dar una propina, 3
  —advice dar consejos, aconsejar, 5
go ir
  —crazy volverse loco(a), 7
  —on vacation ir de vacaciones, 3
  —with someone acompañar a alguien, 7
golf club palo de golf (*m.*), 2
government gobierno (*m.*), 6
governor gobernador(a) (*m., f.*), 6
grade nota (*f.*), 5
  —school escuela elemental (primaria) (*f.*), 5
graduate graduarse, 5
green unripe, 1; (color) verde, 1
groom novio (*m.*), 5
guide guía (*m.*), 3
guitar guitarra (*f.*), 4
gymnastics gimnasia (*f.*), 2

H

hardworking trabajador(a), 1
harp arpa (*f.*), 4
have a good time divertirse (e:ie), pasarlo bien, 2
have just done something acabar de + inf., 4
headlines titulares (*m., pl.*), 6
health insurance seguro de salud, 1
helmet casco (*m.*), 2
help ayudar (a), 4
hike hacer una caminata, 2
hiker excursionista (*m., f.*), 2
historic site lugar histórico (*m.*), 3
hit the nail on the head dar en el clavo, 7
hold (a job) desempeñar, 1
Holy Week Semana Santa (*f.*), 7
homeowner's insurance seguro de la casa (*m.*), 1
honest honesto(a), 1
honeymoon luna de miel (*f.*), 5
horse race carrera de caballos (*f.*), 2
horsemanship equitación (*f.*), 2
hug abrazo (*m.*), 1
hunt cazar, 2
hurricane huracán (*m.*), 6

I

if si, 7
in por, 2; a; de; en, 4
  —any case en todo caso, 7
  —case en caso de que, 5
  — exchange for por, 2
  —order that para que, 5
  —order to para, 2
  —search of por, 2
  —the long run a la larga, 7
  —transit en tránsito, 3
in-laws parientes políticos (*m.*), 5
inside en, 4
insist (on) insistir (en), 4
insurance seguro (*m.*), 1
  —agent agente de seguros (*m., f.*), 1
it may be puede ser, 5
it is es, 5
  —doubtful es dudoso, 5
  —(im)possible es (im)posible, 5
  —(im)probable es (im)probable, 5
  —unlikely es difícil, 5

J

job puesto (*m.*), 1
junior high and high school escuela secundaria (*f.*), 5
juvenile delinquency delincuencia juvenil (*f.*), 5

K

kill two birds with one stone matar dos pájaros de un tiro, 7
kind amable, 1
kiss beso (*m.*), 1
know saber; conocer, 2
knowledge of computers conocimientos de informática (*m., pl.*), 1

L

land aterrizar, 3
leading role papel principal (*m.*), 6
learn saber, 2
leave (a place) salir (de), 4
less than menos que, 2
let loose soltado(a), 3
life insurance seguro de vida (*m.*), 1
life jacket chaleco salvavidas (*m.*), 3
light a bonfire hacer una fogata, 2
like (not like) someone caerle bien (mal) a uno, 7
line of a poem verso (*m.*), 4
listen to music escuchar música, 2
literary genre género literario (*m.*), 4
lobby vestíbulo (*m.*), recepción (*f.*), 3
lobster langosta (*f.*), 7
lodging alojamiento (*m.*), 3
loose suelto(a), 3
lose perder (e:ie), 2
love querer (e:ie), amar, 5; amor (*m.*), cariño (*m.*), 5
lover amante (*m., f.*), 6
luckily por suerte, 2
luggage equipaje (*m.*), 3
  —compartment compartimiento de equipaje (*m.*), 3

M

made hecho(a), 3
main character protagonista (*m., f.*), 4
major (in) especializarse (en), 1
make a stopover hacer escala, 3
make one furious darle rabia a uno, 7
manage poder (o:ue), 2
manager gerente (*m., f.*), 1
marble mármol (*m.*), 4
Mardi Gras carnaval (*m.*), 7
marital status estado civil (*m.*), 1
market mercado (*m.*), 6
marriage matrimonio (*m.*), 5
married couple matrimonio (*m.*), 5

marry casarse (con), 4
master dominar, 1
master's degree maestría (*f.*), 5
match partido (m.), juego (*m.*), 2
mayor alcalde (*m.*), alcaldesa (*f.*), 6
meatball albóndiga (*f.*), 7
meddle meterse, 5
media medios de difusión (*m., pl.*), 6
meet conocer, 2; (encounter) encontrarse (o:ue) (con), 4
metal detector detector de metales (*m.*), 3
Midnight Mass Misa de gallo (*f.*), 7
midterm examination examen parcial (de mitad de curso) (*m.*), 5
miss out on something perderse (e:ie) algo, 7
model modelo (*m., f.*), 4
monument monumento (*m.*), 3
more than más que, 2
mother-in-law suegra (*f.*), 5
mountain climbing alpinismo (*m.*), 2
movie película (*f.*), 2
  —theater cine (*m.*), 2
musician músico (*m.*), 4

N

nativity scene nacimiento (*m.*), pesebre (*m.*), 7
net red (*f.*), 2
newlyweds recién casados (*m., pl.*), 5
news program noticiero (*m.*), telediario (*m.*), 6
night club club nocturno (*m.*), 2
night life vida nocturna (*f.*), 2
no smoking no fumar, 3
(non) smoking section sección de (no) fumar (*f.*), 3
no way de ninguna manera, de ningún modo, 7
not to be that important no ser para tanto, 2
not to have a good time pasarlo mal, 2
notice fijarse (en), 4
novel novela (*f.*), 4
nowhere else en ninguna otra parte, 7

O

octopus pulpo (*m.*), 7
of de, 4
  —course por supuesto, 2
office clerk oficinista (*m., f.*), 1
oil (paint) óleo (*m.*), 4
olive aceituna (*f.*), 7
omelette tortilla (*f.*), 7
on sobre, en, 4
  —account of por, 2
  —behalf of por, 2
  —the contrary al contrario, 7
  —the other hand por otro lado, 7
one-way ticket pasaje de ida (*m.*), billete de ida (*m.*), 3
only no más que, 2
open abierto(a), 3
operate manejar, 1
orchestra orquesta (*f.*), 4
order mandar, 5
organ órgano (*m.*), 4
organized organizado(a), 1
outdoor activity actividad al aire libre (*f.*), 2
over en, 4
oxygen mask máscara de oxígeno (*f.*), 3
oyster ostra (*f.*), 7

P

packaging envoltura (*f.*), 6
paint pintar, 4
painting cuadro (*m.*), pintura (*f.*), 4
palette paleta (*f.*), 4
pamper mimar, 5
parade desfile (*m.*), 7
parking lot zona de estacionamiento (*f.*), 3
part-time medio tiempo, medio día, 1
pass (a test or class) aprobar (o:ue), 5
passport pasaporte (*m.*), 3
patron saint santo patrón (*m.*), santa patrona (*f.*), 7
pay in advance pagar por adelantado, 3
pay customs duties pagar derechos de aduana, 3
per por, 2
perhaps quizás, tal vez, 5
personal (physical) appearance aspecto personal (*m.*), 1
photocopy machine fotocopiadora (*f.*), sacacopias (*m.*), 1
piano piano (*m.*), 4
picture cuadro (*m.*), 4
pilot piloto (*m.*), 3
play jugar (u:ue) (a), 2; (a musical instrument) tocar, 4; obra teatral (*f.*), 2
player jugador(a) (*m., f.*), 2
playwright dramaturgo (*m.*), autor(a) de obras teatrales (*m., f.*), 4
plot argumento (*m.*), trama (*f.*), 4
poetry poesía (*f.*), 4
polite amable, 1
politics política (*f.*), 6
portrait retrato (*m.*), 4
position puesto (*m.*), 1
  —held puesto desempeñado (*m.*), 1
poverty pobreza (*f.*), 5
practice practicar, 2
  —(play) sports practicar deportes, 2
president of a university rector (*m.*), 5
press conference rueda (conferencia) de prensa (*f.*), 6
printing letra de molde (*f.*), 1
procession procesión (*f.*), 7
product producto (*m.*), 6
professional profesional, 1
professionalism profesionalismo (*m.*), 1
programming programación (*f.*), 6
prose prosa (*f.*), 4
provided that con tal (de) que, 5
public opinion survey investigación de la opinión pública (*f.*), 6
public relations agent agente de relaciones públicas (*m., f.*), 1
publicity publicidad (*f.*), 6
publicity (promotional) campaign campaña de promoción publicitaria (*f.*), 6
pull somebody's leg tomarle el pelo a alguien, 7
punctual puntual, 1
punctuality puntualidad (*f.*), 1
put puesto(a), 3

Q

quartet cuarteto (*m.*), 4

R

race track hipódromo (*m.*), 2
racket raqueta (*f.*), 2
raise criar, 5
raising crianza (*f.*), 5
ready listo(a), 1
realize darse cuenta (de), 4
recommend recomendar (e:ie), 1
record grabar, 6
referee árbitro (*m., f.*), 2
refuse no querer (e:ie), 2; negarse (e:ie) (a), 4
register matricularse, 1
relative pariente (*m., f.*), 5
remember acordarse (o:ue) (de), 1
remote control control remoto (*m.*), 6
reporter reportero(a) (*m., f.*), 6
requirement requisito (*m.*), 5

reserve reservar, 3
respect respetar, 5
respectful respetuoso(a), 1
respectfully atentamente, 1
responsible responsable, 1
retire jubilarse, retirarse, 1
returned vuelto(a), 3; devuelto(a), 3
ride paseo en coche (*m.*), 2
—**a bicycle** montar en bicicleta, 2
—**a horse** montar a caballo, 2
role papel (*m.*), 6
room service servicio de habitación (de cuarto) (*m.*), 3
round-trip ticket pasaje (billete) de ida y vuelta (*m.*), 3
row remar, 2; fila (*f.*), 3
run correr, 2
—**(for)** postularse (para), 6

S

safe caja de seguridad (*f.*), 3
—**deposit box** caja de seguridad (*f.*), 3
said dicho(a), 3
sail navegar, 2
sailboat bote de vela (*m.*), velero (*m.*), 2
salary sueldo (*m.*), salario (*m.*), 1
salesperson vendedor(a) (*m., f.*), 1
sandwich (Spain) bocadillo (*m.*), 7
sausage chorizo (*m.*), 7
saxophone saxofón (*m.*), 4
scene escena (*f.*), 6
scholarship beca (*f.*), 5
school (i.e., school of medicine, engineering, etc.) facultad (*f.*), 5
science fiction ciencia ficción (*f.*), 4
scold regañar, 5
score a goal marcar un gol, 2
script guión (*m.*), 6
scuba dive bucear, 2
sculpt esculpir, 4
sculptor escultor(a) (*m., f.*), 4
sculpture escultura (*f.*), 4
seat asiento (*m.*), 3
security guard guardia de seguridad (*m.*), 3
seem incredible parecer mentira, 7
seen visto(a), 3
self-portrait autorretrato (*m.*), 4
shellfish mariscos (*m., pl.*), 7
short story cuento (*m.*), 4
shrimp camarón (*m.*), gamba (*f.*), 7
sick malo(a), 1
sign the register firmar el registro, 3
sing cantar, 4
singer cantante (*m., f.*), 4
single room habitación sencilla (*f.*), 3
sister-in-law cuñada (*f.*), 5
skate patinar, 2
sketch bosquejo (*m.*), 4
sleeping bag bolsa de dormir (*f.*), saco de dormir (*m.*), 2
slogan lema (*m.*), 6
smart listo(a), 1
so that para que, 5
soap opera telenovela (*f.*), 6
soccer fútbol (*m.*), 2
soloist concertista (*m., f.*), 4
son-in-law yerno (*m.*), 5
specialize especializarse (en), 1
spoil malcriar, 5
sport deporte (*m.*), 2
sports page página deportiva (*f.*), 2
spreadsheet hoja de cálculo (*f.*), 1
—**program** programa de hoja de cálculo (*m.*), 1
squid calamar (*m.*), 7
stadium estadio (*m.*), 2
stand in line ponerse en la cola, 3
stapler grapadora (*f.*), presilladora (*f.*), 1
star estrella (*f.*), 3
statue estatua (*f.*), 4
stay (i.e., at a hotel) hospedarse, 3
stepbrother hermanastro (*m.*), 5
stepdaughter hijastra (*f.*), 5
stepfather padrastro (*m.*), 5
stepmother madrastra (*f.*), 5
stepsister hermanastra (*f.*), 5
stepson hijastro (*m.*), 5
still life naturaleza muerta (*f.*), 4
stockbroker bolsista (*m., f.*), 1
stone piedra (*f.*), 4
strike huelga (*f.*), 6
style estilo (*m.*), 4
substitute sustituto(a), 3
substituted sustituido(a), 3
succeed poder (o:ue), 2
support apoyar, 5; (financially) mantener, 5
surfboard tabla de mar (*f.*), 2
swim nadar, 2
swimming natación (*f.*), 2
symphony orchestra orquesta sinfónica, 4

T

T.V. (set) televisor (*m.*), 6
—**guide** guía de televisión (*f.*), 6
—**viewer** televidente (*m., f.*), 6
take charge encargarse, 1
take off (a plane) despegar, 3
tape grabar, 6
team equipo (*m.*), 2
teen pregnancy embarazo de las adolescentes (*m.*), 5
telephone (telecommunication) system sistema telefónico (*m.*), 1
(television) network cadena (de televisión) (*f.*), 6
tent tienda de campaña (*f.*), 2
that quien, 6; que, 6
that's why por eso, 2
theater teatro (*m.*), 2
think (about) pensar (e:ie) (en), 4
Three Wise Men Reyes Magos (*m., pl.*), 7
through por, 2
ticket pasaje (*m.*), billete (*m.*), 3
tie (a score) empatar, 2
to a, 4
topic tema (*m.*), 4
tornado tornado (*m.*), 6
tour excursión (*f.*), 3
tourist card tarjeta de turista (*f.*), 3
tourist class clase turista (*f.*), 3
trainer entrenador(a) (*m., f.*), 2
tray table mesita (*f.*), 3
trio trío (*m.*), 4
trombone trombón (*m.*), 4
trumpet trompeta (*f.*), 4
trust confiar (en), 4
try tratar (de), 4
tuition inscripción (*f.*), matrícula (*f.*), 5
turn off the T.V apagar el televisor, 6
turn on the T.V. poner el televisor, encender (e:ie) el televisor, 6
typewriter máquina de escribir (*f.*), 1
typical costume traje regional (*m.*), 7

U

under arrest preso(a), 3
underemployment subempleo (*m.*), 5
understand each other comprenderse, 5
understanding comprensivo(a), 1
unemployment desempleo (*m.*), 5
unfortunately por desgracia, 2
university professor catedrático(a) (*m., f.*), 5
unless a menos que, 5
until hasta que, 5
upper floor planta alta

V

V.C.R aparato de video (*m.*), videocasetera (*f.*), 6
vacant room cuarto libre (*m.*), 3
vacate the room desocupar el cuarto, 3
venereal disease enfermedad venérea (*f.*), 5

verse verso (*m.*), 4
very muy, sumamente, extremadamente, 2
violence violencia (*f.*), 5
violin violín (*m.*), 4
visa visa (*f.*), 3
volleyball voleibol (*m.*), 2

W

waiting list lista de espera (*f.*), 3
want querer (e:ie), 2
watch T.V mirar la tele, 6
water skiing esquí acuático (*m.*), 2
watercolor acuarela (*f.*), 4
wedding boda (*f.*), 5, casamiento (*m.*), 5
weigh the suitcases pesar las maletas
what for para qué, 2
when cuando, 5
which que, 6
who quien, que, 6
whom quien, 6
whose cuyo(a)(os)(as), 6
whose? ¿de quién?, 6
win ganar, 2
window seat asiento de ventanilla (*m.*), 3
with con, 4
—an ocean view con vista al mar, 3
without sin que, 5
wood madera (*f.*), 4
word processing composición de textos (*f.*), 1
—program programa para la composición de textos (*m.*), 1
worker's compensation insurance seguro de accidentes de trabajo, 1
worth seeing digno(a) de verse, 7
wrapped envuelto(a), 3
wrapper envoltura (*f.*), 6
wrestling lucha libre (*f.*), 2
written escrito(a), 3

Text credits:

p. 25, By Marco Denevi from "Ceremonia secreta y otros cuentos."; p. 26, "Sensación de dolor," (vol. Crepusculario 1920–1923), © Pablo Neruda 1923. Reprinted with permission.; p. 28, Copyright © Mario Benedetti. Reprinted with permission.; p. 29, "Envio" by Herib Campos Cervera.; p. 48, Adapted from Manena Fabres, "Esquiar en la inmensidad de los Andes," from *Ladeco América,* Año 5, No. 28, June/July 1993.; p. 78, "Mexico," from *Vanidades*, Año 34, No. 30, pg. 12. Copyright © by Editorial Televisa. Reprinted by permission.; p. 83, "Camino de imperfección: Diario de mi vida," by Rufino Blanco-Fombona. Copyright © by Editorial Televisa. Reprinted by permission.; p. 86, Reprinted with permission.; p. 88, Maria Teresa Babin, "Día de reyes," from *Fantsi boricua: Estampas de mi tierra,* © 1966, Instituto de Cultura Puertorriqueña, pp. 34–37.; p. 112, "Pintura Latinoamericana," from *Vanidades*, Año 35, No. 5, p. 10. Copyright © by Editorial Televisa. Reprinted by permission.; p. 117, Reprinted by permission of Bertalicia Peralta.; p. 122, Reprinted by permission of the author.; p. 145, *Eva en el mundo de los jaguars.* Santiago: Aguilar, 1998. Reprinted by permission of the author.; p. 149, Nery Alexis Gaytan, *El reclamo de las horas,* First Edition. Copyright © Editorial Universitaria.; p. 172, Reprinted with permission.; p. 177, José B. Fernández and Nasario Garcia, *Nuevos Horizontes.* Copyright © 1982 by D.C. Heath and Company. Reprinted by permission of Houghton Mifflin Company.; p. 179, Julia de Burgos, "Amor y Soledad," *Ediciones Torremozas SL,* April 1964, pp. 19–20.; p. 181, Reprinted by permission of Josefina Valdes-Hurtado.; p. 198, "Don Carnal llama a la fiesta," by Maria Casado. Originally printed in *Cambio 16,* February 12, 1999.; p. 206, Antonio Machado, "Anoche cuando dormía," from *Poesías.* Copyright © 1943.; p. 208, Reprinted by permission of Ediciones Destino from Ana María Matute, *Los Niños Toutos.*

Índice

(References are to page numbers)